Elisabeth Mittelstädt

Größer als meine Träume

Über die Autorin

Elisabeth Mittelstädt ist Herausgeberin der Frauenzeitschrift *Lydia* (www.lydia.net), die in drei europäischen Sprachen erscheint (Deutsch, Ungarisch und Rumänisch). Darüber hinaus ist sie Herausgeberin mehrerer erfolgreicher Bücher.

Elisabeth
Mittelstädt

Größer als meine Träume

GerthMedien

MIX
Papier aus verantwortungsvollen Quellen
FSC® C014496

Verlagsgruppe Random House FSC-DEU-0100
Das für dieses Buch verwendete FSC®-zertifizierte Papier
Munken Premium Cream
liefert Arctic Paper Munkedals AB, Schweden.

4. Auflage April 2012
Bestell-Nr. 816583
ISBN 978-3-86591-583-2
Umschlaggestaltung: Olaf Johannson
Umschlagfoto: Pete Rupert (Nr. 816583)
Janine Guldener (Nr. 16583)
Fotos im Bildteil: privat
Lektorat und Satz: Mirjam Kocherscheidt
Druck und Verarbeitung: GGP Media GmbH, Pößneck
Printed in Germany

Für alle Lydia-*Leserinnen,*
die den Segen ihrer persönlichen Geschichte
weitergegeben haben,
um Leben zu verändern

„Wer Elisabeth sieht, ahnt nicht, welcher Weg hinter ihr liegt. Ihre Ausstrahlung verrät nichts von all dem Tragischen und dem Niederschmetternden in ihrem Leben. Nichts von dem unbeschreiblichen Schmerz und alldem, was sie gern hinter sich gelassen hat, um ihrem Gott zu folgen. In diesem erstaunlich bewegenden Buch entdecken wir die wahre Geschichte, die die Frau geformt hat, die wir heute kennen und lieben. Elisabeth lädt uns ein, sie auf ihrer Reise zu begleiten. Sie schenkt uns ganz persönliche Einblicke, wie ihr Charakter durch Gnade geschliffen wurde. Ich empfehle dieses Buch von ganzem Herzen."

Joni Eareckson Tada ist Referentin und Autorin mehrerer Bestseller. Außerdem ist sie die Gründerin von „Joni and Friends", einer Organisation, die Menschen mit Behinderungen unterstützt.

„So viel Geschichte in einem einzigen Leben: Elisabeth Mittelstädts Odyssee durch Weltepochen und Kontinente liest sich wie ein Roman – und ist doch ein einziges, wahres Leben. Es ist die Geschichte eines Mädchens, das Gänse hütet – und davon träumt, eines Tages zu schreiben. Die Geschichte einer jungen Frau, die vor politischem Zwang flieht, Gewalt, Not und Krankheit überwindet. Die Geschichte einer Frau, die unbeirrt ihren persönlichen Weg mit Gott und den Menschen geht – und seit Jahrzehnten Millionen Frauen in der ganzen Welt mit ihrer Arbeit Hoffnung, Trost und Mut spendet. Ein Leben, das man lesen muss!"

Prof. Dr. Christoph Fasel ist Professor für Medien- und Kommunikationsmanagement und Rektor der SRH-Hochschule Calw sowie ehemaliger Chefredakteur von Reader's Digest Deutschland und Österreich.

„Erst wenn wir stehen bleiben, um einmal durchzuatmen, erkennen wir, wie weit wir schon gekommen sind. Elisabeth Mittelstädt hat einen Moment innegehalten auf ihrem abenteuerlichen Weg mit Gott. Ihr Buch liest sich wie das Drehbuch eines Hollywood-Films. Es fehlt nicht an Dramatik, Spannung, Verbrechen,

Freude und Leid! Und in alldem zeigt uns Elisabeth, wie Gott in seiner großen Gnade leise zu ihr gesprochen und sie sanft geleitet hat. Inspirierend! Öffnen Sie dieses Buch und gehen Sie eine Meile in ihren Schuhen ..."

Cae Gauntt ist Sängerin, Texterin und Vocal-Coach und hat bei den verschiedensten Alben und Live-Projekten innerhalb und außerhalb der christlichen Musikszene mitgewirkt.

Trotz ihrer Erfolge ist Elisabeth eine ganz normale Frau von nebenan. Im Laufe der Jahre konnte ich immer wieder beobachten und erleben, dass sich die Menschen in ihrer Nähe einfach wohlfühlen und so sein dürfen, wie sie sind. Elisabeth vermittelt durch ihre Bescheidenheit allen das Gefühl, wichtig zu sein. Die Kinder in der Straße lieben es, bei ihr zu klingeln, weil sie dann immer Süßigkeiten bekommen (Einmal wuchs sogar extra ein Bonbonbaum vor ihrem Haus!). Ihre Großzügigkeit ist beispielhaft! Ich kenne niemanden, der auch trotz eigenem Leid und Schmerzen so ansteckend lachen kann und doch jederzeit so einfühlsam ist, um bei den Nöten anderer mitzuweinen. Elisabeth ist Vorbild und Ansporn für mich, Jesus mehr zu vertrauen. Ihre Geschichte bringt Heilung und Hoffnung für die Menschen, für Frauen wie für Männer.

Claudia Wenserit, Ärztin und Nachbarin von Elisabeth Mittelstädt

Dank

Alles begann im Jahr 1985 bei einer Tasse Kaffee. Ich erzählte eine Geschichte aus meinem Leben. Am selben Tag reichte mir meine Freundin ein leeres Tagebuch. „Elisabeth", sagte sie lächelnd, „du musst unbedingt schreiben!" Zu meiner großen Überraschung schrieb ich bald wirklich, und zwar ein Editorial! Denn ein Jahr später wurde die Zeitschrift *Lydia* ins Leben gerufen. Die übrigen Seiten überließ ich jedoch anderen Frauen, und das tue ich bis heute, damit sie ihre bewegenden Geschichten voller Veränderungskraft erzählen. Doch in den letzten Jahren füllte ich so manches Notizbuch mit meinen persönlichen Erlebnissen.

Wer weiß, dachte ich, *vielleicht werde ich eines Tages ein Buch schreiben.*

Ich traf Ralf Markmeier, den Verleger von Gerth Medien. Er ermutigte mich, meine Geschichte zu veröffentlichen. Danke, Ralf, für deine Unterstützung!

Ein großer Dank geht an meine Freundin Ramona Tucker, die bei der Entstehung dieses Buches viel geholfen hat. Sie ist eine erfahrene Verlegerin (*Oak Tara Publishing House*).

Dankeschön auch an Ines Weber, Paula Gamble, Marita Wilczek und Mirjam Kocherscheidt. Ich schätze eure vielen Fragen und kreativen Vorschläge sehr.

An meine Schwestern herzlichsten Dank: Maria, Erika, Valeri, Rosi, Edit und Martha (die bereits im Himmel ist). Danke für eure aufrichtige Liebe.

Ganz besonders möchte ich mich bei meinem Mann Ditmar bedanken: Unsere gemeinsame Reise seit mehr als 40 Jahren – über Vancouver, Los Angeles, Chicago, Frankfurt und Berghausen – war wirklich ein Abenteuer! Ohne deine Hilfe wäre dieses Buch nie entstanden. Ich liebe dich so sehr.

Inhalt

Vorwort

Jeder von uns hat eine Geschichte – eine Geschichte aus kleinen und großen lebensverändernden Ereignissen –, die von Generation zu Generation fortleben sollte: in allen, die sie hören möchten. Manche Lebensgeschichten wirken dramatisch, sie sind wie die schroffen Zacken eines Liniendiagramms: voller Berge und Täler. Andere erscheinen wie eine schnurgerade Bahn, auf der sich wenig bewegt, wenig verändert.

Doch nur unser Gott kennt das Ende unserer Geschichte und weiß, wie sie andere auf ihrem Weg beeinflussen wird. Deshalb ist die folgende Frage entscheidend: Werden Sie es riskieren, Ihre Geschichte zu erzählen? Werden Sie Ihr Herz offenlegen und Ihre Erfahrungen mitteilen, sodass andere nachempfinden können, wie es ist, eine Wegstrecke in Ihren Schuhen zu laufen? Sodass sie durch Ihre Erfahrung Mut und Kraft gewinnen, in ihren eigenen Schuhen weiterzugehen?

Größer als meine Träume ist das Vermächtnis meines Lebens. Eine Geschichte, gezeichnet durch anfängliche Armut, traumatische Ereignisse und welterschütternde Veränderungen. Jahrzehnte der Geheimnisse. Schmerz und Freude. Verrat und Liebe. Leidenschaft und Bestimmung. Eine Geschichte, in der Gott mir buchstäblich das Leben rettet und ich mich frage: *Warum? Aus welchem Grund? Was hat Gott mit mir vor? Ist mein Leben wirklich von Bedeutung?*

Fragen Sie sich das auch manchmal? Ob Ihr Leben jemandem etwas bedeutet? Ob Sie von Bedeutung sind? Suchen Sie Ihre Rolle in Ihrer Familie, in Ihrer Nachbarschaft, in der Welt? Vielleicht zweifeln Sie daran, dass Sie irgendetwas Bedeutungsvolles tun könnten, selbst wenn Sie es versuchen würden. Oder Sie leben aufgrund Ihrer Lebensumstände tagtäglich in Angst. Sind Sie entmutigt durch Ihre persönlichen Grenzen? Gibt es Ereignisse in Ihrer Vergangenheit, die Sie lähmen?

Größer als meine Träume ist meine Lebensgeschichte. Doch auch viel mehr. Ich bete dafür, dass Sie beim Lesen Hoffnung finden in Bezug auf die Fragen, die Sie in Ihrem Leben beschäftigen … und Inspiration, Ihre Träume zu verfolgen – ganz neu oder weiterhin. Denn wie werden Sie je herausfinden, was Sie schaffen können, wenn Sie nichts wagen?

Ich weiß, was durch Gottes Gnade möglich ist, denn ich habe es erlebt. Mehr noch: Ich erlebe es noch immer, Tag für Tag, auf der Reise in meinen Schuhen – den unterschiedlichsten Schuhen, die ich in meinem Leben (im wörtlichen und übertragenen Sinn) getragen habe. Ja, manchmal ist das Leben schwer und ich bleibe im Schlamm stecken. Doch zu anderen Zeiten bin ich „überrascht von Freude“, wie der angesehene Autor C. S. Lewis es ausdrückt, und meine Füße scheinen so beflügelt, dass sie kaum noch den Erdboden berühren.

Größer als meine Träume ist die Geschichte über Zeiten, in denen Gott Türen öffnete, die fest verschlossen schienen. Über Zeiten, in denen ich tief verletzt war, unfassbare Schmerzen litt und nur noch Gott um Gnade und Erbarmen anflehen konnte. Es ist die Geschichte von Momenten, in denen Gott mir begegnet ist, mitten in meiner größten Not … und mir den Weg zeigte, auf dem meine kühnsten Träume wahr wurden und noch viel mehr.

Genau das kann er auch für Sie tun. Seine Gnade und Heilung erwarten Sie …

Elisabeth Mittelstädt

Prolog
Flucht in die Freiheit

Herbst 1963

Der kühle Abendnebel benetzte meine Wangen, als Tamas[1], der mich in die Freiheit führen sollte, auf die dicht bewaldeten Hänge der österreichischen Alpen zustapfte. Solche Gebirge hatten wir im Nordosten Jugoslawiens nicht und in ihrem Schatten kam ich mir geradezu winzig vor. Bedrohlich ragten sie in den Himmel wie Riesen, die ein altes Schloss bewachten.

„Da müssen wir hin." Tamas deutete auf einen Gipfel oberhalb der Baumgrenze. „Sobald wir diesen Berg überquert haben, bist du frei!"

Ich konnte kaum glauben, dass wir dem Ziel so nah waren. Vor Angst und Aufregung klopfte mir das Herz bis zum Hals. Schwer atmend hasteten wir auf den Wald zu und duckten uns in seine Schatten. Hoffentlich hatte die Polizei uns nicht gesehen.

Je höher wir hinaufstiegen, desto kälter wurde es. Die leichte Jacke, die ich übergestreift hatte, konnte den Wind nicht abhalten; jede Böe schien meine bloße Haut zu peitschen. Nun klapperten auch noch meine Zähne. Während meine Füße sich durch das Dickicht kämpften, um nicht von dem engen Pfad abzuweichen, füllten sich meine Lungen mit der kalten, dünnen Luft – und dem muffigen Geruch von Moos, Pilzen und vermodernden

Blättern. Das früher so herrlich lebendige, farbige Laub verbreitete nun einen Geruch des Todes.

Einige Augenblicke lang fragte ich mich, ob meine Reise auch so enden würde – mit meinem eigenen Tod bei dem fehlgeschlagenen Versuch, dem Kommunismus zu entfliehen. Doch die Strapazen unseres Marsches drängten solche Gedanken rasch in den Hintergrund; jetzt galt es, einen Fuß vor den anderen zu setzen, um nur ja auf dem Pfad zu bleiben.

Ich konnte kaum glauben, dass wir dem Ziel so nah waren. Vor Angst und Aufregung klopfte mir das Herz bis zum Hals.

Nach einer Weile verdichtete sich der Nebel zu feinen Tropfen. Bestimmt würde ich bald genauso verschrumpeln und mich auflösen wie das Herbstlaub, das ich unter meinen Füßen zertrampelte. Meine Kleidung war völlig durchnässt und schien das Gewicht meines zarten 17-jährigen Körpers zu verdoppeln. Das Wasser tropfte von meinem hüftlangen braunen Haar. Mit schlammverkrusteten Schuhen schleppten wir uns zäh durch den Bergwald. Meine Füße schmerzten, bis schließlich ein Taubheitsgefühl einsetzte. Dennoch stapften wir weiter.

Irgendwann war ich überzeugt, dass meine Füße mich keinen Schritt weitertragen konnten. „Bitte, lass uns anhalten!", flehte ich Tamas an.

„Nein." Er schüttelte den Kopf. „Wir müssen weiter."

Unbeirrt marschierte er vorwärts. Einen Augenblick lang blieb ich stehen, doch dann raffte ich meine letzten Kräfte zusammen und folgte ihm blind.

Die Sonne war fast völlig untergegangen und Dunkelheit legte sich auf den Wald. Bald darauf waren die Bäume nur noch als Silhouetten im Mondlicht zu erkennen. Die eingeschränkte Sicht schärfte meinen Hörsinn. Jedes Knistern im Unterholz schien eine drohende Gefahr anzukündigen. Bei jedem schrillen Vogelruf im Abenddunkel zog sich mein Magen zusammen. Daheim in Jugoslawien war mir die Dunkelheit immer willkommen gewesen, denn sie bedeutete Ruhe von der Arbeit. Doch heute würde es kein Ausruhen geben. Hier herrschte nur Ungewissheit ... und Angst.

Es war die längste, einsamste Nacht, die ich je erlebt hatte. Ständig grübelte ich, ob meine Entscheidung richtig gewesen war. Doch jetzt war ich daran gebunden. Es gab kein Zurück, keine andere Wahl.

Beim Morgengrauen hatten wir den Berggipfel fast erreicht. Wir befanden uns noch immer im Wald, doch unmittelbar vor uns endete der Baumbestand. In einiger Entfernung auf der linken Seite erspähte ich einen Wachturm. Ein uniformierter Wächter mit einem Gewehr ging darauf zu.

„Siehst du den Wächter da drüben?" Tamas deutete mit dem Finger auf ihn. „Dort ist die Grenze nach Österreich. Von hier an müssen wir kriechen, damit er uns nicht sieht. Wir werden zuerst zur Grenze robben und müssen dann die letzten Meter durch das Niemandsland."

Ach ja, das müssen die 500 Meter sein, die weder zu Jugoslawien noch zu Österreich gehören, erinnerte ich mich. Mein Blick streifte Tamas – groß, schlaksig, dunkelhaarig, Mitte 20. Als unsere Blicke sich trafen, nahm ich ein leises Zögern in seiner Miene wahr, doch irgendwie blieb er ruhig.

Woher weiß er das alles?, fragte ich mich. *Ob er das schon mal gemacht hat?* Jedenfalls verhielt er sich so, als wüsste er genau Bescheid, wie man eine Grenze überquert. Er erklärte mir, dass wir vom Waldrand aus etwa 400 Meter kriechen mussten, um auf österreichischen Boden – und damit in die Freiheit – zu gelangen. Mein Herz klopfte schneller, als ich es für möglich gehalten hätte.

„Bist du bereit?", flüsterte er.

Ich biss mir auf die Unterlippe und nickte.

In diesem Moment tauchten plötzlich mehrere Wächter vor dem Wachturm auf und kamen in unsere Richtung.

Hatten sie uns entdeckt? Würden sie uns jetzt verhaften und ins Verhör nehmen?

Ich spürte, wie das Blut durch meine Adern jagte und meine Panik verstärkte. Auch Tamas zeigte erste Anzeichen von Panik. Ich bemerkte feine Schweißtröpfchen an seiner Braue. Abrupt drehte er sich zu mir um und flüsterte mit dunkel blitzenden Augen: „Du glaubst doch an Gott! Dann rede jetzt mit ihm. Bitte ihn, uns zu helfen, sodass die Soldaten uns nicht sehen!“

Hatten sie uns entdeckt? Würden sie uns jetzt verhaften und verhören?

„Bitte, Gott“, flehte ich leise, aber inständig, „hilf uns, sicher über die Grenze zu kommen. Bitte lass die Soldaten uns nicht sehen.“

Als wir wieder aufschauten, trotteten die Wächter gerade wieder zum Turm zurück. *Ein Zufall*, fragte ich mich, *oder Gottes Wunder?*

Tamas ergriff die Gelegenheit. „Jetzt“, sagte er und deutete mit einer Kopfbewegung in Richtung Grenze. Den Körper so dicht wie möglich an der Erde, kroch er auf die Grenze zu.

Ich war ohnehin längst pitschnass, deshalb machte mir die matschige Erde an Händen und Knien weniger zu schaffen als meine unruhigen Gedanken: *Liegen hier Landminen vergraben? Wie schmerzhaft mag es sein, von einer Kugel getroffen zu werden? Sind das die letzten Augenblicke meines Lebens?*

Wieder fragte ich mich: Warum habe ich solchen Hunger nach Freiheit? Warum riskiere ich mein Leben, um über die Grenze zu kommen? Warum lasse ich meine Familie und alles, was ich kenne, hinter mir, um nach mehr zu suchen?

Doch der Hunger nach Freiheit nagte schon so lange an mir und wollte endlich gestillt werden. Es war eine Sehnsucht, die ich einfach nicht mehr übergehen konnte. Ich wusste, dass ich nicht länger unter der Daumenschraube des Kommunismus leben konnte. Zwar war ich nicht sicher, was Freiheit wirklich bedeutete, aber ich war überzeugt, dass ich frei sein musste, um meine eigenen Entscheidungen zu treffen. Ich sehnte mich nach jenem „Mehr“ in meinem Leben und war entschlossen, alles daranzusetzen, um es zu erreichen.

Die leidenschaftliche Sehnsucht nach Lebenssinn und Erfüllung war in meinem Herzen so stark geworden und hatte so tiefe Wurzeln geschlagen, dass ich meine Entscheidung getroffen hatte: Ich würde aus Jugoslawien fliehen. Ich würde einen Weg in die Freiheit finden. Und Tamas war mir als die richtige Fahrkarte dorthin erschienen.

Doch nun hatte mich die Wirklichkeit des Aufbruchs eingeholt. Ich befand mich in Schussweite von Gewehren und kroch durch den Schlamm einer ungewissen Grenzlinie entgegen. Und ich hatte große Angst.

Ich wagte nicht aufzuschauen, sondern konzentrierte mich ganz auf das Erdreich vor mir. Der Anblick von Tamas' schlammverdreckten Schuhen war meine einzige Rettungsleine. Atmete ich noch oder hielt ich den Atem an? Ich war mir nicht sicher. Mein Körper bewegte sich mechanisch weiter, doch jede andere Lebensregung schien außer Kraft gesetzt.

Ich weiß nicht genau, wann, denn politische Grenzen sind zwischen Schlamm und Grashalmen nicht zu erkennen, doch irgendwann hatten wir das kommunistische Jugoslawien verlassen und das freie Österreich erreicht.

Als wir weit entfernt von Wachturm und Gewehren dastanden, erschien der Himmel gleich viel blauer und die Luft frischer.

„Wir haben es geschafft!", flüsterte ich und ließ den Blick über die weiten Wiesen schweifen, auf denen sich das Gras im Wind wiegte. Wir schienen auf dem Gipfel der Welt zu stehen. Zum ersten Mal seit Stunden fand mein Atem wieder zu einem halbwegs normalen Rhythmus zurück.

Nach einer Weile stapften wir weiter und kamen zu einer kleinen Hütte mit einem Schild, auf dem stand: *Willkommen in Österreich!*

Ich betrachtete die Berge und dachte: „Das ist der Ort, an dem die Freiheit lebt."

Ich musste lächeln und staunte: Wer wohl daran gedacht hatte, hier eine kleine Hütte zu errichten, um Fremde wie mich zu begrüßen?

Wie viele wohl vor mir hierhergelangt waren? Ich betrachtete die Berge und dachte: *Das ist der Ort, an dem die Freiheit lebt.*

Mit Tamas′ Hilfe hatte ich gerade etwas geschafft, wovon Tausende meiner Landsleute nur träumen konnten: Ich hatte mein altes Leben des Kommunismus und der Unterdrückung hinter mir gelassen und gegen den Westen eingetauscht, gegen ein Land der Freiheit und der Möglichkeiten.

Tief atmete ich die frische Gebirgsluft ein. Hier würde ich meinen Traum von Bildung verwirklichen und all das wahr werden lassen, wonach mein Herz verlangte.

In der Euphorie dieses Augenblicks ahnte ich nicht, dass meine Freiheit nur von kurzer Dauer sein würde und dass mich schon bald ein Albtraum erwartete, der mir noch jahrelang zu schaffen machen würde ... etwas viel Schlimmeres als alles, was ich bisher zu ertragen gehabt hatte.

1
Barfuß auf staubigen Straßen

„Unsere Familie war nicht immer arm", erklärte meine Mutter, als sie mir von unserem Leben vor dem Kommunismus erzählte. Wenn sie von der „guten alten Zeit" sprach, lag ein strahlendes Lächeln auf ihrem Gesicht und ihre Augen glänzten vor Freude. „Früher hatten wir Bedienstete und eine herrliche Kutsche", sagte sie. „Und ich trug schöne Kaschmirpullover und Satinkleider." Sie richtete sich unwillkürlich auf, als wäre sie tatsächlich elegant gekleidet und trüge nicht nur ein schlichtes Hauskleid.

„Warum haben wir das alles denn jetzt nicht mehr?", fragte ich.

Ihr Blick wurde traurig, als sie erklärte: „Unter dem Kommunismus sollten ja alle gleich sein."

Wir lebten in einem kleinen ungarischen Dorf namens Ludas in der Provinz Vojvodina. Diese Provinz war innerhalb von Serbien, das zum ehemaligen Jugoslawien gehörte, autonom geblieben. Sie lag im nordöstlichen Zipfel des Landes, eingebettet zwischen Ungarn und Rumänien. Im Laufe ihrer Geschichte wurde diese Provinz immer wieder von heftigen Stürmen unablässiger Umwälzungen zerrissen, und die Menschen lebten politisch, kulturell, wirtschaftlich und sozial in ständig wechselnden Verhältnissen.

1848 wurde die Autonomie der Provinz Vojvodina proklamiert, 1860 aber wieder aufgehoben, als die Region an Ungarn angegliedert und schließlich Teil des österreichisch-ungarischen Reiches wurde. Die kommunistische Partei Jugoslawiens wurde 1919 gegründet, aber schon im folgenden Jahr von König Alexander verboten, der eine monarchisch-faschistische Diktatur einführte. Es folgte ein Militärputsch, der Hitler veranlasste, seinen geplanten Angriff auf die Sowjetunion zu verschieben. Doch als er 1941 seine Truppen gegen Jugoslawien ins Feld schickte, brachte er damit Josip Broz Tito auf den Plan. Tito stand seit 1937 an der Spitze der kommunistischen Partei und unter seiner Führung hatte diese ihre Aktivitäten verstärkt und sehr an Einfluss gewonnen. 1945 wurde er eine Woche nach dem Ende des Zweiten Weltkriegs Chef der Übergangsregierung Jugoslawiens. Als die kommunistische Partei an die Macht kam, verlor meine Familie – wie unzählige andere Familien in Jugoslawien – den größten Teil ihres Besitzes.

Ihr Blick wurde traurig, als sie erklärte: „Unter dem Kommunismus sollten ja alle gleich sein."

Trotz des einfachen Lebens liebte ich unser Dorf, das sich an einen idyllischen See schmiegte. Vögel, Frösche und Fische fühlten sich hier ebenso heimisch wie Großvater, der schon seit über einem halben Jahrhundert in dem Ort lebte. Ich lernte den Reichtum meiner Umgebung und der Natur zu schätzen.

Unsere elfköpfige Familie bewohnte ein einfaches gelbes Haus mit neun Zimmern. Da wir kein fließend Wasser hatten, mussten wir ein Toilettenhäuschen im Hinterhof benutzen, und zum Baden, Kochen und Putzen holten wir mithilfe von Eimern Wasser aus unserem Brunnen. Auch ein Telefon hatten wir nicht – tatsächlich gab es im ganzen Dorf nur ein einziges Telefon! Unser Wohnzimmer hatte einen einfachen Holzboden, während wir in der Küche auf dem nackten Erdboden liefen. Aber meine Mutter fegte ihn dennoch immer blank.

Unter dem Dach unseres länglichen gelben Hauses wohnten auf der einen Seite *Nagyapa* (Großvater) und *Nagyanya* (Großmutter) und auf der anderen Seite Mutter, Vater und wir sieben Mädchen. Ich hatte zwei ältere und vier jüngere Schwestern. An Sommerabenden lauschten meine Schwestern und ich dem Froschkonzert. Die Frösche „sangen“ so laut, dass Gäste, die bei uns übernachteten (irgendwie schafften wir es immer, sie in einer Nische unterzubringen), sich beklagten: „Wir können nicht schlafen!“ Aber meine Schwestern und mich hielten die Froschgesänge nicht vom Schlafen ab. Wir liebten sie; für uns waren es abendliche Wiegenlieder.

Obwohl wir selbst nicht viel hatten, nahm Mutter oft Fremde auf, sogar umherziehende Zigeuner. Jeder wusste, dass sie ihre Gastgeber bestahlen, aber bei uns kam das nie vor; zumindest erinnere ich mich nicht daran, dass sie uns je etwas gestohlen hätten. Es war, als hätten sie aus dem Verhalten meiner Mutter die ungeschriebene Regel abgelesen: *Wir geben euch zu essen und helfen euch auf eurer Reise, dafür werdet ihr uns nichts stehlen.* Doch manchmal hinterließen sie uns Flöhe, und wir hatten alle Mühe, diese nervigen Viecher wieder loszuwerden.

In den Sommermonaten meiner Kindheit lief ich am liebsten barfuß auf den staubigen Straßen (erst später wurde mir bewusst, dass Mutter unsere nackten Füße recht waren, weil wir so unsere Schuhe nicht abnutzten), das heißt, wenn ich nicht gerade Aufgaben zu erledigen hatte. Jedes von uns Mädchen hatte seine eigenen Pflichten zu erledigen. Mir als einem Kind in der Mitte der Geschwisterschar kam die Aufgabe zu, die Gänse und Kühe auf unserem Land zu hüten. Außerdem pflückte ich Blumen, die wir verkauften. Die Kühe fraßen statt Gras am liebsten unseren heranwachsenden Mais, deshalb musste ich mit einem großen Stock in der Nähe bleiben und die Maisstängel mit ihrer kostbaren Frucht verteidigen. Manchmal hatte ich Angst, wenn die Kühe mich angreifen wollten.

Obwohl wir selbst nicht viel hatten, nahm Mutter oft Fremde auf, sogar umherziehende Zigeuner.

„Stell dich nicht so an“, tadelte mich mein Vater dann. „Du bist doch ein großes Mädchen.“

Meine Mutter hatte eher mal ein ermutigendes Wort für mich. „Elisabeth, setz doch deinen großen Stock ein!“, rief sie mir zu. „Zeig ihnen, wer das Sagen hat!“

Wenn die Sonne am Mittag einen bestimmten Punkt erreicht hatte, wusste ich, dass es an der Zeit war, die Kühe zum Melken nach Hause zu treiben. Sobald ich die Tiere in die Scheune gebracht hatte, rannte ich ins Haus, wo Mutter mit einem frisch gekochten warmen Essen auf uns alle wartete. Zweimal in der Woche aßen wir Hähnchen. Mutter schlachtete es um zehn Uhr und um die Mittagszeit war es auf dem Tisch. Allerdings musste ein einziges Hähnchen für die ganze Familie reichen, sodass meine Portion gewöhnlich aus einem Hähnchenflügel bestand (interessanterweise liebe ich Hähnchenflügel noch heute!).

Etwa um fünf Uhr zog ich dann wieder mit den Kühen los und blieb auf den Feldern, bis der Sonnenuntergang nahte – er war meine Uhr, die mir zeigte, dass es an der Zeit war, die Kühe wieder nach Hause zu treiben.

Ich konnte es kaum abwarten, bis diese Tageszeit gekommen war und wir Kinder endlich spielen durften. Wir trafen uns mit den Nachbarskindern und spielten Verstecken – so lange, bis es ganz dunkel geworden war und Mutter uns zum Abendessen hereinrief. Dann saßen wir alle in der Küche um den großen Tisch und sprachen über den Tag.

Später am Abend schaute ich oft, warm in mein Bett gekuschelt und von meinen Schwestern umgeben, aus dem Fenster und betrachtete die Millionen Sterne, die so hell und herrlich funkelten, und fühlte mich buchstäblich wie im Wunderland. Da gab es ein Universum, das viel größer war, als ich es mir vorstellte ... und ich brannte darauf, es zu erforschen.

Zu den glücklichsten Momenten meiner Kindheit zählten die, in denen ich den Geschichten meiner Großmutter lauschte. Diese

Geschichten weckten in mir die Ahnung von einer größeren Welt und einer anderen Identität, als ich sie von den Leuten in unserem kleinen Dorf kannte. Ich fand Schätze in den Erzählungen, die ich hörte, und nährte damit meinen Verstand und meine Seele. Ich war von Natur aus neugierig und wollte gerne wissen, wie denn die übrige Welt aussah. Und ich verbrachte besonders beim Hüten der Kühe oder vor dem Einschlafen viel Zeit damit, mir vorzustellen, welche Rolle ich in dieser weiten Welt wohl haben könnte.

An diesem Abend dachte ich über ihre Worte nach, und ich hätte mir nie träumen lassen, dass ich eines Tages ihre wahre Bedeutung verstehen würde.

An den Winterabenden saß unsere Familie beim schwachen Schein einer Petroleumlampe um den warmen Tonofen, während Großmutter Märchen erzählte. Wenn sie mit „Es war einmal ...“ begann, kuschelte ich mich dichter an sie heran und hörte aufmerksam zu. Sie machte mich mit der Welt von Aschenputtel, Schneewittchen und Dornröschen vertraut. Meine absolute Lieblingsgeschichte war die von Schneewittchen. Ein Bilderbuch brauchte ich nicht, und das war auch gut so, denn wir besaßen ohnehin keins. Ich nutzte einfach meine Fantasie, um mir vorzustellen, wie Schneewittchen ausgesehen haben musste. Vor meinem inneren Auge war sie eine wunderschöne Prinzessin.

Manche Seiten der Geschichte machten mich aber auch traurig. Warum musste Schneewittchens Mutter sterben? Und warum war ihre Stiefmutter nicht nett zu ihr? „Warum hat sie denn niemand beschützt?“, fragte ich Großmutter.

Großmutter seufzte. „So geht die Geschichte nun mal“, meinte sie. „Manchmal ist es auch im wahren Leben so. Auch guten Menschen passieren böse Dinge. Aber das heißt nicht, dass die Geschichte ein trauriges Ende haben muss.“

An diesem Abend dachte ich über ihre Worte nach, und ich hätte mir nie träumen lassen, dass ich eines Tages ihre wahre Bedeutung verstehen würde.

2
Neue Prinzessinnenschuhe

Drei Dinge, die ich als Kind besaß, waren mir besonders lieb: ein Paar Schuhe, ein Bleistift und zwei Küken. Diese kleinen Schätze schienen meinem sorglosen kindlichen Gemüt völlig zu genügen – zumindest für eine Weile. Heute erkenne ich, welche Symbolkraft sie für mein Leben haben sollten.

Als ich sieben Jahre alt war, bekam ich ein neues Paar Schuhe: einfache, schwarze Schlappen. Ich hütete diese Schuhe, als wären sie mein kostbarster Besitz. Wenn ich sie anhatte, fühlte ich mich wie eine der Prinzessinnen aus den Erzählungen meiner Großmutter. Auf dem ganzen Weg zur Schule trug ich sie in der Hand, um erst kurz vor dem Schulhof, wenn gerade niemand hinschaute, hineinzuschlüpfen. Nach der Schule, sobald ich außer Sichtweite der anderen Kinder war, zog ich sie wieder aus und trug sie nach Hause. Sie sollten auf keinen Fall abgenutzt werden!

Ich hatte allerdings nicht bedacht, wie rasch ich aus diesen Prinzessinnenschuhen herauswachsen würde. Da wir kein Geld für neue Schuhe hatten, schnitt Mutter einfach ein Loch in die Schuhspitzen, um meinen dicken Zehen Platz zu verschaffen. Trotzdem wollte ich die Schuhe unbedingt tragen, selbst an warmen

Sommertagen, an denen die meisten Kinder barfuß herumliefen. Außerdem achtete ich darauf, dass mein Kleid sauber und bügelglatt blieb. Ich wollte ein hübsches Mädchen sein wie die Prinzessin im Märchen von Schneewittchen.

Einmal wurde ich tatsächlich für die Rolle der Prinzessin in unserer Schulaufführung ausgewählt. Mit meinen langen, damals noch blonden Haaren und den großen blauen Augen hielt meine Lehrerin mich für die passende Besetzung. Eifrig lernte ich meinen Text auswendig und half anderen dabei, ihre Rollen einzuüben. Ich konnte kaum den Tag abwarten, an dem wir das Stück endlich aufführen durften.

Ob Mutter wohl kommen würde, um die Aufführung zu sehen?

Üblicherweise sagte sie immer, dass sie zu viel zu tun hätte, um zu unseren Schulveranstaltungen zu kommen. *Aber dieses Mal ist es etwas anderes,* versuchte ich mir einzureden. Schließlich war ich die Prinzessin. Es war nicht bloß irgendeine gewöhnliche Rolle in einem Stück.

Während der Aufführung schweifte mein Blick immer wieder durch das Publikum auf der Suche nach dem einen Gesicht – dem meiner Mutter. Sie zu sehen wünschte ich mir mehr als alles andere. Aber sie war nicht da. Ich war so enttäuscht.

Kaum war das Stück aus, rannte ich nach Haus, platzte zur Tür herein und fragte: „Warum bist du denn nicht gekommen, Mutter?"

Einen Augenblick herrschte Stille. Dann blickte Mutter gelassen zu mir herunter und erwiderte einfach: „Ich habe zu viel zu tun."

Es versetzte mir einen Stich ins Herz.

Schon damals war mir bewusst, wie hart meine Mutter arbeiten musste, und ich verspürte Schuldgefühle, dass ich sie überhaupt gebeten hatte, zur Aufführung zu kommen. Aber tief in meinem Inneren brannte die Sehnsucht, von meiner Familie geliebt zu werden – doch alle waren einfach zu beschäftigt.

Im Rückblick erkenne ich in meinem kindlichen Wunsch, eine Prinzessin zu sein, die tief empfundene Sehnsucht, geliebt zu werden und gewollt zu sein. Meine Mutter war diejenige, die mir am nächsten stand und nach deren Aufmerksamkeit ich mich am meisten sehnte; als sie nicht gekommen war, um mich in dem Stück spielen zu sehen, war ich mehr als nur traurig. Es war niederschmetternd. An diesem Tag wurde mir klar – auch wenn ich es nicht in Worte hätte fassen können –, wie unbedeutend ich war.

Der zweite Schatz meiner Kindheit war mein Bleistift. Er musste immer für ein ganzes Jahr halten. Dieser abgegriffene Stift war mir deshalb so wertvoll, weil ich das Schreiben liebte. Schon früh, als wir in der Schule ein Gedicht von Sándor Petőfi auswendig lernen sollten, träumte ich davon, Schriftstellerin zu werden. Dieser begabte ungarische Dichter hatte im 19. Jahrhundert das gedruckte Wort genutzt, um für die Freiheit der Rede, der Presse und der Religion zu kämpfen. Seine Leidenschaft fesselte mich. Schon als Kind beeindruckte mich die Macht des gedruckten Wortes.

An diesem Tag wurde mir klar, auch wenn ich es nicht in Worte hätte fassen können, wie unbedeutend ich war.

Da ich mich mit einem einzigen Bleistift begnügen musste und meine kreativen Ideen nach Ausdruck verlangten, musste ich andere Wege finden, meine Worte aufzuschreiben. Im Sommer kritzelte ich sie in den Staub – Gedichte und Geschichten und was mir sonst noch in den Sinn kam. Der große Vorteil dabei: Es gab immer reichlich Staub und meine Füße erwiesen sich als geschickte Radierer. Im Winter wurde der Schnee mein „Schreibpapier“. Die eisige Kälte verwandelte meine Finger schon bald in kleine Eiszapfen, doch selbst der Frost konnte mich nicht vom Schreiben abhalten. Ich träumte davon, eine Schriftstellerin zu werden, die andere beeinflussen und meine Welt verändern würde.

Der geliebte Bleistift deutete bereits an, welcher Traum mich mein Leben lang begleiten sollte – er ist ein Symbol der Leidenschaft, die Gott in so jungen Jahren in mein Herz gelegt hatte. Doch als ich damals in Staub und Schnee schrieb, ahnte ich noch nichts davon, dass sich in meiner Begeisterung für diesen Bleistift schon meine zukünftige Bestimmung ankündigte.

❧

Der dritte Schatz meiner Kindheit waren niedliche gelbe Küken – allerdings in einer anderen Art und Weise, als man vermuten könnte. Im Frühling hielten wir für gewöhnlich Hühner, Enten und Gänse auf unserem Hof. Als ich etwa fünf Jahre alt war, nahm ich einer Henne zwei Küken weg. Sie waren erst wenige Wochen alt, und ich dachte, ich könnte die kleinen Dinger genauso gut großziehen wie sie. Ich hockte mich hin, griff nach den putzigen, flauschigen Bällen und steckte sie unter meinen Pulli, um sie warmzuhalten. Ihre weichen Daunenfedern kitzelten auf meiner Haut und brachten mich zum Kichern.

Schon als Kind beeindruckte mich die Macht des gedruckten Wortes.

Plötzlich merkte die Henne, dass einige ihrer Küken fehlten. Sie schoss auf mich zu und pickte energisch nach meinem Kopf. Ich erschrak so sehr, dass ich das Gleichgewicht verlor und flach auf den Bauch stürzte. Als ich wieder aufstand, merkte ich, dass ich aus Versehen die zwei Küken erdrückt hatte. Verzweifelt versuchte ich, sie wiederzubeleben, aber ihre Augen blieben verschlossen und ihre kleinen Füße regten sich nicht mehr. Sie waren tot.

Ich nahm die zwei kleinen Küken, buddelte ein Loch im Garten und begrub sie. Großmutter hatte oft über den Himmel gesprochen, in den wir kommen würden, wenn wir gestorben waren. Ob meine Küken jetzt im Himmel waren?

Einige quälende Tage später musste ich einfach wissen, ob die Küken noch in der Erde lagen oder ob Gott sie in den Himmel geholt hatte, also öffnete ich das Grab wieder. Die verwesenden

Körper lagen noch da. Tot war tatsächlich tot, folgerte ich. Aber kümmerten die kleinen Küken Gott denn gar nicht?

Wenn ich heute über die geliebten Küken meiner Kindheit nachdenke, stelle ich fest, dass es in dieser Zeit in meinem Leben nur sehr wenig gab, an das ich mich halten konnte, um Trost oder Freude zu finden – nicht die wuscheligen, kleinen Küken und nicht einmal die Gewissheit, dass es einen Kükenhimmel gab. Ich konnte nicht anders, als mich zu fragen: Wenn Gott sich um kleine Küken nicht kümmert, kümmert er sich dann eigentlich um mich? Und: Wenn es keinen Himmel für kleine Küken gibt, gibt es dann überhaupt einen Himmel?

Aber ich erkenne auch die innere Kraft in mir und meine Beharrlichkeit, das Geschehene wirklich zu verstehen, als ich die Küken ausgrub. Diese beiden Charaktereigenschaften sollten sich auf meinem Weg in die Zukunft als nützlich erweisen.

Denn in der folgenden Zeit sollte ich noch weitere Erfahrungen mit den Schwierigkeiten des Lebens machen – und lernen, wie wichtig es ist, meine innere Lebendigkeit und Leidenschaft zu bewahren.

3 Verknotete Schnürbänder

Welche Macht das geschriebene Wort doch hat! Mehr als 60 Jahre nach dem Tod von Karl Marx studierten wir seine Schriften in der kleinen Dorfschule von Ludas. Wie die übrigen Schüler hörte ich aufmerksam zu, wenn unsere Lehrer begeistert von seiner kommunistischen Ideologie einer neuen, besseren Welt sprachen.

„Es gibt nur zwei Dinge, die das Glück des Menschen gefährden", schrieb Karl Marx, „verschiedene Gesellschaftsschichten und Religion." Sein Vater Levi Marx, der in einer jüdischen Familie in Preußen als Sohn eines Rabbiners aufgewachsen war, konvertierte zum Christentum, um als Rechtsanwalt arbeiten zu können. Sein Sohn Karl entfernte sich noch weiter von der Familientradition. Er wurde Atheist und verbrachte sein ganzes Leben damit, gegen Religion und Kapitalismus zu argumentieren. „Religion ist ein Tagtraum", schrieb er, „ein Beruhigungsmittel, das die Menschheit veranlasst, in der Hoffnung auf den morgigen Himmel den heutigen Schmerz passiv hinzunehmen. Wenn der Kapitalismus die Menschen versklavt hat, brauchen sie die Religion, um Hoffnung zu haben."

Karl Marx sah seine Berufung darin, die einfachen Arbeiter und armen Leute (die „Proletarier") zu vereinen, um gemeinsam gegen den Kapitalismus zu kämpfen und dessen Ketten abzuwerfen. Sein Motto lautete: „Proletarier aller Länder, vereinigt euch!“ Im Sturm einer kommunistischen Revolution würden die Reichen und Mächtigen (die er „Bourgeoisie“ nannte – ein Albtraum für alle Legastheniker) erzittern, erklärte er. Und ins Zittern gerieten sie wirklich. In vielen Ländern der Welt – wie auch in meiner Heimat Jugoslawien – übernahmen die Kommunisten die Regierung. Sie raubten den Wohlhabenden ihren Besitz und schufen eine „Planwirtschaft“: eine Gesellschaft, in der vermeintlich alle „gleich“ waren. So verstand ich schließlich, warum meine Familie einen Teil ihres Landes und ihrer Pferde, ihre Kutsche sowie die besten Kleider verloren hatte.

Aber ich fand den Kommunismus sehr verwirrend. Karl Marx hatte Freiheit versprochen, doch Tausende Menschen starben. Er hatte eine bessere Welt ohne Religion und Klassengesellschaft versprochen, aber es herrschte eine gewaltige Ungleichheit zwischen dem gewöhnlichen Volk (dem meine Familie nun angehörte) und der kommunistischen Parteiführung. Die Menschen sollten der „Partei“ vertrauen und ihr gehorchen, ohne Fragen zu stellen. Schließlich wollten die Kommunisten den Leuten die Mühe des Denkens ersparen! „Zum Wohl der Gemeinschaft muss das Individuum zurücktreten“, lehrten sie. „In der Partei muss jeder von uns auf persönliche Rechte verzichten.“

Doch die kommunistischen Führer übten keinen Verzicht. Sie besaßen mehr als andere Bürger. Dieser Widerspruch machte mir zu schaffen. Als Kind konnte ich meine gedanklichen Konflikte natürlich nicht in Worte fassen. Ich wusste nur, dass meine Welt sehr kompliziert war. Und tief in meiner Seele war mir klar, dass da etwas nicht stimmte. Die Puzzleteile ergaben kein schlüssiges Gesamtbild.

General Tito, unser Präsident von Jugoslawien, hatte etwas mit Karl Marx gemeinsam. Beide wuchsen in einer religiösen Familie auf. Tito war sogar Messdiener in der Kirche. Doch in dieser Zeit machte er eine Erfahrung in der Kirche, die seine Auffassung von Religion stark beeinflusste. Eines Tages, als er beim

Altardienst versehentlich etwas Messwein verschüttete, schlug ihn der Priester und rief: „Verschwinde und komm nicht wieder!" Tito kehrte nie zurück.

Unter Präsident Tito wurde Jugoslawien – mit all seinen unterschiedlichen ethnischen Volksgruppen, sechs sozialistischen Republiken und zwei autonomen Provinzen – 1946 zur Föderativen Volksrepublik Jugoslawien zusammengeschlossen. Nach Titos Tod im Mai 1980 breiteten sich Unruhen im ganzen Land aus. 1991 begann der Balkankrieg. In der Folge wurden die Republiken unabhängige Staaten, darunter Serbien, Mazedonien, Kroatien, Slowenien, Bosnien-Herzegowina und Montenegro.

Obwohl ich unter kärglichen Bedingungen aufwuchs, war ich irgendwie mit einem natürlichen Optimismus gesegnet. Ich konnte mich rasch auf Situationen einstellen und genoss das Leben in vollen Zügen.

Doch in zunehmendem Maß fühlte ich mich hin und her gerissen zwischen dem, was ich in meinem Herzen als wahr erkannte, und dem, was ich öffentlich aussprechen durfte.

Die Schule hätte ein sicherer Ort sein sollen, um nach der Wahrheit zu forschen. Aber ich stellte bald fest, dass es uns nicht freistand, unsere Meinungen zu äußern oder Fragen zu stellen, geschweige denn Einwände zu erheben oder gar zu widersprechen. Das war einfach nicht erlaubt. Unter dem Kommunismus zu leben hieß, „als Gruppe zu denken". Was der Einzelne dachte, stand nicht zur Debatte. Also lernte ich, den Mund zu halten. Wenn Herr Bogar, mein Lehrer, fragte: „Ist der Kommunismus die Antwort auf die Probleme der Welt?", dann wiederholte ich, was er uns beigebracht hatte, auch wenn ich innerlich widersprach.

Tief in meiner Seele war mir klar, dass da etwas nicht stimmte.

Ich wusste, dass es mir nicht zustand, Zweifel und Fragen zu äußern, von denen ich viele hatte, zum Beispiel:

„Warum ist es falsch, an Gott zu glauben?“

„Woher weiß man, dass er nicht existiert?“

„Warum dürfen wir nicht reisen?“

„Warum sind die Kapitalisten böse?“

„Warum darf ich diese Fragen nicht stellen?“

So viele Fragen zu haben und sie nicht stellen zu dürfen war irritierend. Innerlich hatte ich die Freiheit zu wünschen, zu hoffen, zu beten oder zu träumen, aber nach außen hin musste ich genau das sagen, was meinen Lehrern gefiel. Dies schuf einen inneren Aufruhr, dem ich mich nie entziehen konnte.

In der Öffentlichkeit musste ich aufpassen, welche Worte ich wählte. Ich lernte rasch, was man unbesorgt aussprechen konnte und was zu riskant war. Wenn man die Regeln des Kommunismus nicht befolgte, bestand zumindest die Gefahr, dass man seine Ausbildung nicht fortsetzen konnte oder besondere Privilegien verlor. Die Schule war mir aber viel zu wichtig, weil ich fest davon überzeugt war, dass sie für meine Zukunft eine entscheidende Rolle spielte. Also ging ich kein Risiko ein, war eine folgsame Schülerin und nahm wie selbstverständlich an der Gruppe „junge Pioniere“ teil.

Selbst zu Hause kam es zu Konflikten über den Kommunismus mit all seinen ausgesprochenen und unausgesprochenen Regeln, unter denen wir leben mussten.

Meine Eltern rieten: „Wir müssen den Mund halten!“ Aber meine Großmutter war anderer Meinung. „Wir müssen mutig sein!“, erklärte sie oft mit allem Nachdruck. „Ein System ohne Gott kann nicht funktionieren. Die Furcht des Herrn ist der Anfang der Weisheit.“

Wem sollte ich glauben? Meiner geliebten Oma, meinen Eltern oder meinen Lehrern? Ich wollte meinen Lehrern gefallen, aber meine Liebe zu Gott musste ich vor ihnen verbergen.

Und warum dürfen wir nicht reisen?, fragte ich mich ständig. Mein ruheloser Geist sehnte sich danach, die Welt jenseits unseres kleinen Dorfes kennenzulernen, doch die Grenze blieb fest verschlossen. Man brauchte ein besonderes Visum, um das Land verlassen zu können. Für manche Berufsgruppen gab es eine Erlaubnis, doch selbst wenn man diese bekam, musste man Kinder und andere Familienangehörige zurücklassen. *Warum nur?*, fragte ich mich. Irgendwann wurde mir schließlich klar: damit der Betreffende auch wieder zurückkehrte.

Manche Kommunisten erklärten, dass wir in einem „goldenen Käfig" lebten und dass die Leute, die so dumm waren auszureisen, das gute Leben in unserer schönen Welt vermissen würden. Doch ich hörte den Sarkasmus heraus, wenn einige ältere Menschen darauf erwiderten: „Ja, alle würden liebend gern zu uns kommen, weil es hier so schön ist."

In Wirklichkeit sah ich niemanden, der es vorzog, in unsere Welt zu wechseln. Niemand kämpfte darum, über die Grenze zu uns zu gelangen. Stattdessen starben Tausende junger Menschen bei dem Versuch, aus einem osteuropäischen Land in den Westen zu fliehen. *Warum nur?*, fragte ich mich. *Wie ist es denn auf der anderen Seite?*

In der Schule betrachtete ich oft mit großem Interesse die Weltkarte. *Wie es wohl wäre, ein anderes Land zu besuchen?*, überlegte ich. *Wie mag es in Amerika aussehen? Ob die Menschen dort nett sind? Was für ein Gefühl wäre es, wirklich „frei" zu sein, an jeden beliebigen Ort gehen zu dürfen und alles sagen oder denken zu können, was mir beliebt – ohne Angst vor irgendwelchen Konsequenzen?*

Diese inneren Konflikte lösten auch falsche Schuldgefühle aus. Wenn ich die Philosophie des Kommunismus nicht befürwortete, übte ich dann nicht Verrat an meinem Land mit all seinen Menschen? Schließlich galten alle Personen, die über die Grenze flüchteten, als Feinde, Fahnenflüchtige und Verräter.

Indem ich in einem kommunistischen System aufwuchs, gewöhnte ich mir an, manche Dinge – meine wahren Überzeugungen und Gefühle – tief verborgen zu halten. Ich lernte, vorsichtig zu sein. Manchmal war mir das als Erwachsene von

Nutzen. In anderen Fällen hat meine besondere Vorsicht mich eingeschränkt.

Noch heute werden mir manchmal plötzlich Dinge bewusst, die ich lange verborgen gehalten hatte – Dinge, von denen ich nichts mehr wusste, bis überraschend eine Erinnerung wieder auftauchte. Dann erfahre ich Heilung, indem ich Worte für die unausgesprochenen Geheimnisse der Seele finde. Indem ich meine mitunter brüchigen Empfindungen aufschreibe, gewinne ich Klarheit und Erkenntnis.

Zu meinen liebsten Erinnerungen gehören die besonderen Sommermonate, in denen meine Mutter mir erlaubte, meine neun Jahre ältere Schwester Edith zu besuchen. Sie lebte bei meiner Tante Erzsébet (eine Variation des Namens Elisabeth) in der entlegenen Stadt Ada, etwa vier Stunden mit dem Zug von meiner Heimatstadt entfernt. Meine Tante Erzsébet, die selbst keine Kinder hatte, war auch meine Patin.

Bei der Ankunft begrüßte meine Tante mich immer sehr herzlich. „Elisabeth", pflegte sie zu sagen, „wir beide haben einen großartigen Namen. Wusstest du, dass wir nach Prinzessin Elisabeth benannt sind, einer guten Prinzessin, die die Menschen liebte und den Armen half?"

Dann fühlte ich mich wirklich wie die Prinzessin, die ich in meinen geliebten Schuhen so gern hatte sein wollen! Und was noch besser war: In den Wochen bei meiner Tante entwirrten sich allmählich die verknoteten Schnürsenkel meiner Gedanken. Dort war ich ein wichtiges Mitglied einer königlichen Familie. Ich war gewollt und ich war etwas wert.

Wie sehr genoss ich diese Sommer im Haus meiner Tante! Solange ich dort war, ruhten meine üblichen häuslichen Pflichten wie das Hüten der Gänse und Kühe. In Tante Erzsébets Haus brauchte ich nur Trinkwasser aus einem Brunnen zu holen, der einige Straßen entfernt lag.

Eines aber war seltsam. Wenn ich mit dem Wassereimer in der Hand am Haus des Nachbarn vorüberging, sah ich oft einen Mann und einen Jungen im Fenster, die mich genau beobachteten. Eines Tages tauchte Beni, dieser Nachbarsjunge, bei uns zu Hause auf, um mit mir zu spielen.

Von da an kam Beni Sommer für Sommer zum Spielen herüber, und ich genoss es sehr, mit ihm zusammen zu sein.

Doch dann, eines Sommers, als wir uns nach einer Weile zum ersten Mal wieder trafen, sah ich Beni plötzlich mit anderen Augen. Als er zur Tür hereintrat und ich ihn anschaute, setzte für einen Augenblick mein Herzschlag aus. Er war groß und muskulös geworden. *Wie gut er aussieht!*, dachte ich. Sicher, ich hatte ihn schon oft gesehen, aber diesmal nahm ich ihn wirklich wahr. Sein blondes Haar und seine blauen Augen ...

Von diesem Tag an schwärmte ich für Beni. Doch als wir das Teenageralter erreichten, begann meine Tante sich deswegen Sorgen zu machen, besonders nachdem ich ihr eröffnet hatte: „Ich mag Beni und eines Tages werde ich ihn heiraten."

„Du kannst jeden anderen Mann auf der Welt heiraten, aber nicht Beni", entgegnete sie scharf.

Warum nur?, fragte ich mich. *Warum denn nicht Beni?* Aber ich sagte natürlich nichts. Ich wusste, dass man meiner Tante besser nicht widersprach.

Es sollten noch Jahre vergehen, bis ich das Geheimnis um Beni erfuhr.

Nach der Dorfschule wollte ich nach Palić gehen, um eine weiterführende Schule zu besuchen. Diese Stadt lag etwa eine Stunde Fußweg entfernt. Ich träumte davon, eine Lehrerin zu werden, die Kinder zu inspirieren verstand und einen gesellschaftlichen Beitrag leistete, und konnte es kaum abwarten, bis die Schule begann.

Mein Vater wollte allerdings keinen „zweiten Haushalt" bezahlen. Im Winter würde es schwierig werden, sechs Kilometer

Es sollten noch Jahre vergehen, bis ich das Geheimnis um Beni erfuhr.

im Schnee zurückzulegen, sagte er. Außerdem vertrat er in Bezug auf das Thema „Frauen und Bildung" eine traditionelle Auffassung. „Wozu brauchen Mädchen eine höhere Bildung?", fragte er schroff. „Du wirst heiraten und Kinder großziehen, genau wie deine beiden älteren Schwestern." Sein scharfer Tonfall und die ernste Miene machten deutlich: *Kein Wort mehr davon!*

Wenn mein Vater Nein sagte, war die Sache entschieden. Ich lernte schon ganz früh, dass ein Nein meines Vaters immer felsenfest bestehen blieb. Doch die Leidenschaft für meinen Traum war stark, und so wollte ich nicht gleich aufgeben. Ich argumentierte, ich weinte, ich bettelte und ich machte alle möglichen Versprechungen. Alles vergebens. Ich konnte Vater nicht überzeugen, die Sache von meinem Standpunkt aus zu betrachten. Dann suchte ich Hilfe bei meiner Mutter, aber sie schwieg nur. Ich war völlig niedergeschlagen. Doch was konnte ich schon tun? Mein Traum stand im Begriff zu sterben, noch bevor er überhaupt eine Chance erhalten hatte, Gestalt anzunehmen.

Als meine Lehrer erfuhren, dass meine Eltern mich nicht weiterlernen lassen wollten, kamen sie zu uns nach Hause und baten sie inständig, es sich anders zu überlegen. „Sie ist sehr intelligent", meinten sie, „und sie wird ein Stipendium bekommen." Doch mein Vater hielt unbeirrt an seinem Entschluss fest. *„Nem!"* – Nein.

Traurig blickte ich meinen Lehrern nach. An diesem Abend weinte ich in mein Kissen und fragte immer und immer wieder: „Warum?" Wie sollte sich nun meine Hoffnung erfüllen, Schriftstellerin und Lehrerin zu werden?

Ich fühlte mich wie unter einem Fluch. *Nur weil ich ein Mädchen bin,* dachte ich bitter. *Wenn ich ein Junge wäre, dann wäre alles anders. Warum muss ich nur ein Mädchen sein?* Meine Tränen brachten keine Linderung für meine zerschlagenen Träume.

Dann erinnerte ich mich an ein altes Märchen, das meine Großmutter mir immer erzählt hatte, wenn ich niedergeschlagen oder sogar ärgerlich war und sie mich aufmuntern wollte ...

Vor langer Zeit lebte ein alter Holzfäller. Dieser Holzfäller hatte einen Sohn. Die beiden waren arm wie Kirchenmäuse, besaßen jedoch ein wunderschönes weißes Pferd.

Jeden Tag gingen die beiden Männer in den Wald, um Feuerholz zu sammeln und es dann für ein paar Pfennige im Dorf zu verkaufen. Die Dörfler schüttelten darüber den Kopf.

„Alter Mann", pflegten sie zu sagen, „warum verkaufst du nicht dein Pferd? Der Graf hat dir ein Vermögen dafür geboten. Du und dein Sohn, ihr könntet beide wie die Fürsten leben!"

„Es ist hoffnungslos mit diesen Leuten. Immer wieder das gleiche Thema", dachte der Alte bei sich selbst.

„Dieses Pferd ist mehr als ein Tier", lautete stets seine Antwort. „Es ist mein Freund. Sagt mir, wie kann ich einen Freund verkaufen?"

„Also gut", erwiderten die Dorfleute, „aber irgendwann wird dir jemand das Pferd stehlen. Und dann tut es dir leid."

Und tatsächlich: Eines Morgens war das Pferd nicht in seinem Stall. Der alte Mann und sein Sohn suchten überall, konnten es aber nicht finden.

„Siehst du, wir hatten Recht!" spotteten die Dörfler. „Jemand hat dir dein Pferd gestohlen. Du hättest lieber auf uns hören und das Geld nehmen sollen, solange du noch die Möglichkeit dazu hattest. Durch deine eigene Dummheit wurde dir das, was ein Segen hätte sein können, genommen und in einen Fluch verwandelt."

Der alte Mann erwiderte ruhig: „Ob Segen oder Fluch, kann ich nicht beurteilen. Ich weiß nur, dass das Pferd heute nicht in seinem Stall ist."

Einige Tage später kam das vermisste Pferd zurück – mit einer Herde wilder Pferde. Die Dorfleute waren erstaunt und gratulierten dem Mann zu seinem unverhofften „Glück". „Du hast doch Recht gehabt, Alter", sagten sie. „Wir hätten nicht so vorschnell urteilen sollen.

Was wir als Fluch betrachteten, hat sich nun als Segen erwiesen. Du kannst ein Vermögen mit diesen Pferden verdienen!"

Der alte Holzfäller schüttelte verständnislos den Kopf. „Werden diese Leute denn nie begreifen?"

„Ob Segen oder Fluch, kann ich nicht beurteilen. Ich weiß nur, dass mein Pferd wieder da ist und zehn wilde Pferde mitgebracht hat."

Einige Tage später brach sich der Sohn des Holzfällers beide Beine, als er die Wildpferde zureiten wollte. Wieder staunten die Dorfbewohner über die Weisheit des Alten.

„Du hast auch diesmal Recht gehabt", meinten sie. „Was wir als Segen betrachteten, hat sich nun als Fluch entpuppt. Jetzt liegt dein Sohn im Bett und kann dir nicht einmal mehr zur Hand gehen."

Mit einem tiefen Seufzer entgegnete der Holzfäller: „Werdet ihr denn nie klug? Ob Segen oder Fluch, kann ich nicht beurteilen. Ich weiß nur, dass mein Sohn sich beide Beine gebrochen hat."

„Was für ein Narr dieser Mann doch ist", dachten die Dorfleute und gingen weg. Sieht er denn nicht, was los ist?

Einige Tage später erklärte der König einem anderen Land den Krieg und alle Söhne der Dorfbewohner wurden eingezogen. Das gab ein Klagen und Weinen unter den Dörflern, als sie ihre Söhne in Reih und Glied davonmarschieren sahen.

„Unsere Söhne werden bestimmt in diesem schlimmen Krieg fallen!", riefen sie. „Wir werden sie nie wiedersehen! Was für ein Glück, dass dein Sohn sich die Beine gebrochen hat! Das, was wir als Fluch betrachteten, hat sich zuletzt als Segen herausgestellt!"

Und wieder konnte der Alte nur den Kopf schütteln. Geduldig versuchte er ihnen zu erklären: „Ob Segen oder Fluch, könnt ihr gar nicht beurteilen. Ihr wisst nur, dass eure Söhne in den Krieg gezogen sind und meiner zu Hause geblieben ist. Gott allein weiß, was am Ende dabei herauskommen wird."

Ja, der Holzfäller war geduldig und weise. Aber ich war nicht so geduldig wie er. Wenn nur Gott allein wusste, was dabei herauskommen würde, dass ich nicht weiter auf die Schule gehen durfte, dann bot mir das keinen Trost. Ich konnte in diesem Fluch keine Spur eines möglichen Segens erkennen. Ich wusste nur: Mein Vater hatte entschieden, dass ich als die beste Schülerin im Dorf keine weiterführende Schule in der Stadt besuchen durfte.

Plötzlich mochte ich das Märchen von dem Holzfäller nicht mehr.

Ich nahm meinen einzigen Bleistift und ein Blatt Papier zur Hand, das ich mit einem Gedicht über meine zerbrochenen Träume vom Leben als Lehrerin füllen wollte. Aber mir fiel einfach nichts ein. Schon im jungen Alter hatte man mir die Leidenschaft für das Unterrichten und das Schreiben gestohlen und ich konnte nur noch auf ein unbeschriebenes weißes Blatt starren.

4
Hausschuhe auf der Schwelle zum Himmel

„Vergiss die Schule!“ Mit diesen Worten griff Mutter nach meinen dicken Zöpfen und zupfte daran. „Nun geh und pflücke *Majva*!“

Majva (Malve) war eine Mischung fliederfarbener Blumen, die im Sommer blühten. Die Blüten wurden getrocknet und für medizinische Zwecke genutzt. Wir verkauften sie einmal in der Woche.

Mutter säte immer so viel *Majva*, dass diese mühselige Arbeit uns den ganzen Sommer über beschäftigte. Es war wichtig, die Blüten täglich zu pflücken, denn abends schlossen sie sich und fielen ab. Am nächsten Tag öffneten sich neue Blüten, und wir mussten sie noch am selben Tag ernten, auch wenn die Temperaturen auf weit über 30 Grad Celsius anstiegen. Wenn wir die *Majva*-Blüten nicht gepflückt hatten, gingen sie uns verloren. Diese Arbeit war immer dringend und schien nie enden zu wollen. Oft bekam ich dabei einen schlimmen Sonnenbrand.

Manchmal hatte Mutter Mitleid mit uns. „Geht zum See hinter unserem Haus und kühlt euch im Wasser ab“, sagte sie dann. „Aber bleibt nicht so lange weg.“

Doch noch schlimmer als die Sonnenbrände waren die Bienenstiche. Allzu oft wurden wir gestochen, wenn wir eine Blüte pflückten, in der gerade eine Biene Nektar sammelte. Kaum ein Tag verging, an dem ich mir nicht ein oder sogar zwei Stiche in die Hand einhandelte. Was uns jedoch anspornte, einen heißen Sommer nach dem anderen weiterzumachen, war Mutters Versprechen: „Jeder von euch bekommt ein hübsches Kleid für die Schule, wenn ihr mir eine Menge Blüten bringt."

In diesem Jahr wusste ich allerdings, dass ich nicht mehr in die Schule zurückkehren würde. Das Nein meines Vaters hatte meine Träume zerschlagen. Traurig dachte ich: *Mein Leben ist so schäbig wie meine sonnenverbrannten, von Bienen zerstochenen Hände.*

Manchmal fragte ich mich, ob Großmutters Gott nicht irgendetwas gegen meine missliche Lage tun konnte. Unter der kommunistischen Regierung gingen nur wenige Menschen in die Kirche. Diejenigen, die sich öffentlich zu ihrem Glauben bekannten, ernteten Spott und mussten auf bestimmte Privilegien wie bessere Jobs und eine höhere Bildung verzichten.

Unter der kommunistischen Regierung gingen nur wenige Menschen in die Kirche. Diejenigen, die sich öffentlich zu ihrem Glauben bekannten, ernteten Spott. Oft verloren sie bestimmte Privilegien wie bessere Jobs und eine höhere Bildung.

Großmutter kam zugute, dass die kommunistischen Führer ältere Menschen kaum als Bedrohung ansahen und sie deshalb in Ruhe ließen. Jeden Freitag ging Großmutter zur Beichte und zur Kommunion in die katholische Kirche. Das Lesen der Bibel war dem Klerus vorbehalten. Doch indem sie die Predigten des Priesters hörte und das Vaterunser und andere Gebete sprach, wuchs sie in ihrem Glauben und in ihrer Liebe zu Gott.

Durch Geschichten gab Großmutter diesen Glauben und diese Liebe an mich weiter. An zwei ihrer Geschichten kann ich mich noch heute lebhaft erinnern.

Die erste handelte vom Kampf zwischen Gut und Böse – und davon, wie Großmutter persönlich erlebt hatte, dass Gottes Herrschaft größer ist als alle Macht des Teufels. Das Böse war mir nur zu gut bekannt, denn in unserem Dorf lebten zwei Hexen, die Zauberei praktizierten. Aber die Vorstellung, dass Gott größer war, faszinierte mich.

Großmutter begann also mit ihrer Geschichte. „Großvaters Mutter mochte mich nicht, weil ich aus einer einfachen Familie stammte. Um mich loszuwerden, brachte sie einen Kuchen zu einer Hexe und bat sie, diesen mit einem Fluch zu belegen. Während ich in der Kirche war, stellte sie den Kuchen auf mein Fensterbrett und hoffte, ich würde ihn essen. Doch weil das Fenster offen stand, fraßen die Vögel den größten Teil. Allerdings war noch etwas übrig, als ich nach Hause kam. Ich aß nur einen Bissen – und wurde sehr, sehr krank. Alle dachten schon, dass ich sterben würde. In meiner Verzweiflung suchte ich eine andere Hexe auf und bat sie, den Fluch aufzuheben.

„Ich kann dir nicht helfen", erklärte die Hexe. „Ihre Magie ist stärker als meine."

„Was hast du denn dann gemacht, Großmutter?", wollte ich wissen.

„Ich ging in die Kirche, kniete nieder und betete zu Gott. Ich versprach ihm, dass ich in den nächsten zehn Jahren an jedem Feiertag fasten würde. Alle waren sehr überrascht, als ich mich völlig erholte und nicht die geringste Spur von meiner Erkrankung zurückbehielt. Du siehst also, dass Gott stärker ist als der Teufel."

Begierig sog ich jedes Wort auf. Wie sehr wünschte ich mir, dass das wahr wäre! Von ganzem Herzen wollte ich, dass das Gute auch in meinem Leben siegen würde. Gab es irgendeinen Weg, wie Gott meinen Traum vom Schreiben und Unterrichten erfüllen konnte – auch wenn das völlig unmöglich erschien?

Die andere Geschichte, die mich faszinierte, handelte von Großmutters erster Tochter, der kleinen Katica. Großmutter hatte 14 Kinder, aber Katica nannte sie ihren „kleinen Engel". Katica war sehr liebenswürdig und hilfsbereit anderen Menschen gegenüber und sie liebte Gott sehr. Die Bettler und die

Armen waren ihre besten Freunde. Als sie 19 Jahre alt wurde, hatte sie eine seltsame Bitte, erzählte uns Großmutter.

„Ich werde bald in den Himmel kommen, Mutter“, hatte Katica gesagt, „und ich möchte dann wie eine Braut gekleidet sein.“

Großmutter sprach auch über den Himmel, als wäre er gleich nebenan.

Damals glaubte Großmutter ihr nicht, weil Katica nicht krank war. Doch kurze Zeit später starb Katica mit einem Lächeln und einem ehrfürchtigen Gesichtsausdruck.

„Hast du sie wie eine Braut gekleidet?“, fragte ich Großmutter.

„Ja, das habe ich“, erwiderte sie.

„Woran ist sie denn gestorben?“, wollte ich wissen.

„Das habe ich nie herausgefunden“, gab Großmutter traurig zur Antwort. „Doch seitdem habe ich immer über den Himmel nachgedacht.“

Und das stimmte in der Tat. Obwohl sie das Leben liebte und es täglich in vollen Zügen genoss, sprach Großmutter über den Himmel, als wäre er gleich nebenan.

Auch meine Tante Ilonka ließ der Gedanke nicht mehr los, dass es den Himmel wirklich geben könnte. An einem Winterabend setzte sie sich aufgeregt an unseren Küchentisch. Ihre Stimme überschlug sich fast, als sie uns berichtete, was sie gerade herausgefunden hatte.

„Ihr wisst ja, dass ich mir nie sicher war, ob es Gott wirklich gibt“, begann meine Tante. Dann legte sie eine ihrer typischen Pausen ein, um die Spannung zu steigern. „Mich ließen meine Fragen nicht mehr los: Was passiert nach dem Tod? Was ist, wenn es doch einen Himmel gibt? Würde ich da hinkommen? Bin ich gut genug für den Himmel? Wie viele gute Taten muss ich wohl sammeln, um sicherzugehen?“ Sie schaute in die Runde und blickte uns in die Augen. Dann fuhr sie fort: „Dann erzählte mir ein Ehepaar etwas, was neu für mich war: ‚Es geht nicht darum, was du tust, sondern darum, was Gott für dich getan hat. Jesus ist am Kreuz für uns gestorben. Er hat für unsere Schuld bezahlt. Es ist ein Geschenk. Und es ist unsere Entscheidung, ob wir es annehmen.‘ Dann zeigten sie mir einen Bibelvers: ‚Gott erklärt uns aus Gnade für gerecht. Es ist sein Geschenk an uns durch Jesus Christus, der uns von unserer Schuld befreit hat. Wir sind gerecht vor Gott, wenn wir glauben, dass Jesus sein Blut für uns vergossen und sein Leben für uns geopfert hat.‘“[2]

„Aber Katica ist in den Himmel gekommen“, beharrte Großmutter und schob ihren Unterkiefer nach vorn, was immer ein klares Zeichen dafür war, dass ihr etwas ganz ernst war.

Ja, was war mit Katica? Sie hatte all das nie gehört, dachten wir – zumindest nicht so, wie Tante Ilonka es uns erklärte. Aber irgendetwas war in ihrem Herzen geschehen. Gott musste sich ihr gezeigt haben und Katica hatte ihm vertraut.

Deshalb fragte ich mich: Genügte das? Gott hatte Katica doch bestimmt in den Himmel geholt. Mit ihr war es doch sicher ganz anders als mit den kleinen Küken ...

Während meine Tante sprach, herrschte Stille an unserem Küchentisch. Jeder von uns dachte nach. Selbst meine sonst so erzählfreudige Großmutter schwieg. Irgendwie konnten wir kaum etwas fragen, denn wir wussten kaum etwas über Gott – nur die wenigen Einzelheiten, die Großmutter bei ihren Kirchgängen gelernt hatte.

Meine Tante besuchte uns noch oft und erzählte jedes Mal ein bisschen mehr. Dann lud sie uns schließlich ein, dieses Geschenk bewusst anzunehmen und unser Leben mit Jesus zu führen. „Es geht nicht um Religion“, erklärte Tante Ilonka, „sondern um eine Beziehung zu Gott.“

Mama und Papa waren die Ersten, die anfingen, mit Jesus zu leben; später schloss sich der Rest der Familie an.

Immer wieder fragte ich meine Mutter: „Mama, kann ich auch Gottes Geschenk annehmen?“ Ich war damals neun Jahre alt.

„Ja, am Sonntag“, sagte sie.

Als der Sonntag endlich gekommen war, saß ich gespannt auf meinem Platz und wartete auf das Ende des Gottesdienstes. Sobald der Gottesdienst vorüber war, lief ich zu Pastor Rac.

„Ich möchte auch Jesus in mein Herz einladen", sagte ich.

„Wunderbar! Sag Jesus zuerst, was dir leidtut. Dann werden wir zusammen beten."

„Ja!", sagte ich. Und so berichtete ich Jesus alles, was mir einfiel, das ich falsch gemacht hatte – auch dass ich meinen Eltern einmal Geld gestohlen hatte, um mir Süßigkeiten zu kaufen, die ich rasch verschlungen hatte, bevor ich wieder zu Hause ankam. Als ich meine Beichte beendet hatte, las Pastor Rac mir aus der Bibel vor: „Die ihn aber aufnahmen und an ihn glaubten, denen gab er das Recht, Kinder Gottes zu werden."[3]

Er ging zu einer Wand und deutete auf ein riesiges Gemälde, das eine Szene aus dem Buch *Die Pilgerreise* darstellte. „Wie Christ, der Pilger, hast du die Einladung angenommen. Du bist durch dieses Tor eingetreten und befindest dich jetzt auf dem schmalen Pfad, der dich zur himmlischen Stadt führen wird."

Sanft legte er eine Hand auf meine Schulter. „Denk immer daran, Elisabeth, es geht nicht nur um das, was du tust, sondern darum, auf wen du baust, um in den Himmel zu kommen." Er schwieg einen Augenblick. „Es wird manche Herausforderung auf diesem Weg geben. Der Teufel wird dir Lügen einflüstern, zum Beispiel dass Gott sich nicht um dich kümmert oder dich nicht liebt. Aber hör nicht auf ihn", redete er mir freundlich zu. „Und solltest du aus irgendeinem Grund einmal von dem Pfad abweichen, dann kehre rasch wieder um und folge ihm weiter."

Während er sprach, liefen mir Tränen über die Wangen. Als ich mich umschaute, sah ich meine Mutter, die mir zulächelte.

Ob Gott auch lächelt? In diesem Augenblick? Meinetwegen?, fragte ich mich.

An diesem Nachmittag zog ich mich allein in ein Zimmer zurück und betete: „Gott, ich will dir sagen, dass ich dich wirklich lieb habe."

Als ich den Kopf hob, sah ich meine Mutter und meine Großmutter in der Tür stehen. Tränen liefen ihnen über die Wangen. Großmutter sagte: „Wären wir doch wie du.“ Sie wandte sich meiner Mutter zu und meinte: „Der Heilige Geist hat dieses Kind auf besondere Weise berührt.“

Für mich war das nur der Anfang meiner Beziehung zu Jesus. Diese Gewohnheit, allein mit Gott zu sprechen, wurde ein wesentlicher Bestandteil meines Lebens. Ich konnte Gott von all meiner Freude und auch von meinen Enttäuschungen erzählen. Jesus war ein wunderbarer Zuhörer. Doch was mich am meisten überraschte, war, dass auch er zu meinem Herzen sprach.

Damals ahnte ich noch nicht, wie besonders – und wichtig – diese inneren Gespräche mit Gott für mich werden würden.

5

Schuhe sind zum Laufen da

Nach meiner Entscheidung, mit Jesus zu leben, begann Großvater, der mir schon immer besonders nahegestanden hatte, mir aus seinem großen, schwarzen Buch vorzulesen – aus der Bibel. Meine Mutter hatte mir erzählt, wie Großvater mir das Laufen beibrachte, als ich noch ganz klein war. Nun lehrte er mich die ersten Schritte auf dem Glaubensweg.

Wie ich diese besonderen Zeiten mit Großvater liebte! Ich saß unter dem Tisch auf einem Querbalken, streichelte meine kleine Katze und lauschte Großvaters kraftvoller, tiefer Stimme. Wenn ich ihm auch sehr gern zuhörte, verstand ich doch nicht immer, was er vorlas. Da gab es so viele tiefe Zusammenhänge, die mein damaliges Fassungsvermögen zu übersteigen schienen. Doch die allgemeine Bedeutung der Texte konnte ich irgendwie verstehen, und seine Worte – und die Liebe, die man beim Vorlesen aus seiner Stimme heraushörte – begleiten mich bis heute.

ꕤ

Großvater war schon über 70, als er endlich Frieden mit Gott schloss. Als er Christ wurde, verlor er mit diesem bedeutsamen, lebensverwandelnden Ereignis jede Ungewissheit in Bezug auf die Zukunft. Beständig lebte er seinen Glauben vor anderen

Menschen. Sogar mitten in kommunistischen Kreisen, wo Gottes Existenz abgelehnt wurde, redete er offen über Jesus.

„Niemand soll nach einem Besuch meinen Hof verlassen, ohne zu wissen, wie sehr Gott ihn liebt", betonte er immer wieder.

Großvater war es auch, der mir erklärte, dass der Tod zum Kreislauf des Lebens gehört. Oft sagte er mir, dass unser Leben so ähnlich verlaufe wie das, was ich aus seinem Garten kannte.

Unsere Seelen sehnen sich nach der nie endenden Gemeinschaft mit unserem Schöpfer, und wir werden nie ganz zur Ruhe kommen, bis wir bei ihm zu Hause sind.

„Aus den Samenkörnern wachsen große Pflanzen, die Früchte tragen", erzählte er mir. „Doch dann werden sie alt, verdorren, sterben ab und werden wieder Teil der Erde, sodass neues Leben entstehen kann."

Allmählich wurde mir klar, warum er den Tod nur als das Ende dieses irdischen Lebens betrachtete – und als den Beginn des nie endenden Lebens im Himmel. Großvater vermittelte mir den Trost der Bibelabschnitte, die davon handeln, dass Jesus uns durch das Tor des Todes vorausgegangen ist. Immer wenn Großvater mir Texte über die Auferstehung vorlas, sagte er voller Begeisterung: „Elisabeth, wir können uns gar nicht vorstellen, wie herrlich es im Himmel ist!" Und dann fügte er mit geheimnisvollem Lächeln hinzu: „Ich kann es gar nicht abwarten, das alles selbst zu sehen!"

An einem kalten Dienstag, als ich von der Schule kam, rief meine Mutter mich ins Haus. „Komm in Großvaters Zimmer", drängte sie.

Großvater war schon die ganze Woche krank gewesen und jeden Tag schwächer geworden. Doch er hatte unsere Sorgen beiseitegeschoben. „Ich brauche keinen Arzt", hatte er gesagt. „Ich bin nur alt und schwach und werde bald in den Himmel gehen, um bei Jesus zu sein."

Als ich das Zimmer betrat, sah ich fast die ganze Familie um Großvaters Bett stehen. Von der Stelle, an der ich stand, konnte ich ihn gut sehen. Sein Gesicht war ganz blass, aber er lächelte.

Einige der Erwachsenen an seinem Bett redeten; andere beteten. Auch ich begann, leise für meinen Großvater zu beten. Es tat mir weh, ihn so schwach zu sehen.

Plötzlich hob mein geliebter Großvater seine Hände zur Decke. Er strahlte übers ganze Gesicht und murmelte freudig: „Oh, sie kommen mich holen!"

„Wer kommt dich holen?", fragte Großmutter mit zitternder Stimme. „Die Engel?"

Großvater antwortete nicht mehr. Er lächelte nur wieder. Ein Ausdruck des Staunens legte sich auf sein Gesicht. Dann hörte er auf zu atmen.

Großmutter beugte sich über ihn und drückte sanft seine Lider zu; sie blieb neben ihm sitzen und hielt seine Hand.

Es war meine erste Begegnung mit dem Tod, dessen Endgültigkeit mich überwältigte. Ich konnte kaum glauben, dass mein Großvater für immer von uns gegangen war.

An diesem Tag weinten wir alle, aber wir taten es nicht ohne Hoffnung. Großvater hatte uns immer wieder gesagt, dass er bald in den Himmel gehen würde. Und jedes Mal hatte seine Stimme so geklungen, als freute er sich schon darauf, bald ganz bei Jesus zu sein.

Stille trat ein. Ich spürte eine heilige Gegenwart in diesem Raum.

In der folgenden Zeit vermisste ich meinen Großvater schrecklich. Aber ich wusste, dass ich eines Tages im Himmel wieder bei ihm sein würde, weil auch ich beschlossen hatte, mich Jesus ganz anzuvertrauen – im Leben und im Sterben.

Wenn ich mich nach Großvater sehnte, erinnerte ich mich an seine Worte: „Wir sind für die Ewigkeit erschaffen." Als ich älter wurde, verstand ich immer mehr, was er damit meinte: Unsere Seelen sehnen sich nach der nie endenden Gemeinschaft mit unserem Schöpfer, und wir werden nie ganz zur Ruhe kommen, bis wir bei ihm zu Hause sind. Eines Tages werde ich den Himmel erleben, wie mein Großvater ihn jetzt erlebt.

In der Zwischenzeit werde ich mich an das erinnern, was Mose in Psalm 90, Vers 12 (NL) schrieb: „Lehre uns, unsere Zeit zu nutzen, damit wir weise werden."

Und ich werde mich darauf konzentrieren, Großvaters Fußstapfen zu folgen. Er hat oft gesagt: „Wenn du erst so alt bist wie ich und nur noch wenig Zeit hast, mit anderen zu sprechen, kannst du es dir nicht leisten, Zeit zu vergeuden."

Großvater war 77 Jahre alt, als er voller Freude in seine himmlische Heimat ging. Bis heute ist er für mich ein Vorbild.

ꟹ

Als ich 15 Jahre alt war, stand ich zum ersten Mal selbst auf der Türschwelle zum Himmel. Eines Abends, während ich im Haus arbeitete, verspürte ich einen stechenden Schmerz in der rechten Seite. Ich arbeitete trotzdem weiter, legte mich aber schließlich doch irgendwann ins Bett. Die ganze Nacht lag ich wach und litt quälende Schmerzen.

Am Morgen brachte meine Schwester Rosi mich zum Arzt. (Damals suchte man erst dann einen Arzt auf, wenn es wirklich ernst wurde.) Besorgt ließ dieser sofort einen Krankenwagen kommen, der mich in das Hospital in der Stadt brachte. Da meine Zwillingsschwestern Erika und Valerie erst wenige Monate alt waren, blieb Mutter zu Hause bei ihnen und meinen beiden anderen jüngeren Schwestern, der neunjährigen Maria und der siebenjährigen Martha.

Im Krankenhaus teilte der Arzt Rosi mit, dass ich einen Blinddarmdurchbruch hatte und sofort operiert werden musste.

Nach der Operation rollte man mein Bett in ein Viererzimmer. Als ich aufwachte, hatte ich so heftige Schmerzen, dass ich kaum die Augen aufschlagen konnte. Mein Mund war völlig ausgetrocknet und meine Zunge fühlte sich geschwollen an. Ich hörte, wie eine Patientin neben mir zu ihrer Besucherin sagte:

„Sie hatte eine Blinddarmoperation. Aber die Ärzte sind nicht sicher, ob sie es schaffen wird."

„Wie schade", erwiderte die Besucherin. „So ein hübsches Mädchen!"

Mir wurde bewusst, dass sie von mir sprachen.

Komplikationen traten auf und eine Entzündung stellte sich ein. Nach zwei langen Wochen im Krankenhaus erklärte der Arzt schließlich, dass ich nach Hause gehen durfte. Mein Vater kam mit einem Pferdewagen, um mich abzuholen. Auf der langen, holprigen Heimfahrt bekam ich jede Unebenheit zu spüren. Der Schmerz blieb und wurde so akut, dass meine Mutter die ganze Nacht an meinem Bett wachte.

Am Morgen schickte sie meinen Vater zu einem Geistlichen, damit er mir die „letzte Kommunion" brachte. Sie waren sicher, dass ich sterben würde.

Der Pastor kam und sprach einen Segen über mir aus. Dann betete ich: „Jesus, vergib mir alle meine Sünden ... auch diejenigen, die mir nicht bewusst sind." Ich fühlte mich so krank, dass ich bereit war zu sterben. Dann würden die Schmerzen aufhören.

Plötzlich hatte ich keine Angst mehr. Ja, ich freute mich sogar schon auf den Himmel, genau wie Großvater. Ich wurde ganz ruhig und in Gedanken nahm ich Abschied von meiner Familie und von diesem Leben.

Ich hörte ein leises Flüstern: „Es ist nur eine Frage der Zeit, bis sie stirbt."

„Aber wir können sie nicht ins Krankenhaus zurückbringen. Sie ist zu schwach. Die Fahrt würde sie nicht überleben."

Ich schloss die Augen und fiel in einen tiefen Schlaf.

ൠ

Als ich am nächsten Morgen die Augen aufschlug, war ich sehr enttäuscht, nicht im Himmel zu sein. Nachdem ich am Abend zuvor meinen Frieden mit dem Tod geschlossen hatte, war ich eingeschlafen. Und nun wachte ich am Morgen hier wieder auf – ganz und gar lebendig!

Keiner von uns wusste, was eigentlich während dieser Nacht geschehen war, aber irgendetwas *war* geschehen. Langsam ging es mir wieder besser und schließlich konnte ich sogar etwas Brühe trinken. Es war wunderbar zu sehen, wie die düsteren Mienen meiner Familie sich in dankbare Freude verwandelten.

Warum hat Gott mich an der Schwelle des Himmel wieder zurückgeschickt?, fragte ich mich. Hat er noch etwas mit meinem Leben vor?

6
Tanzschuhe und Modedesign

Ich war 13 Jahre alt, als mein Vater entschied, dass ich nicht weiter zur Schule gehen durfte. Zwar hütete ich keine Kühe mehr, aber ich arbeitete immer noch auf den Feldern. Da ich aber körperlich nicht besonders robust war, machte mich die stundenlange harte Arbeit oft krank. Schließlich beschloss Mutter, dass ich einen Beruf erlernen sollte: Näherin.

Mein Vater war mit der Idee meiner Mutter einverstanden, denn er sah, dass ich nicht so stark war wie meine ältere Schwester Rosi. Außerdem passte die Ausbildung zur Näherin zu seinem Bild einer Frau. Auch mir gefiel der Gedanke, Näherin zu werden. *Das ist immer noch besser als Feldarbeit*, dachte ich. Und es würde mich vom Grübeln über meine „ruinierte Zukunft" ablenken.

„Lass dich nicht entmutigen, Elisabeth", sprach Mutter mir immer wieder zu. „Gott hat einen Plan für dein Leben. Er wacht schon über dir, seit du geboren wurdest."

In Momenten, in denen ich mich besonders danach sehnte, Lehrerin und Schriftstellerin zu sein, dachte ich dann: *Du hast gut reden. Du weißt ja nicht, wie ich mich fühle.*

Und so begann ich also im Alter von 13 Jahren, Kleider zu entwerfen und zu nähen – vor allem für meine Schwestern.

Meine Ausbilderin lobte meine Arbeit. „Du bist wirklich begabt!"

Das weckte neue Zuversicht in mir. Wenn ich schon nicht zur Schule gehen durfte, war dieser Beruf bestimmt die beste Alternative. Vielleicht hatte ich ja tatsächlich Talent dafür.

Als ich 14 war, fragte mich eines Tages eine Bekannte, ob ich ein Kleid für sie entwerfen würde. Sie beschrieb mir genau, wie das Kleid aussehen sollte: tailliert, mit kurzen Ärmeln und einem breiten Gürtel, der ihre schlanke Figur zur Geltung bringen würde. Meine Hände zitterten, als ich den herrlichen Stoff nahm und die Schere ansetzte. Ein falscher Schnitt und ihre Puffärmel würden so flach geraten wie ein Pfannkuchen. Für einen zweiten Versuch reichte der Stoff nicht aus.

Ich war so euphorisch über mein erstes selbst verdientes Geld, dass ich Gott alles geben wollte.

„Bitte hilf mir, Gott“, betete ich. „Ich wusste nicht, wie schwer das sein würde!“ Ich holte tief Luft und begann – ständig betend – den Stoff zuzuschneiden. Glücklicherweise erhörte Gott meine Gebete. Alle Schnitte gelangen perfekt!

Eine Woche später war das Kleid fertig. Als die Frau es abholte, war sie so zufrieden, dass sie mir mehr Geld gab, als ich mit ihr vereinbart hatte. Aufgeregt lief ich in die Küche, wo Mutter am Herd stand und in der Suppe rührte.

„Sieh doch, Mama“, rief ich und zeigte ihr das Geld. „Am Sonntag werde ich das ganze Geld Gott geben!“

Sie zog die Augenbrauen hoch. „Elisabeth, du brauchst nicht das ganze Geld zu geben – nur zehn Prozent.“

Aber ich war so euphorisch über mein erstes selbst verdientes Geld, dass ich Gott alles geben wollte. Ohne es zu wissen, hatte ich getan, was in Sprüche 3,9 (NL) steht: „Ehre Gott mit deinem Gut und mit den Erstlingen all deines Einkommens.“[6] Dieses Geld war der „Erstling“ meines Einkommens, und ich freute mich so sehr darüber, dass ich freiwillig alles Gott schenken wollte.

Plötzlich kam mir die Geschichte meiner Großmutter von dem treuen Holzfäller wieder in den Sinn: Gott hatte das, was ich für eine niederschmetternde Einschränkung hielt, in Segen verwandelt.

Tatsächlich erwies sich mein Talent, Kleider zu entwerfen und zu nähen, als ein großes Geschenk, das mich noch viele Jahre begleiten sollte. Mit der Zeit genoss ich es regelrecht, die Mädchen aus unserem Dorf nach der neuesten Mode einzukleiden. Ich bekam mehr Aufträge, als ich bewältigen konnte, und arbeitete oft bis in die späten Abendstunden.

Dieses Talent führte mich aber auch in eine Richtung, die ich nie erwartet hätte.

Als ich 16 wurde, interessierte ich mich am meisten für Schönheit und Mode. Darum drehten sich meine Gedanken: schicke Kleider, trendige Schuhe und ausgefallene Handtaschen. Da ich selbst Schnitte entwarf und nähte, konnte ich es mir leisten, modische Sachen zu tragen, die mich wenig Geld kosteten. Ich brauchte dazu nur ein wenig Kreativität.

Im Sommer trafen meine Freundinnen und ich uns sonntags oft in einem Park und verbrachten den ganzen Nachmittag und Abend im Freien. Eines Nachmittags stießen zwei junge Männer – Tamas und Tibor – zu unserer Gruppe hinzu. Aus beruflichen Gründen waren die beiden, die Mitte 20 waren, gerade nach Palić gezogen. Sie sahen gut aus und waren recht freundlich, allerdings hatten wir völlig unterschiedliche Wertvorstellungen. Von Gott wollten sie nichts wissen.

Aber wer bin ich schon, dass ich ihnen etwas zu sagen hätte?, dachte ich. *Mit meinem Leben als Christ ist es auch nicht weit her.*

„Aber wer bin ich schon, dass ich ihnen etwas zu sagen hätte?“, dachte ich. „Mit meinem Leben als Christ ist es auch nicht weit her.“

Nachdem mein Großvater gestorben war und ich ins Teenageralter gekommen war, hatten sich meine Wertvorstellungen nach und nach gewandelt. Ich dachte weniger über meine Beziehung zu Gott nach, sondern vielmehr darüber, was ich mit meinen Freundinnen unternehmen wollte. Was war mit dem jungen Mädchen geschehen, das über seinen ersten Lohn so begeistert war, dass es das ganze Geld Gott geben wollte?

7
Schmutzige Schuhe und falsche Freunde

Nach einigen Monaten offenbarte Tamas uns, dass er einen Plan hatte. Ich war genauso neugierig, von seinem Vorhaben zu erfahren, wie er darauf brannte, es uns zu erzählen. Auch meine Freundinnen spitzten die Ohren, um die aufregende Neuigkeit zu hören.

„Haltet das streng geheim", sagte er. „Ihr habt ja gehört, was Tibor und ich über Westeuropa erzählt haben und welche Möglichkeiten die Menschen dort haben."

Meine Freundinnen und ich nickten. Wir wussten, dass das stimmte, denn Margit, ein Mädchen aus einem Nachbarort, hatte einen Amerikaner geheiratet. Jetzt schickte sie Pakete nach Jugoslawien, um ihrer Familie zu helfen. Darin waren oft wunderschöne Kleider für ihre Schwestern, die uns alle neidisch machten.

„Nun", fuhr Tamas betont langsam und dramatisch fort, „wir könnten nach Österreich fliehen."

Wir starrten ihn an und unsere Vorstellungen überschlugen sich. Was konnten wir nicht alles tun, wenn wir von Jugoslawien nach Österreich flohen! Wir würden studieren und arbeiten und Geld verdienen und alles kaufen, was wir wollten. Ich malte mir aus, wie es sein würde, in einem freien Land zu leben. Vielleicht konnte ich dann sogar meine Ausbildung fortsetzen. Bestimmt würde ich in der Lage sein, Geld zu verdienen und wie Margit herrliche Pakete nach Hause zu schicken.

Tamas und sein Freund erklärten, wie wir die nördliche Grenze Jugoslawiens nach Österreich überqueren würden. „Wir treffen uns am Wasserturm", sagte Tamas. „Dann nehmen wir den Nachtzug nach Slowenien. Dort überqueren wir die Alpen zwischen den beiden Ländern und fliehen ganz unbemerkt über die Grenze."

Der Plan faszinierte uns. Mein Herz pochte vor Begeisterung – und vor Angst.

„Aber was passiert, wenn sie uns schnappen?", fragte ich.

„Das werden sie nicht!", meinte Tamas. „Ich weiß genau, was ich tue."

Der Gedanke, mich in die Welt hinauszuwagen, beflügelte mich, aber ich fragte mich: *Kann ich denn meine Familie einfach so verlassen?*

Doch welche Zukunft hatte ich schon zu erwarten, wenn ich in Jugoslawien blieb? Schließlich hatte mein Vater mir streng verboten, weiter zur Schule zu gehen. Kleider entwerfen und nähen konnte ich überall. Warum dann nicht in einem Land, das es mir freistellte, außerdem zur Schule zu gehen und zu lernen?

„Aber was passiert, wenn sie uns schnappen?", fragte ich. – „Das werden sie nicht!", meinte Tamas. „Ich weiß genau, was ich tue."

Ein Glücksgefühl durchströmte mich, als ich mir vorstellte, wie mein Leben aussehen könnte. Ja, ich würde meine Familie vermissen, aber ich hoffte, dass meine Freunde mir in der „neuen Welt" helfen würden – zumal ich mit meinen fast 17 Jahren die Jüngste in unserer Gruppe war.

Wir begannen, ausführliche Pläne zu schmieden. Jeder in unserer Freundesgruppe wollte mitgehen. Ja, im Herbst 1963 würde sich unser Leben radikal ändern!

Meiner Familie verschwieg ich unser Vorhaben. Meiner Mutter wollte ich nichts erzählen, da ich nicht wusste, wie sie reagieren würde, und ich Angst hatte, dass sie es nicht für sich behalten würde. Die einzige Person, die ich in meinen Plan einweihte, war meine verheiratete Schwester Rosi, die in einem anderen Dorf lebte. Damals fuhr ich oft mit dem Fahrrad zu ihr, um ihr bei der Hausarbeit zu helfen, weil sie mit ihren beiden Kindern alle Hände voll zu tun hatte.

Ein Glücksgefühl durchströmte mich, als ich mir vorstellte, wie mein Leben aussehen könnte.

Eines Tages lehnte ich mich beim Staubwischen zu ihr hinüber. „Rosi, ich muss dir etwas sagen."

Sie hielt in ihrer Arbeit inne und blickte mich an.

„Ein paar von uns werden nach Österreich fliehen", stieß ich atemlos hervor.

Als sie nicht protestierte, fuhr ich fort, ihr von all den Freiheiten zu erzählen, die ich mir für meine Zukunft ausmalte – Religionsfreiheit, eine interessante Arbeit und vielleicht sogar eine weiterführende Schule. Ich erzählte von dem Leben, das ich mir auf der anderen Seite der Grenze aufbauen würde: wie ich Pakete heimschicken würde, um Mutter und Vater zu helfen, und was für eine große Hilfe das für Mutter sein würde, die jetzt die kleinen Zwillinge zu versorgen hatte.

Rosi war sprachlos. Sie hatte sich hingesetzt, um tief Luft zu holen und den Schock zu verarbeiten. Nachdem sie mich eine Weile betrachtet hatte, brachte sie hervor: „Ich bin überrascht, aber ich will dich in deinem Entschluss unterstützen."

Als wir uns an diesem Tag verabschiedeten, schloss sie mich fest in die Arme. Ich spürte, wie mein Kleid unter ihren Tränen feucht wurde. „Ich verspreche dir, dass ich Mutter und Vater alles erklären werde, wenn du weg bist", sagte sie. „Sie wissen, wie wichtig die Freiheit für deine Zukunft ist. Sie werden dich vermissen, aber sie werden sich auch sehr über deine Zukunft im Westen freuen. Ich meine, wer würde schließlich nicht dort leben wollen?!"

Auch ich weinte, und ich fragte mich, ob dies wohl das letzte Mal war, dass ich meine Schwester umarmte.

Einige Tage später war der Zeitpunkt unseres Aufbruchs gekommen. Wir hatten vereinbart, uns am frühen Nachmittag am Wasserturm zu treffen, der einige Kilometer entfernt lag. Von dort würden wir den Zug nehmen und quer durch Jugoslawien (das heutige Slowenien) bis zur letzten Stadt vor der Grenze fahren. Bei Einbruch der Dunkelheit würden wir dann in die Alpen hinaufsteigen. Am frühen Morgen, solange es noch dunkel war, würden wir an den Wachposten vorbeischleichen und die Grenze nach Österreich überqueren.

Als ich am Wasserturm eintraf, war Tamas der Einzige, der dort wartete.

„Wo sind denn die anderen?“, fragte ich.

„Sie haben alle gekniffen!“, gab er ungehalten zurück.

Ich dachte einen Augenblick nach, was wohl mit meinen Freunden los war. Wenn sie beschlossen hatten auszusteigen, warum hatte mir niemand etwas gesagt?

„Willst du immer noch gehen?“, fragte Tamas.

Ich hatte ein mulmiges Gefühl. Irgendwo in meinem Inneren läutete eine Alarmglocke, die mich warnte: *Geh nicht!* Aber vor Tamas wollte ich mutig sein. Schließlich hatten wir so viel Zeit damit verbracht, dieses Abenteuer zu planen.

Entschlossen packte ich den Griff meiner kleinen Reisetasche und nickte.

„Also gut, gehen wir“, sagte er und stapfte in Richtung Bahnhof.

Mit jedem Schritt versuchte ich, mir Mut zuzusprechen. Doch das ungute Gefühl blieb. Schweigend stiegen wir in den Zug nach Norden, der bis an den Fuß der österreichischen Alpen fuhr. Als die Türen zuschnappten und der Zug sich in Bewegung setzte, fühlte ich mich wie gefangen.

Das war's, dachte ich. *Jetzt kannst du nicht mehr zurück.*

Nach acht oder zehn Stunden Fahrt, in denen ich kein Auge zumachen konnte, erreichten wir schließlich die Endstation. Wir stiegen aus und gingen in Richtung Wald. Als wir mit dem Aufstieg begannen, spürten wir die abendliche Kälte in unseren Gliedern. Es regnete und der Marsch durch die Nacht schien endlos. Ich dachte, wir würden es nie schaffen. Obwohl ich fürchterlich erschöpft war, ging Tamas weiter, ohne eine Pause einzulegen.

Am nächsten Morgen bei Tagesanbruch überquerten wir die Grenze zwischen Jugoslawien und Österreich. Wir waren in der Freiheit angekommen. Endlich wurde mein Traum wahr. Wir hatten es geschafft!

Doch meine Freude war nur von kurzer Dauer.

„Gib mir dein ganzes Geld“, verlangte Tamas. „Wir müssen es in österreichische Schillinge eintauschen und ich werde es sicher für dich aufbewahren.“

Ich griff in meine Tasche, zog mein Geld heraus – etwa zwei Wochenlöhne – und gab es ihm.

Dann machten wir uns auf den Weg zum nächsten österreichischen Dorf. Es dauerte eine ganze Weile, bis wir es erreichten. Nach der schlaflosen Nacht, dem Marsch über die Berge und der Angst vor der Grenzüberquerung war ich so erschöpft, dass ich kaum einen Fuß vor den anderen setzen konnte.

ꚛ

Am Abend betraten wir schließlich eine kleine Pension.

Da ich kein Wort Deutsch konnte, erledigte Tamas die Zimmerreservierung. Ich sah, wie die Angestellte ihm einen Schlüssel reichte. *Nur einen Schlüssel?* Was hatte Tamas im Sinn?

Mein Herz pochte schneller und mein Brustkorb zog sich zusammen, doch ich schob meine ängstlichen Gedanken beiseite. Schließlich hatte Tamas das ganze Geld. Außerdem war er ein Freund. Er würde mir schon nichts tun – oder doch?

Ich war zu erschöpft, um irgendwelche Fragen zu stellen. Ich wollte nur noch schlafen, also folgte ich ihm.

Tamas schloss die Tür zum Zimmer auf. Es hatte zwei Einzelbetten, einen kleinen Tisch mit zwei Stühlen und ein Waschbecken. Dann forderte er mich auf, eines der beiden Betten mit ihm zu teilen. Ich war entsetzt. Ich wollte weglaufen, aber Tamas hatte die Tür abgeschlossen und den Schlüssel eingesteckt. Plötzlich fühlte ich mich wie ein Vogel, der in einem Käfig gefangen ist und wild mit den Flügeln schlägt. Ich dachte daran zu schreien, war aber wie gelähmt.

Und was hätte es schon genützt zu schreien? Hier verstand niemand meine Sprache.

In dieser Nacht raubte Tamas mir mein kostbarstes Geschenk: meine Unberührtheit, die ich mein Leben lang bewahrt hatte, um sie meinem zukünftigen Ehemann zu schenken. In einer schrecklichen, beklagenswerten Nacht wurde sie mir gestohlen. Ich wünschte, ich hätte gefühllos sein können, doch eine übermächtige Woge tiefer Scham und Traurigkeit verdüsterte jede Zelle in mir.

> *„Warum habe ich mir das antun lassen?“ Immer wieder machte ich mir selbst Vorwürfe.*

Warum habe ich mir das antun lassen? Immer wieder machte ich mir selbst Vorwürfe. *Ich hätte ihm nicht vertrauen sollen. Ich hätte es besser wissen müssen.* Sosehr ich das alles für einen schlimmen Albtraum halten wollte, wusste ich, dass es Realität war. Eine tiefe Traurigkeit überkam mich.

In dieser endlos langen, schlaflosen Nacht durchlebte ich ein ständiges Wechselbad der Gefühle: Traurigkeit wurde von Zorn abgelöst, vermischt mit Niedergeschlagenheit, um dann wieder in Verdrängung umzuschlagen. Sosehr ich es auch versuchte, ich konnte die Ereignisse der letzten 24 Stunden nicht aus der Welt schaffen. Zusammengerollt wie ein kleines Kind lag ich am Rand des Bettes, neben mir unsere regennassen Klamotten und nassen Schuhe – auf einem weißen Bettlaken, das nun mit meinem Blut befleckt war.

Ich wollte nicht mehr leben.

8
Trauerschuhe und der Tod meines Traums

Am nächsten Morgen nach dieser endlosen Nacht sagte Tamas: „Komm, wir gehen frühstücken", so als wäre nichts gewesen.

Aber ich lehnte ab und er ging allein hinunter. Als er weg war, stand ich auf und betrachtete mich selbst im Spiegel. Was ich sah, war endlose Scham und Trauer. Es fühlte sich an, als wäre ein Teil von mir gestorben.

Ich trat ans Fenster und blickte auf die sattgrünen Hügel der Freiheit. In dem Moment flüsterte eine höhnische Stimme mir zu: „*Tot wärst du besser dran als lebendig.*"

Ich merkte, wie ich innerlich zustimmte.

Die Stimme fuhr fort, mich zu verspotten und ihr Spiel mit mir zu treiben: „*Warum machst du nicht einfach allem ein Ende?*"

In diesem Moment brach ein kurzes, stummes Stoßgebet aus der Tiefe meiner Seele hervor: *Gott, bitte hilf mir!*

Die ganze Zeit über, während Tamas beim Frühstück war, rang ich mit mir selbst. Hatte ich die Vergewaltigung irgendwie selbst verursacht? Lag es daran, dass ich mich von Gott entfernt hatte? Hatte ich schlicht und einfach das bekommen, was ich verdient hatte?

Seltsamerweise kam mir die Geschichte von Schneewittchen in den Sinn. Ihr wurde ein goldgelber Apfel angeboten, der köstlich aussah, aber vergiftet war. Mir war der goldene Apfel der Freiheit angeboten worden, aber ich hatte ihn nicht sorgfältig genug auf das Gift untersucht.

Ja, der Sex wurde mir aufgezwungen, dachte ich bitter, *doch wie Schneewittchen habe ich mich selbst in diese Lage gebracht.*

Ja, ich hatte eine schlechte Entscheidung getroffen, als ich einem Mann vertraute, der nicht nach denselben Werten lebte wie ich. Und ja, vielleicht war dies geschehen, weil ich meine Eltern nicht geachtet und ihnen nichts von meinen Plänen erzählt hatte. Doch alles, was ich mir nun wünschte, war, ich könnte wie Schneewittchen für sehr, sehr lange Zeit einschlafen.

Dann tauchte eine andere Erinnerung in mir auf. Eine längst vergrabene Erinnerung an einen sexuellen Übergriff durch meinen Vetter. Damals hatte ich keine schlechte Entscheidung getroffen ...

Ich war erst vier Jahre alt, als ein entfernter Vetter uns besuchte. Mutter war aus dem Haus gegangen, um die Kühe zu melken, und meine Schwestern waren nicht zu Hause, sodass ich mit ihm allein war. Plötzlich zog er seine Hose herunter. Ich war schockiert und versuchte ihn wegzustoßen.

„Hab keine Angst", sagte er.

Aber ich war völlig verstört.

Plötzlich hörten wir Schritte näher kommen und er zog rasch seine Hose wieder hoch. „Wehe, du erzählst irgendjemandem was davon", zischte er. Als meine Mutter mit einem vollen Milchkübel hereinkam, tat er so, als wäre nichts vorgefallen.

Doch Mutter muss das Entsetzen in meinen Augen bemerkt haben. „Was hast du denn, Elisabeth?", fragte sie.

„Ach, nichts", murmelte ich. „Mir ist nicht gut. Ich möchte schlafen gehen."

Verwirrung und Traurigkeit überwältigten mich. Bald darauf hatte ich den hässlichen Vorfall verdrängt und ich sprach nie mit irgendeinem Menschen darüber ...

ℰ

Als Tamas vom Frühstück zurückkam, erklärte er: „Wir werden noch eine Nacht hierbleiben und dann gehen wir zur Polizei. Wir müssen politisches Asyl beantragen."

Ich wollte ihn treten, auf ihn losgehen, ihm wehtun für das, was er mir angetan hatte. Aber mir fehlte die Kraft, irgendetwas zu sagen oder zu tun. Also nickte ich nur.

Der Rest des Tages ist mir nur noch blass und verschwommen in Erinnerung.

ℰ

Am nächsten Tag wurde ich beim Anblick des kalten, unpersönlichen Polizeigebäudes nervös. Aber der österreichische Polizist war freundlich.

„Wir möchten politisches Asyl beantragen", erklärte Tamas und reichte dem Mann seine Papiere. Er sprach Deutsch, sodass ich nichts verstehen konnte, aber ich beobachtete ihn aufmerksam und tat einfach dasselbe wie er. Ich öffnete meine Tasche und zog meine Papiere heraus.

Mein Herz schlug schneller. „Wohin bringt er mich?"

Diese Beamten sind nicht wie die Kommunisten, dachte ich. *Sie werden uns helfen.*

Doch der Ausdruck auf Tamas' Gesicht verriet mir, dass er nicht gerade erfreut war über das, was der Polizeibeamte ihm sagte. Er schüttelte den Kopf und erwiderte irgendetwas.

Nun blickte der Beamte mich an und sagte etwas, aber ich starrte ihn nur an, weil ich nicht wusste, was er von mir wollte. Dann ging er um den Schalter herum, fasste mich am Arm und führte mich einen Flur entlang, weg von Tamas.

Mein Herz schlug schneller. *Wohin bringt er mich?*

Der Polizeibeamte sprach weiter, aber ich verstand ihn nicht. Schließlich bedeutete er mir, in ein Polizeiauto einzusteigen, und fuhr dann mit mir die Straße entlang.

Wohin fahren wir nur?, fragte ich mich voller Angst.

Ich hatte keine Ahnung, warum ich eingeschlossen wurde oder wie lange man mich festhalten würde.

Vor einem großen, abschreckend wirkenden Gebäude hielten wir an. Wir traten ein und durchquerten eine Halle mit vielen Gefängniszellen. Ungläubig sah ich zu, wie der Wächter einen Schlüssel herauszog, eine Tür öffnete und mir einen Wink gab hineinzugehen.

Ich trat in den engen, kleinen Raum, der mit einer Pritsche, einem Waschbecken und einer Toilette ausgestattet war.

Dumpf schlug die schwere Tür hinter mir zu, und ich hörte das metallische Klicken, als das Stahlschloss zuschnappte.

Ich hatte keine Ahnung, warum ich eingeschlossen wurde oder wie lange man mich festhalten würde. Erschöpft von den Ereignissen der letzten 48 Stunden sank ich auf die harte Pritsche; heiße Tränen strömten mir übers Gesicht. Ich hatte solche Angst, dass ich mich auf der ausgebeulten Liege zusammenrollte und in den Schlaf weinte.

Das war an einem Donnerstag. In den folgenden sechs Tagen musste ich in dieser Zelle ausharren. Ich weinte viel und von Zeit zu Zeit gelang es mir, ein wenig zu schlafen. Dreimal am Tag reichten mir die Wächter etwas zu essen durch ein kleines Fenster. Obwohl sie sich freundlich verhielten, wurde ich immer ängstlicher. Was würde mit mir geschehen?

Schließlich führte ein Beamter mich nach draußen zu einem kleinen Polizeitransporter und ließ mich einsteigen. Ich zwängte mich mit etwa zehn anderen Ausländern hinein – Leute wie ich, die in Österreich Zuflucht suchten. Dann wurden wir aufgefordert, in einen Bus umzusteigen. Kurz darauf stieg auch Tamas ein und setzte sich in meine Nähe. Sein bloßer Anblick löste bei mir Übelkeit aus, und die entsetzlichen Erinnerungen an das, was er mir angetan hatte, überwältigten mich.

„Wohin bringen sie uns?“, fragte ich ihn.

„In eine andere Stadt zu unserer Anhörung“, antwortete er. „Wenn du vor Gericht stehst und der Richter mit dir spricht, dann sag einfach: ‚Beantrage politisches Asyl!‘“

Nach der Anhörung wurde Tamas wieder eingesperrt, aber ich durfte mich frei bewegen. Ich konnte sogar in die Stadt gehen. Einige Tage später ließ man mich kommen, und ich wurde gefragt, ob ich mich von Tamas verabschieden wollte, bevor er wieder nach Jugoslawien gebracht wurde. Als ich sah, wie er in einem Lastwagen weggefahren wurde, war ich überrascht. *Warum weisen sie ihn aus?*, fragte ich mich. *Ob die Polizei irgendetwas gefunden hat, das gegen ihn vorliegt? Und was wird mit mir passieren?*

ꕥ

Einige Wochen später, in denen ich in einem Lager untergebracht war, wurde ich den österreichischen Behörden zu einer weiteren Anhörung vorgeführt. Durch einen Übersetzer fragte mich der österreichische Beamte: „Wohin möchten Sie lieber gehen: nach Australien oder nach Amerika?“

Indem ich den Antrag stellte, den Westen zu verlassen und in den Osten zurückzukehren, hatte ich seine Auffassung bestätigt: Das Leben in einem kommunistischen Land war besser.

Die Wahl fiel mir leicht. „Nach Amerika“, antwortete ich.

Doch dann bekam ich zu hören: „Aber zurzeit nimmt nur Australien Flüchtlinge auf.“

Ich sollte also nach Australien ausreisen. In den folgenden Tagen war ich sehr unruhig. Ich konnte mir einfach nicht vorstellen, nach Australien zu gehen – ans Ende der Welt, soweit es mich betraf.

In meiner Verwirrung wusste ich nicht, was ich tun sollte. Mittlerweile konnte ich nur noch an meine Heimat denken. An meine Familie. Und das tat furchtbar weh.

Ich wartete noch einige Tage, dann ging ich schließlich zur jugoslawischen Botschaft in Wien und erklärte: „Ich möchte zurück nach Jugoslawien."

Der Beamte grinste mich an. „In Ordnung", sagte er und reichte mir eine Zugfahrkarte. Indem ich den Antrag stellte, den Westen zu verlassen und in den Osten zurückzukehren, hatte ich seine Auffassung bestätigt: Das Leben in einem kommunistischen Land war besser.

Ich nahm meine kleine Reisetasche und ging zum Bahnhof.

Da saß ich nun in einem Zug Richtung Osten und fuhr nach Jugoslawien zurück. Ich war nicht sicher, ob mein Leben je wieder dasselbe sein würde. Alles, was ich wusste, war, dass sich mein Traum von der Freiheit als pure Illusion erwiesen hatte.

9
Schuhe, schwer wie Blei, und die Reise nach Hause

Jeder Kilometer der Zugfahrt nach Hause verstärkte das quälende Gefühl in mir. Mit dem rhythmischen Geratter der Räder auf den Gleisen schienen die Jahre meiner Jugend dahinzuschwinden. Trotz aller Erschöpfung kreisten meine Gedanken ständig um die Ereignisse der letzten Wochen.

Die Vergewaltigung hatte einen Schmerz ausgelöst, der wie ein Stachel tief in mir steckte ... und ich war verwirrt. War ich nicht selbst schuld? In der Zeit davor hatte ich mich von Gott entfernt. Hatte er deshalb so etwas in meinem Leben zugelassen? Weil ich nicht nach seinem Willen gefragt hatte, bevor ich beschloss, in den Westen zu fliehen?

Außerdem konnte ich nicht anders, als mich immer wieder zu fragen: *Hatte irgendetwas in meinem Verhalten Tamas dazu veranlasst, mir das anzutun?* Ich fühlte mich schmutzig, unwürdig. Wer würde mich jetzt noch heiraten wollen?

Der Fußweg vom Bahnhof zum Haus meiner Eltern schien eine Ewigkeit zu dauern. Ich hatte das Gefühl, Schuhe aus Blei zu tragen. Am liebsten hätte ich mich in die finstersten Schatten zurückgezogen – in der Hoffnung, dass niemand mich sehen würde. Mechanisch schleppte ich mich weiter in Richtung Elternhaus. Obwohl ich Angst vor den Konsequenzen meines Handelns hatte, war ich nie dankbarer gewesen, unter meinen Füßen wieder den vertrauten staubigen Boden meiner Heimat zu spüren.

Niemand hatte mich am Bahnhof abgeholt. Niemand wusste, dass ich nach Hause kam. Ich schämte mich und war froh, dass es Abend war, sodass ich nur wenigen Menschen auf der Straße begegnete. Doch ich spürte ihre Blicke. Beobachteten sie mich von ihren Fenstern aus und redeten mit spitzen Zungen über mich?

Niemand hatte mich am Bahnhof abgeholt. Niemand wusste, dass ich nach Hause kam.

Als ich in unsere Straße einbog, hielt ich inne. Ein Wechselbad der Gefühle spielte sich in mir ab: Angst vor der Reaktion meiner Familie, Verlegenheit darüber, dass meine Träume wie eine Seifenblase zerplatzt waren, Gewissensbisse, weil ich meinen Eltern solche Sorgen bereitet hatte, und Verbitterung und Ärger über den Verlauf der Ereignisse.

Schließlich fasste ich einen Entschluss: *Die Konsequenzen sind mir egal*, sagte ich mir. *Hauptsache, ich bin wieder zu Hause.*

Als ich das Haus erreichte, stand meine Mutter schon vor der Tür. Offenbar hatte sie mich kommen sehen. Schon eilte sie mir entgegen, um mich minutenlang in die Arme zu schließen. Dann nahm sie einen Schritt Abstand, beugte sich mir entgegen und betrachtete mit Tränen in den Augen mein verquollenes Gesicht. Meinem Vater und mir fiel es schwer, einander in die Augen zu blicken. Ich merkte, dass er nicht weniger verlegen war als ich und dass er offenbar genauso wenig wusste, was er mit mir anfangen sollte, wie ich selbst.

Es fiel uns schwer, ins Gespräch zu kommen. Jeder von uns wartete, dass der andere den Anfang machen würde.

Inzwischen war mir klar, dass meine Eltern bereits wussten, dass wir nicht als Gruppe geflohen waren. Meine Schwester Rosi hatte sie sicher wie verabredet über meine Pläne informiert. Und wie ich meinen Vater kannte, hatte er dann Nachforschungen angestellt, um herauszufinden, ob die Pläne den Tatsachen entsprachen.

Später berichteten meine Eltern, dass sie erfahren hatten, dass Tamas ohne mich zurückgekehrt war und dass er ohne Strafe davongekommen war, weil er sich als Informant für den Staat zur Verfügung gestellt hatte. Sie hatten angenommen, dass ich im Westen geblieben war, um mir dort eine Zukunft aufzubauen. Erst viel später erfuhr ich, dass meine Eltern, sosehr sie mich auch vermisst hatten, traurig waren, dass ich meine neu gewonnene Freiheit im Westen aufgegeben hatte, um nach Jugoslawien zurückzukehren.

Während ich nach wochenlanger Abwesenheit zögernd auf der Schwelle meines Elternhauses stand, wartete ich sehnsüchtig darauf, dass meine Eltern fragen würden: „Was ist passiert? Wie fühlst du dich? Warum bist du zurückgekommen?“ Aber das taten sie nicht. Vermutlich war es zu seltsam für sie, diese Fragen zu stellen.

Und genauso fühlte es sich auch für mich an, wieder zu Hause zu sein: seltsam. Meine Freundinnen wussten natürlich alle, dass ich mit Tamas geflohen war. Ich vermute zwar, dass die meisten von ihnen zuerst neidisch auf meinen Mut waren; aber nun hielten sie mich wahrscheinlich für umso idiotischer, weil ich wieder nach Hause zurückgekommen war. Doch keine verlor ein einziges Wort über meine Flucht in den Westen – oder erklärte, warum sie damals nicht am Wasserturm erschienen war. Wir alle taten einfach so, als wäre nichts geschehen, obwohl natürlich alle wussten, *dass* etwas geschehen war.

Ich bemühte mich, die Erinnerung an diese schreckliche erste Nacht in Österreich, dem vermeintlichen „Land der Freiheit“, zu verdrängen. Ich wollte sie so tief in mir vergraben, dass die Bilder nie wieder quälend in meinen Erinnerungen aufsteigen konnten. Hin und wieder gelang es mir, die Gefühle zu unterdrücken. Oft aber machte jeder Versuch, das Ereignis zu vergessen, die Erinnerung nur noch schlimmer.

Ich bemühte mich, die Erinnerung an diese schreckliche erste Nacht in Österreich, dem vermeintlichen „Land der Freiheit“, zu verdrängen.

In vielen Nächten weinte ich mein Kissen nass. Meine verwundete Seele blutete; manchmal ließ sich das Entsetzen einfach nicht verborgen halten. Ich schwankte zwischen Schuldgefühlen oder Selbstverdammnis und Zorn hin und her. Hatte mein natürlicher Wissensdrang, die Welt jenseits unseres kleinen Dorfes zu erforschen, mich in eine so schlimme Lage gebracht? Oder lag es an der Wahl meiner Freunde, die nichts von Gott und meinen Wertvorstellungen wissen wollten? Oder traf beides zu?

Ich gab mir selbst die Schuld ... und meine Eltern gaben mir ebenfalls die Schuld.

Später fand ich heraus, dass ich nicht Tamas' einziges Opfer war – nicht das erste und nicht das letzte.

Er suchte sich immer minderjährige Mädchen. Doch selbst als meine Eltern das erfuhren, wollten sie ihn nicht anzeigen.

Wie viele Betroffene einer Gewalttat fing auch ich an, mir unnötiges Leid aufzubürden, indem ich ständig über meinen eigenen Schuldanteil nachgrübelte. Ja, ich war zu etwas gezwungen worden, das ich nicht tun wollte. Eigentlich wusste ich, dass dies der Wahrheit entsprach. Doch irgendeine Seite in mir hörte trotzdem nicht auf, mich mit Schuld- und Schamgefühlen zu attackieren. *Vielleicht hätte ich es verhindern können. Ich war viel zu vertrauensselig. Ich hätte mich schützen sollen. Kämpfen. Schreien.*

Ich gab mir selbst die Schuld ... und meine Eltern gaben mir ebenfalls die Schuld.

Doch weil es in meiner Natur liegt, allzu rasch die Verantwortung zu übernehmen, wenn irgendetwas schiefgeht, suchte ich die ganze Schuld für das Geschehene bei mir selbst statt bei Tamas. Mit dieser tief in mir verankerten Haltung musste ich mich im Laufe der Jahre immer wieder schmerzhaft auseinandersetzen, wenn es darum ging, wahrheitsgetreu zu prüfen, ob ich selbst oder eine andere beteiligte Person für ein Problem verantwortlich war.

Eine Freundin gab mir einmal einen guten Vergleich: „Stell dir einen Dieb vor, der eine Bank ausraubt und nicht geschnappt wird. Er behauptet, nicht schuldig zu sein, denn schließlich hätte der Bankangestellte sein Geld etwas vorsichtiger aufbewahren sollen."

Ja, ich hätte mir genauer überlegen sollen, was ich tue. Aber hatte Tamas deshalb das Recht, mir meine Unberührtheit zu rauben? Nein, das hatte er nicht. Tamas hatte sowohl moralische als auch gesetzliche Grenzen weit überschritten. Er hatte mir keine Wahl gelassen, mich zu entscheiden, sondern mich zum Sex gezwungen. Dazu kam, dass er als Erwachsener handelte, während ich noch minderjährig war.

Viele Jahre vergingen, bevor ich diese bleischweren Schuhe ganz ausziehen konnte, doch es war wirklich ein gutes Gefühl, sie endlich abzulegen.

10
Riemchensandaletten und ein Schnitt in der Seele

Einige Wochen nach meiner Heimkehr stellte ich fest, dass meine Periode ausgeblieben war. Als ich mit einer Verwandten darüber sprach, sagte sie: „Ich bringe dich zu einem Arzt; der wird dir helfen."

Als wir in der Praxis angekommen waren, saß ich nervös im Wartezimmer, bis eine Schwester meinen Namen aufrief. Ich folgte ihr den Flur entlang in einen kleinen Raum, der gar nicht aussah wie das normale Besprechungszimmer eines Arztes. Das Zimmer war sehr karg eingerichtet. Keins der üblichen medizinischen Instrumente war zu sehen. Es gab lediglich einen Untersuchungstisch.

„Machen Sie sich bitte von der Taille abwärts frei und legen Sie sich auf den Tisch", forderte die Krankenschwester mich auf. „Der Doktor kommt gleich." Dann schaltete sie das Licht aus und verließ den Raum.

Ich zog mich aus und wartete. Plötzlich ging die Tür auf und ein Mann trat ein. An seiner Stirn war eine Lampe wie bei einem Bergarbeiter. Sein Gesicht konnte ich nicht erkennen, weil es im Zimmer dunkel war und das Licht an seiner Stirn mich blendete.

„Es könnte etwas wehtun, aber keine Sorge, es wird alles gut gehen", sagte er mit tiefer Stimme.

Noch nie hatte ein Arzt diesen Teil meines Körpers untersucht. Mutter hatte mich nie aufgeklärt und auch in der Schule hatten wir nichts über dieses Thema gelernt, deshalb hatte ich keine Ahnung, was mich erwartete. Ich hatte schreckliche Angst.

Plötzlich spürte ich einen brennenden Schmerz, als der Arzt etwas aus meinem Körper riss. Dann verließ er ohne ein weiteres Wort den Raum. Er gab mir keinerlei Erklärung. Und auch kein Schmerzmittel.

Ich wusste, dass etwas Schreckliches passiert war. Aber was? Schwankend richtete ich mich vom Untersuchungstisch auf, zog mich an und kehrte in das Wartezimmer zurück.

Später fragte ich meine Mutter: „Was der Arzt da mit mir gemacht hat ... bedeutet das, ein Baby zu töten?"

Meine Mutter erwiderte: „Bei der Empfängnis ist es nur ein Klumpen Blut. Erst nach drei Monaten wird es ein Baby." Sie fügte hinzu, dass die meisten Frauen in Osteuropa sich dieser Prozedur mehrmals unterzogen. „Sonst hätten sie nachher so viele Kinder, dass sie nicht alle versorgen könnten", erklärte sie.

Ich wusste, dass etwas Schreckliches passiert war. Aber was?

Einige Jahre später lernte ich, dass das Leben bereits mit der Empfängnis beginnt. Ich fühlte mich betrogen, weil niemand mir die Wahrheit gesagt hatte. Und es folgte eine Zeit tiefer Trauer, weil ich zugelassen hatte, dass mein Baby getötet wurde. Heftige Wellen schmerzlicher Emotionen und körperlicher Reaktionen machten mir zu schaffen. Eine schlechte Entscheidung – die Flucht – hatte eine zweite schlechte Entscheidung nach sich gezogen: eine Abtreibung.

„Oh, Gott, bitte vergib mir", betete ich.

Ich erkannte, wie ganz alltägliche Entscheidungen unsere Zukunft unwiderruflich beeinflussen können.

Die Tatsache, dass ich mein Baby hatte töten lassen, hinterließ einen tiefen Riss in meinem Herzen ... bis Gott eines Tages durch seine unfassbare Gnade die drückende Schuld dieser grausamen Tat von mir nahm. Damals ahnte ich nicht, dass Gott dieses schlimme Erlebnis sogar in einen Segen für andere verwandeln würde.

&

Nach einigen Monaten traute ich mich wieder in die Gemeinde. Am ersten Sonntag starrte ich auf meine schicken Riemchensandaletten. Der Anblick versetzte mir einen schmerzhaften Stich ins Herz. Äußerlich konnte ich mich schön kleiden, doch innerlich fühlte ich mich entsetzlich hässlich.

Doch trotz allem, was ich getan und erlebt hatte, sehnte ich mich wieder nach der Gemeinschaft mit anderen Christen. Um dies zu ermöglichen, musste ich dem Pastor ein Geständnis ablegen. Nach der Einsamkeit der vergangenen Monate hatte ich den Entschluss gefasst, Pastor Rac alles zu erzählen.

„Gott kann jede Entscheidung, die du triffst, zu einem guten Ziel führen. Falsche Entscheidungen rechtfertigt er nicht, aber er vergibt und heilt sie durch seine Gnade."

Doch selbst nach einer umfassenden Beichte blieb meine Sehnsucht nach Liebe und Annahme bestehen. Dann wurde mir plötzlich klar: Wie konnte ich Liebe empfangen, wenn ich mich nicht einmal selbst lieben konnte? Wie konnte ich von anderen erwarten, zu vergeben und zu vergessen, wenn es mir so schwerfiel, mir selbst zu vergeben?

„Gott, ich weiß, dass du dich nicht über unsere freie Entscheidung hinwegsetzt, aber ich wünschte, du hättest mich daran gehindert", klagte ich.

Ich erinnerte mich an eine Predigt unseres Pastors, in der dieser gesagt hatte: „Gott kann jede Entscheidung, die du triffst, zu einem guten Ziel führen. Falsche Entscheidungen rechtfertigt er nicht, aber er vergibt und heilt sie durch seine Gnade."

„Oh, Gott", rief ich aus, „was kannst du mit diesem Chaos anfangen, in dem ich mich befinde?"

&

Einige Sonntage später hielt unser Pastor eine Predigt, die er – davon war ich überzeugt – ganz auf mich zugeschnitten hatte. Es ging um die Geschichte vom verlorenen Sohn und dessen Heimkehr zum Vater, die Jesus seinen Jüngern erzählte.

Während er diese Geschichte aus der Bibel vorlas und darüber predigte, spielte sich vor meinem inneren Auge meine eigene Geschichte ab, die der „verlorenen Tochter". Ja, genau wie dieser Sohn hatte auch ich die weite Welt sehen wollen und auch mein Essen im Gefängnis hatte mir nicht geschmeckt. Nach meiner abenteuerlichen Reise waren meine Kleider zerrissen und verdreckt, aber das war nichts im Vergleich zu dem Schmerz in meinem Innern.

Außerdem hatte auch ich – wie der verlorene Sohn – eine Entscheidung zu treffen. Würde ich zu meinem himmlischen Vater zurückkehren oder so weiterleben, als existierte er nicht?

Ich hatte Angst. Was, wenn Gott mich jetzt nicht mehr akzeptierte? Wenn ich mich zu weit von ihm entfernt hatte, als ich beschlossen hatte, meine eigenen Wege zu gehen?

Ich nahm allen Mut zusammen und betete still: *Vater im Himmel, ich habe mein Leben selbst in die Hand genommen und bin weggelaufen. Und ich habe einen hohen Preis dafür bezahlt. Es schmerzt so sehr, immer wieder mit diesen beschämenden Ereignissen konfrontiert zu sein. Ich möchte diesen Schmerz nicht mehr spüren. Wirst du mir helfen?*

Als ich zu ahnen begann, wie sehr mein himmlischer Vater mich liebt, erfüllte tiefe Dankbarkeit mein Herz. Ich musste weinen, als ich später in der Bibel las: „Ich würde die ganze Welt verkaufen, um dich zurückzubekommen. Die gesamte Schöpfung würde ich gegen dich eintauschen."[4]

In dieser Zeit meines Lebens erlebte ich Gottes Liebe in einer Tiefe, wie ich sie nie gekannt hatte. Und diese Erfahrung weckte in mir einen lebenslangen Hunger, meinen himmlischen Vater inniger zu kennen und immer tiefer zu verstehen.

Nun kann niemand und nichts mich von unseren innigen Herzensgesprächen abhalten, die unsere Seelen immer tiefer vereinen. Diese verlorene Tochter, die einst den liebenden Armen ihres Vaters entlaufen war, wird ihn nie wieder verlassen.

Einige Wochen später las unser Pastor in einem Gottesdienst, in dem wir das Abendmahl feierten, folgende Worte des Apostels Paulus vor:

Wer aber gedankenlos und leichtfertig von diesem Brot isst und aus dem Kelch des Herrn trinkt, der wird schuldig am Leib und am Blut unseres Herrn. Darum soll sich jeder prüfen, ehe er von dem Brot isst und aus dem Kelch trinkt.[5]

Ich prüfte mein eigenes Herz. Ja, es lag nicht nur tiefer Schmerz darin, sondern auch Groll und Unversöhnlichkeit. Ich wusste, dass Jesus Christen im Vaterunser lehrte: „Vergib uns unsere Schuld, wie wir denen vergeben, die uns Unrecht getan haben."[6]

Ich dachte an Tamas und den Schmerz, den er mir zugefügt hatte. Als ich in den Kelch blickte und den dunkelroten Wein darin schimmern sah, konnte ich die Tränen nicht zurückhalten. Die Leiden, die Jesus durchlitten hatte, überwältigten mich. Er war für mich gestorben, um für meine Sünden zu bezahlen und mich mit Gott zu versöhnen, damit ich wieder die innige Gemeinschaft mit ihm erleben durfte. Warum konnte ich dann Tamas nicht vergeben?

„Ich will vergeben, aber der Schmerz ist so groß", betete ich. „Bitte, Heiliger Geist, hilf mir. Aus eigener Kraft kann ich das nicht."

Da nahm ich in meinem Herzen ein sanftes Flüstern wahr: *„Das stimmt. Aus dir selbst heraus kannst du Tamas nicht vergeben. Aber ich werde dir helfen."*

Ich holte tief Luft und nahm wieder allen Mut zusammen: „Gott, ich entscheide mich dazu, ihm zu vergeben, auch wenn ich mich nicht danach fühle. Und obwohl er es nicht verdient."

Indem ich so betete, entschuldigte ich in keiner Weise, was Tamas getan hatte. Ganz und gar nicht. Was er getan hatte, war schändlich – entsetzlich falsch –, aber zum vielleicht ersten Mal konnte ich uneingeschränkt bekennen, dass die Tat *seine* Wahl war, nicht meine. Tamas hatte seinen von Gott geschenkten freien Willen dazu benutzt, sich für das Böse zu entscheiden. Indem ich meine Vergebung aussprach, konnte ich anfangen, das belastende Gefühl loszulassen, es sei meine Verantwortung, alles wiedergutzumachen. Indem ich sagte: „Vergib ihm, Herr“, überließ ich es Gott, wie er weiter mit ihm verfahren würde.

Ich wünschte, ich könnte sagen, dass ich an diesem Tag sofort Erleichterung empfand, aber das wäre weit von der Wahrheit entfernt. Mein Herz war immer noch wund, und es sollte noch lange dauern, bis die Wunden wirklich geheilt waren.

Manchmal fiel es mir immer noch schwer, mich von der Identität als „Opfer“ zu lösen, die mir aufgezwungen worden war. Viel zu oft hatte ich falsche Schuldgefühle und glaubte, ich hätte all diese Scham, Schuld und Missbilligung verdient. Die Versuchung war groß zu glauben, dass die Vergewaltigung nur auf meine eigenen Entscheidungen zurückzuführen war. Jetzt weiß ich, dass dies eine Lüge Satans war, um mich in der Hölle der Selbstverdammnis festzuhalten. Satan wollte mir einreden: „*Die Liebe und Vergebung, die Jesus dir anbietet, reicht nicht aus, um deine oder dir zugefügte Sünden zu bedecken.*“ Dabei hatte Jesus doch alles erkämpft und gesiegt durch seinen Tod und seine Auferstehung! Alles war vollbracht.

Ich musste mich bewusst dazu entscheiden, die Wahrheit zu glauben, auch wenn meine Gefühle etwas anderes sagten. In solchen Zeiten, in denen Schuldgefühle meine Seele überwältigten, betete ich: „Herr, ich glaube, dass deine Vergebung genügt. Bitte heile mich! Heile mein Denken, meinen Geist und meine Gefühle!“

Langsam, aber stetig kam die Heilung. Als ich die Entscheidung traf, Tamas zu vergeben und barmherzig zu sein, beherrschte er meine Gegenwart und Zukunft nicht länger. Ja, meine Vergangenheit hatte er geprägt – und mir körperliche, geistige und emotionale Schmerzen zugefügt, die ich nie vergessen würde. Doch als ich mich zu der schmerzhaften Entscheidung durchringen konnte, ihm zu vergeben, wurde mein Geist dazu befreit, unbelastet in die Zukunft zu gehen.

Mit der Zeit beschäftigten mich die Kämpfe meiner Vergangenheit immer weniger, und ich empfand einen immer stärkeren Drang, alles zu tun, was nötig war, um Freiheit in Christus zu finden. Ich beschloss, alles anzunehmen, was Gott für mich vorgesehen hatte. Ich würde Satan keinen Angriffspunkt mehr bieten, indem ich irgendeinem Menschen unversöhnlich begegnete.

Mir wurde klar, dass ich meine „Geschichte des Bedauerns“ hinter mir lassen musste. Stattdessen musste ich sie als meine „Geschichte der Erlösung“ sehen lernen.

Ich musste auch die Entscheidung treffen, mir selbst zu vergeben. Ja, ich hatte schlechte Entscheidungen getroffen. Ich hatte keine guten Freundschaften gewählt. Ich hatte mich verhalten wie Eva im Paradies – die Gott ungehorsam war und die Dinge selbst in die Hand nahm.

„Herr, das nächste Mal, wenn ich meine eigenen Wege gehen will, lass es bitte nicht zu“, flehte ich. „Erhöre meine Gebete nicht, wenn sie nicht das Beste für mein Leben sind. Ich möchte einen Vertrag für die Zukunft schließen: Dein Weg, Herr, ist der, den ich gehen will, nicht meiner. Könntest du an jeder Kreuzung in meinem Leben einen Wegweiser aufstellen? Würdest du mich lehren, so zu leben, wie es dir gefällt? Würdest du mir bitte helfen, meinen Willen zu gebrauchen, um standhaft zu bleiben und nie wieder von dir abzuweichen?“

An diesem Tag, an dem ich mir selbst vergab und mit Gott einen Vertrag für meine Zukunft schloss, wurde mir klar, dass ich meine „Geschichte des Bedauerns“ hinter mir lassen musste. Stattdessen wollte ich sie als meine „Geschichte der Erlösung“ sehen lernen.

Auch wenn ich es erst viel später erkannte, waren diese beiden Schritte, Tamas zu vergeben und mir selbst zu vergeben, zwei ganz entscheidende Augenblicke in meinem Leben. Denn meine verzweifelte Sehnsucht nach Gottes Gnade und Vergebung öffnete mir die Tür zu tieferer Vertrautheit mit ihm.

Indem ich meine „Opfermentalität" aufgeben konnte, die ständig entweder Mitleid oder Buße verlangte, wurde ich fähig, mich auf die Heilung einzulassen. Denn erst wenn wir unsere verkrampften Finger öffnen, die den Schmerz umklammern und festhalten, können wir Gottes Geschenk der Barmherzigkeit und Vergebung in Empfang nehmen.

Die Erinnerung an diese schmerzhafte Erfahrung wird immer bleiben, doch an diesem Tag begann ich, mit Herz und Verstand zu erkennen und zu erfahren, was wirkliche Freiheit bedeutet. Gottes Vergebung anzunehmen sowie anderen und mir selbst zu vergeben war ein entscheidender Schritt in meinem Glaubensleben.

11
Die Schuhe eines Dieners

Mein Wunsch, Gott zu dienen, wurde immer stärker, je mehr ich mich mit ihm und seinem Wort beschäftigte.

Eines Sonntags sprach Pastor Rac darüber, wie Gott Menschen in seinen Plan einbezieht, die alles andere als perfekt sind. Er sagte: „In der Apostelgeschichte lesen wir, mit welchen Menschen Gott die Welt für Christus auf den Kopf stellte: durch ungebildete, gewöhnliche Männer und Frauen. Und in Hebräer 11 lesen wir von den Glaubenshelden Gottes. Dort finden wir Abraham, der log und seine eigene Frau in Gefahr brachte, um sich selbst zu retten. Und Rahab, eine Prostituierte. Dann ist da noch Paulus, der vor seiner Bekehrung Christen tötete. Dieser Mann, von dem die Christen das Schlimmste zu erwarten hatten, ist derselbe Mann, von dem Gott sagte: ‚Ich habe diesen Mann dazu auserwählt, mich bei allen Völkern (...) bekannt zu machen.'[7] Sie alle hatten eine Geschichte zu erzählen – eine Geschichte darüber, was Gott aus einem Menschen machen kann, von dem wir denken, er habe sich zu weit von Gott entfernt, um dessen Gnade zu erfahren. Doch wenn wir Gottes Wort verstehen, dann verändert sich unsere Sicht."

Die Tatsache, dass Gott unzulängliche Menschen gebraucht, traf bei mir ins Schwarze. *Wenn das so ist, dann habe ja auch ich eine Geschichte zu erzählen*, dachte ich und betete im Stillen: *Hilf mir,*

Jesus, meine hart erkämpfte Geschichte der Freiheit nicht zu vergeuden. Hilf mir, sie zu deiner Ehre zu nutzen, damit andere das Licht deiner Liebe, Gnade und unverdienten Vergebung finden.

Meine Leidenschaft für Gott wuchs weiter.

In dieser Zeit meines Lebens fand ich heraus, dass Gott, wenn wir ihn um Hilfe bitten, meist nur mit fünf kurzen Worten antwortet: „Ich werde mit dir sein."

Ich werde mit dir sein. Es gibt kein Motivationsgespräch, durch das ich mich besser fühle oder mehr Selbstvertrauen aufbringe. Keinen detaillierten Plan, der jeden einzelnen Schritt auflistet, und auch keinen Selbsthilfeleitfaden, wie man ein besserer Christ wird. Nur die liebevolle Zusage, dass Gott treu zu mir stehen und mich nie aufgeben oder im Stich lassen wird.

In der Apostelgeschichte lesen wir, welche Menschen Gott gebrauchte, um die Welt für Christus auf den Kopf zu stellen. Es waren ungebildete, gewöhnliche Männer und Frauen.

Ich werde mit dir sein. Im Glauben ließ ich mich auf seine Zusage ein – und ich wagte zu glauben, dass ich mein ganzes Leben auf diese fünf Worte setzen konnte.

Einige Monate später ging ich zu Pastor Rac und fragte: „Gibt es etwas, das ich in der Gemeinde tun kann?"

Ich wollte Gott dienen, egal, wie.

Der Pastor nannte mir die Namen einiger älterer Frauen. „Sie sind krank und haben keine Familienangehörigen", erklärte er. „Du könntest sie besuchen und ihnen helfen, wo sie Hilfe brauchen."

Gut, dachte ich. *Das ist etwas, das ich tun kann.*

Also besuchte ich sie nach meiner Arbeit als Näherin und half ihnen bei allem, worum sie mich baten.

Jedes Mal, wenn ich die älteren Frauen aus meiner Gemeinde besuchte, zeigten sie mir ihre Dankbarkeit. „Jesus wird dich dafür segnen", sagte eine von ihnen oft, wenn sie mir die Hand schüttelte. „Er wird dich für deine Freundlichkeit segnen."

Erst viel später erkannte ich, dass mein Dienst für Gott damit begann, älteren Frauen die Füße zu waschen. Und ich geriet ins Staunen, als ich mich daran erinnerte, wie Jesus am letzten Abend vor seinem Tod den Jüngern die schmutzigen Füße wusch.

ꙮ

Im folgenden Jahr fand ich eine gute Arbeitsstelle in der Stadt: Ich durfte schöne Kleider nähen, die für den Export bestimmt waren. Pastor Rac starb und ein neuer Pastor namens Sabo trat in seine Fußstapfen.

Ich vermisste meinen geliebten Pastor, der so viel dazu beigetragen hatte, dass ich wieder auf dem richtigen Weg war, aber ich wusste, dass Gott weiter seine Hand über mich halten würde. Er würde mich nie verlassen. Diesmal bedeutete sein „Ich werde mit dir sein“, dass Pastor Sabos Familie mich einlud, bei ihr zu wohnen, sodass ich nicht jeden Tag vom Dorf in die Stadt fahren musste.

Ich war gerade 18 Jahre alt geworden – und hatte das Gefühl, dass ich schon genug Kummer für ein ganzes Leben erfahren hatte.

ꙮ

Frau Arnold, eine 80-jährige Witwe, leitete damals die Kinderstunde in unserer Gemeinde. Ich half ihr dabei. Es war eine reine Freude zu sehen, wie sehr Frau Arnold die Kinder liebte! Sie hatte immer für jedes ein freundliches Wort und ein einladendes Lächeln übrig und die Kinder erwiderten ihre Liebe.

Damals gab es kein Lehrmaterial für Kinder, und so schrieb sie ihre eigenen Geschichten. Sie erinnerte mich ein wenig an meine Großmutter, die mich mit ihren Erzählungen erfreut hatte – zum Beispiel mit der Geschichte vom Holzfäller. Frau Arnolds Geschichten halfen den Kindern auch, bestimmte Werte und Tugenden zu verstehen, durch die sie lernten, Jesus zu lieben und andere Menschen zu lieben, wie Großmutters Geschichten mir damals. Und sie fesselten auch mich. Ich saß immer mitten in der Kinderschar und hing, genau wie die Kleinen, gespannt an ihren Lippen. Die Art und Weise, wie sie ihre Geschichten erzählte, weckte wieder den Wunsch in mir zu schreiben. Ich erinnerte mich, wie ich früher mit den Fingern in den Staub oder in den Schnee geschrieben hatte, weil der einzige Bleistift, den ich besaß, ein ganzes Jahr reichen musste.

Ich werde mit dir sein. Im Glauben ließ ich mich auf seine Zusage ein – und ich wagte es zu glauben, dass ich mein Leben auf diese fünf Worte setzen konnte.

Als Frau Arnold mir die Kinderstunde übertrug, war ich an der Reihe, ihnen die Geschichten der Bibel zu erzählen. Nun hatte ich das Vorrecht und die Freude, dies auf meine Art und Weise zu tun. Ich erfüllte den Raum mit solcher Spannung, dass die Kinder bettelten: „Mehr! Bitte, erzähle uns noch eine Geschichte!"

In dieser Aufgabe fand ich tiefe Erfüllung. Die Freude und Unbeschwertheit, die ich in jener schrecklichen Nacht in Österreich verloren zu haben glaubte, kehrte zurück, und ich fing an, das Leben wieder zu genießen.

Ich liebte die Kinder und sparte oft das wenige Geld, das ich verdiente, um ihnen Süßigkeiten zu kaufen. Da die Eltern es sich nicht leisten konnten, Bonbons zu kaufen, war das für die Kinder etwas Besonderes. Ich würde gerne glauben, dass mein Talent als großartige Geschichtenerzählerin ausschlaggebend war, dass die Kinderschar wuchs, aber vielleicht war es eher die Kombination aus herrlichen Bonbons und herrlichen Geschichten in einer Gruppe herrlicher Kinder, die die herrliche Wahrheit über Gott kennenlernten.

Als ich 13 war, war mein Traum, Lehrerin zu werden, zerplatzt. Doch zu meiner Überraschung durfte ich nun Kindern die wichtigsten Lektionen des Lebens vermitteln! Wieder kam mir Großmutters Geschichte vom Holzfäller in den Sinn. Gottes Gnade stellt tatsächlich das Leben von Menschen wieder her und wendet ihre widrigen Umstände zum Guten. Dafür bin ich ein lebender Beweis.

Die Liebe, die ich empfing, indem ich älteren Frauen und Kindern diente, gab mir tiefe Erfüllung. Noch ein oder zwei Jahre zuvor hätte ich mir nicht träumen lassen, dass ich je wieder so glücklich sein könnte. Nachdem ich „geschmeckt" hatte, welche Freude es macht, für Gott zu arbeiten, bekam ich Hunger nach mehr. Ich wollte für jede Aufgabe, die er mir übertragen wollte, zur Verfügung stehen. Ich konnte es einfach nicht fassen: Gott gebrauchte mich.

In den vergangenen Jahren hatte ich so viel erlebt: Ich hatte Freiheit gesucht, als ich die Grenze nach Österreich überquerte. Stattdessen schenkte Gott mir die Freiheit der Vergebung und des Dienens. Er war so gut zu mir und ließ mir anstelle der gerechten Strafe seine unverdiente Gnade zukommen. Ich konnte David nur zustimmen, der in einem seiner Psalmen schrieb: „Gott ist ein sicherer Unterschlupf für die Angeschlagenen, ein Zufluchtsort in harten Zeiten. Sobald du ankommst, entspannst du dich und niemals bereust du, dass du angeklopft hast."[8]

Gottes Gnade stellt tatsächlich das Leben von Menschen wieder her und wendet ihre widrigen Umstände zum Guten. Dafür bin ich ein lebender Beweis.

Von Zeit zu Zeit dachte ich darüber nach, wie anders mein Leben verlaufen wäre, wenn ich eine höhere Schule hätte besuchen können. Aber es war an der Zeit, diesen Traum loszulassen und das Vergangene zu vergessen, um nach vorn zu schauen und Gott um Träume zu bitten, die mich in die Zukunft begleiten konnten.

12
Spazierschuhe

Im folgenden Sommer besuchte unsere Jugendgruppe die Gemeinde einer anderen Stadt. Wir wollten einiges gemeinsam unternehmen. Während dieser Woche fiel mir ein junger Mann auf. Ob er mich auch bemerkte? Als ich ihn ein wenig näher kennenlernte, erschien er mir so ganz anders als die anderen; er war nicht nur attraktiv, sondern strahlte eine tiefe Liebe zu Gott aus, dem er dienen wollte. Sein Herz schien besonders sanft und freundlich, und er behandelte die Menschen in seinem Umfeld liebevoll – besonders Kinder und ältere Leute. Sein Charakter, sein Glaube und seine Liebe zu Gott – all das beeindruckte mich und ich fühlte mich zu ihm hingezogen.

Wir begegneten einander bei den besonderen Gemeindeveranstaltungen. Die Art, wie er mich ansah und meine Nähe suchte, zeigte mir, dass er mich ebenfalls mochte. Plötzlich hatte ich das Gefühl, wie auf Wolken zu schweben ...

Vielleicht war er meine erste wirkliche Liebe; ich weiß es nicht genau. In meiner frühen Teenagerzeit hatte ich zwar Schmetterlinge im Bauch gehabt, wenn ich dem Beni begegnet war, aber das war etwas anderes.

Die Art, wie dieser junge Mann mich innerlich berührte, fühlte sich an wie ein frischer Frühlingsschauer, der ein ausgedörrtes Land belebt. Ich begann zu träumen. *Gott, ist er der Richtige? Kann ich seine Partnerin werden und ihn in seiner Berufung unterstützen? Können wir uns zusammentun, um unser Leben gemeinsam zu gestalten – und unsere Welt für dich zu verändern?*

Ein halbes Jahr später lud er mich ein, seine Eltern näher kennenzulernen. Ich freute mich unheimlich!

Ich begann zu träumen. „Gott, ist er der Richtige?"

Am frühen Abend, nachdem ich offenbar die Zustimmung seiner Eltern gewonnen hatte, gingen er und ich noch spazieren. Wolken zogen vom Westen her auf, ein starker Wind wehte und ein Gewitter braute sich zusammen, aber wir gingen weiter.

Plötzlich fragte er völlig unerwartet: „Bist du noch Jungfrau?"

Ich dachte nicht einmal daran zu lügen. Ich würde den Lauf der Dinge Gott überlassen. Ohne Zögern antwortete ich: *„Nem."* – Nein.

Zu meiner Erleichterung war es schon dunkel, sodass er mein Gesicht nicht sehen konnte. Die harte Realität der schrecklichen Ereignisse, die ich damals durchgemacht hatte, ließ mich innerlich erstarren und so sagte ich nur: „Nein." Ich wollte meine Geschichte nicht erzählen, denn das hätte bedeutet, diese Erfahrung in meiner Erinnerung von Neuem zu durchleiden.

Danach wurde er schweigsam. Er stellte keine weiteren Fragen und ich gab keine Erklärungen. Wortlos begleitete er mich zum Haus meiner Freundin, bei der ich übernachtete. Als wir uns dem Haus näherten, begann es zu regnen, und wir wurden beide völlig durchnässt.

Vor der Tür wünschte er mir höflich eine gute Nacht. Das war alles.

Und dann verschwand er.

Das war unser letzter gemeinsamer Spaziergang.

Nur sehr kurz hatte ich auf Wolken geschwebt, aber diese Erfahrung hatte in mir die Sehnsucht nach einer eigenen Familie und einem eigenen Zuhause geweckt. Und ich merkte, wie die alten Gefühle der Scham und Ablehnung meine Seele wieder bedrängten.

Eine Zeitlang ließ ich sie zu, ja, ich badete sogar in ihnen.

Nach einigen Wochen der Traurigkeit wusste ich, dass ich eine Entscheidung zu treffen hatte: *Will ich zum Altvertrauten zurückkehren oder im Glauben neue Schritte wagen? Werde ich wieder in die gewohnten Gefühle – die Zweifel, die Scham, das Schuldempfinden, die Bitterkeit – zurückfallen oder im Glauben vorangehen und darauf vertrauen, dass Gott am besten weiß, was gut für mich ist?*

Schließlich betete ich: „Ja, Herr, seine Ablehnung enttäuscht und verletzt mich. Aber wer weiß, was du auf meinem weiteren Weg für mich vorgesehen hast, wen du mir zugedacht hast. Ich entscheide mich, dir zu vertrauen."

Auf den Knien kauernd, vergrub ich mein Gesicht im Teppich und weinte, bis ich wieder die Kraft fand aufzustehen. Und da spürte ich, wie Gottes Liebe mich einhüllte und mir Mut machte nach vorne zu blicken.

An diesem Tag lernte ich, wie wichtig mein Herz ist – als Raum der Begegnung mit Gott. Es ist der Ort, an dem Glaube und Liebe Wurzeln schlagen. Der Ort, an dem Hoffnung aufkeimt. Es ist das größte Geschenk, das Gott mir gibt, und es ist meine Verantwortung, mein Herz zu schützen – genau wie es in der Bibel in dem Buch der Sprüche steht: „Vor allem aber behüte dein Herz, denn dein Herz beeinflusst dein ganzes Leben."[9]

An diesem Tag erlaubte ich Gott, die Verletzung in meinem Herzen durch Hoffnung zu ersetzen – eine Hoffnung, die Jahre später zu einer überraschenden Blüte gelangen sollte.

ର

Dann lernte ich Olga Olson kennen.

Olga war eine hochgewachsene, schlanke Frau mit leicht ergrauten Strähnen im Haar. Diese schwedische Bibel- und Musiklehrerin besuchte „zufällig" unsere Gemeinde.

Die Art und Weise, wie sie von Gottes Wort sprach, faszinierte mich so sehr, dass ich kaum bemerkte, wie unbequem die harte Holzbank war, auf der wir saßen und uns nicht einmal anlehnen konnten.

Olga erzählte Geschichten und schilderte leidenschaftlich, wie Gott verschiedene Frauen der Bibel gebraucht hatte. In Gedanken konnte ich mir lebhaft vorstellen, wie Debora, Ester und Ruth Gott gedient hatten. Während Olga uns dann erzählte, was Gott im Leben und durch das Leben dieser Frauen getan hatte, betete ich im Stillen: *Falls du noch eine Frau wie Olga brauchen solltest, würde ich gern diese Frau sein!*

Ich glaube, dass dies der Augenblick meiner Berufung war. Ja, so wollte ich Gott dienen.

„Hast du wirklich den Wunsch, dich Gott ganz zur Verfügung zu stellen?“ – „Ja“, antwortete ich.

Vielleicht hatte Olga das Leuchten in meinen Augen bemerkt, während sie durch eine Übersetzerin sprach, denn als ich am Ende des Gottesdienstes zu ihr ging, um ihr für ihre Worte zu danken, fragte sie lächelnd: „Hast du wirklich den Wunsch, dich Gott ganz zur Verfügung zu stellen?“

„Ja“, antwortete ich.

„Sobald man ein Geschenk überreicht hat“, rief sie mir ins Gedächtnis, „gehört es nicht mehr dem Geber und der Schenkende nimmt es nicht wieder zurück.“ Sie lächelte. „Weißt du, es gibt einige Schulen in Westeuropa, an denen du ein Bibelstudium machen kannst und gleichzeitig für den praktischen Dienst ausgebildet wirst. Wenn du interessiert bist, kann ich dir helfen, die nötigen Schritte einzuleiten.“

Ich konnte nicht fassen, was sie mir da sagte. *Oh Gott, wer bin ich? Eine solche Ehre habe ich nicht verdient.*

Dann sprach ich mit meinen Eltern darüber.

Meine Mutter freute sich von Herzen. „Ich weiß, wie sehr du dir immer gewünscht hast, deine Ausbildung fortzusetzen“, meinte sie. „Dein Vater hat dich nicht weiter auf die Schule gehen lassen, weil wir die Kosten nicht tragen konnten. Aber ich hatte meine eigenen Gründe, denn ich wusste: Wenn du ein staatliches Stipendium annimmst, musst du Mitglied der kommunistischen Partei werden. Die Kommunisten hätten dich im Sinne ihrer Ideologie ausgebildet und dir ihren eigenen Plan für dein Leben aufgedrängt."

Ich war sprachlos. Nie war ich auf den Gedanken gekommen, dass es vielleicht noch andere Gründe als das schlichte und unverrückbare „*Nem*" meines Vaters geben könnte.

Während meine Mutter sprach, ging mir allmählich auf, wie Gottes Plan sich in meinem Leben entfaltete. Er war schon die ganze Zeit hinter den Kulissen meines Lebens am Werk gewesen. Was tat er vielleicht sonst noch, ohne dass ich etwas davon bemerkte?

Während meine Mutter sprach, begann ich zu sehen, wie Gottes Plan sich in meinem Leben entfaltete. Er war schon die ganze Zeit hinter den Kulissen meines Lebens am Werk gewesen. Was tat er vielleicht sonst noch, ohne dass ich etwas davon bemerkte?

„So schwer das damals auch für dich war", fuhr Mutter fort, „ich spürte, dass Gott schon seine Hand auf dir hatte, noch bevor du geboren wurdest. Wusstest du eigentlich, dass er dich beschützt hat, während ich mit dir schwanger war? Man hatte mir zu einer Abtreibung geraten."

Ich zuckte zusammen. Nein, davon hatte mir noch niemand etwas erzählt.

„Als ich mit dir schwanger war, bekam ich Diphterie. Da es damals kein Medikament gab, war mein Leben – und deines – in Gefahr. Viele Leute wollten, dass ich dich abtreiben lasse. ‚Rette dein eigenes Leben', sagten sie, aber ich dachte: *Ich habe selbst keine guten Aussichten zu überleben. Also, dann sterben wir gemeinsam.*" Meine Mutter wischte sich über die Augen. „Und jetzt – schau dich an! Nun bekommst du die Chance, deinen Traum zu verwirklichen und deine Ausbildung fortzusetzen."

In diesem Moment konnte ich meine Mutter so viel besser verstehen ... und ich war ihr zutiefst dankbar. Abtreibungen waren in Osteuropa weit verbreitet, und es gab viele Frauen, die in ihrem Leben mehrmals abtreiben ließen. Meine Mutter dagegen hatte für mich ihr Leben riskiert!

ꝏ

Kurz darauf erhielt ich einen Brief von einem Hotel in Frankfurt, in dem mir mitgeteilt wurde, dass ich dort arbeiten könnte. Gleichzeitig erhielt ich die offizielle Einreisegenehmigung nach Deutschland.

Etwa acht Monate später, im Januar 1968, war der Zeitpunkt meiner Abreise gekommen. Ich packte einige neue Kleider ein, die ich erst kurz zuvor genäht hatte. Voller Begeisterung fieberte ich der Reise entgegen, die mich der Verwirklichung meines lang gehegten Traumes näher bringen würde. Als ich mich von meiner Familie und von meinen Freunden verabschiedete, stieg Traurigkeit in mir auf. Ich wusste ja nicht, ob ich sie je wiedersehen würde. Vielleicht würde sich die politische Situation verschärfen.

Doch trotz all dieser Fragen war ich bereit, aufzubrechen und das Risiko einzugehen. Am Abend vor meiner Abreise gab Pastor Sabo mir einen guten Rat: „Am besten verlässt du das Land gleich morgen früh, bevor die Behörden es sich womöglich noch anders überlegen. Falls sie es tun, bist du längst über alle Berge."

Als ich in dieser Nacht im Bett lag, erinnerte ich mich daran, wie ich sämtliche Scherben meines Lebens in Gottes Hand gelegt hatte. Damals hatte ich mir nicht vorstellen können, wie Gott sie wieder zusammenfügen würde. Und nun gab er mir eine Chance, in den Westen zu gehen und zu studieren. *Du bist ein guter Vater für mich.*

ꝏ

Am nächsten Morgen machten wir uns noch vor Sonnenaufgang auf den Weg. Pastor Sabo und seine Frau begleiteten mich die ganze Strecke bis Belgrad. Bevor sie mir dort beim Umsteigen in den Zug nach Deutschland halfen, beteten sie noch für mich um Gottes Segen und Bewahrung. Ein letztes Mal schaute ich sie liebevoll an, dann begab ich mich auf meinen Platz. Als der Zug sich in Bewegung setzte, fragte ich mich, was Gott wohl bei diesem neuen Abenteuer für mich bereithielt.

Ja, ich hatte in diesen letzten Jahren tiefe Enttäuschungen erlebt, aber ich steckte nicht mehr in Hoffnungslosigkeit und Verzweiflung. Und ich hatte aufgehört, Entschuldigungen vorzubringen, rationale Erklärungen zu suchen oder den Umständen oder anderen Menschen die Schuld zuzuschieben. Ich war dankbar für Gottes Gnade und Vergebung, die ich nicht durch Gefühle, sondern durch Glauben empfangen hatte.

Wie froh ich bin, wieder mit dir im Reinen zu sein, Gott, betete ich still, während der Zug seinem Ziel im Westen entgegenratterte. *Hilf mir, in der Zukunft gute Entscheidungen zu treffen – Entscheidungen, die dir gefallen. Entscheidungen, die mir helfen, leidenschaftlich für dich zu leben.*

Die Jahreszeiten eilen dahin.
Vertrauen zu lernen ist der Sinn.
Gebrochene Flügel brauchen Zeit
bevor sie erneut zum Fliegen bereit.
Auf Gottes Atem, sie schwingen empor
und werden stärker als je zuvor.
Schau nicht zurück – lass Vergangenes ruh´n
Was Feuer einst war, ist Asche nun.
Lass Totes los, es ist vorbei,
die Zeit ist jetzt für Neues frei.[10]

13
Geschenkte Schuhe und glanzvolle Zeiten

Nie hätte ich gedacht, dass ich mich einmal auf denselben Schienen wiederfinden und dieselbe jugoslawische Grenze überqueren würde wie fast fünf Jahre zuvor. Die riesigen österreichischen Berge wirkten immer noch so massiv wie damals und die Grenzwachen mit ihren Gewehren schüchterten mich nicht weniger ein als bei der ersten Begegnung.

Unzählige Fragen rasten mir durch den Kopf. Würde ich neue Freunde finden? Würde es mir gelingen, eine fremde Sprache zu erlernen und das Studium zu bewältigen?

Ich blickte aus dem Fenster und betrachtete die österreichische Landschaft, die unter einer glänzenden weißen Schneedecke ruhte. Die Dörfer, deren Kirchtürme hoch in den Himmel ragten, wirkten wie Gemälde aus einem Märchen. Alles schien so idyllisch, fast surreal. Ich begann, über meine Vergangenheit nachzudenken. Wie viel Heilung meine Seele in den letzten fünf Jahren erfahren hatte! Nur Gottes reiche Güte und der zeitliche Abstand hatten es mir ermöglicht, den nötigen Mut für diese Reise aufzubringen. Ich war so froh, nicht mehr in einem Gefängnis der Scham und Unversöhnlichkeit festzustecken.

Wie töricht ich gewesen war, als ich bei jener Flucht fünf Jahre zuvor die Dinge selbst in die Hand genommen hatte. Hätte ich damals auf Gottes Zeitpunkt gewartet, dann wäre mir selbst und anderen Menschen viel Leid erspart geblieben. *„Aber ich danke dir, Gott, dass du mich trotzdem liebst"*, betete ich still. *„Du bist ein so gnädiger Gott und liebender Vater. Ich weiß, du hättest verhindern können, was damals geschah. Und ich weiß auch, dass das nicht deinem vollkommenen Plan für mich entsprach. Ich habe einen Umweg in meinem Leben gemacht, weil ich glaubte, es besser zu wissen. Aber das bedeutet nicht, dass du nicht alles zum Guten wenden kannst."*

Wie viel Heilung meine Seele in den letzten fünf Jahren erfahren hatte!

Ein Bibelvers kam mir in den Sinn: „Du, Herr, bist unser Vater. Wir sind der Ton, du bist der Töpfer und wir sind das Werk deiner Hand."[11] Die vergangenen Jahre hatte ich auf der Töpferscheibe des Töpfers verbracht. Es war äußerst schmerzhaft gewesen, geformt zu werden, aber dieser Schmerz hatte seinen Sinn. Schon jetzt konnte ich erkennen, dass die Umgestaltung alle Mühe wert war.

Kaum war ich in Frankfurt angekommen, spürte ich, dass mich das geschäftige Treiben der großen Stadt belebte. Im Vergleich zu den beschaulichen Dörfern der österreichischen Alpen und meinem bescheidenen Heimatdorf in Jugoslawien mit seinen staubigen Landstraßen war Frankfurt eine expandierende Metropole mit Hochhäusern und übersprudelnder Aktivität. Dort zu sein war wie ein Traum. Endlich lernte ich den großen Westen kennen. Es war eine „reale" Welt – eine erwachsene Welt ... eine Welt, von der ich bislang nur gehört und geträumt hatte.

Olga hatte veranlasst, dass zwei Personen mich am Bahnhof abholen und mich zu meinem neuen „Zuhause" bringen würden – einem Hotel, in dem ich als Zimmermädchen arbeiten und dafür Unterkunft und Verpflegung erhalten würde. Mein Lohn würde darüber hinaus ausreichen, um die Kosten für die Schule zu bezahlen. Ich hatte den beiden ein Foto von mir geschickt und ihnen mitgeteilt, mit welchem Zug ich ankommen würde.

Ich erinnere mich noch, wie der riesige Frankfurter Bahnhof unseren Zug „schluckte“. Als ich mit meinem einzigen Koffer aus dem Zug stieg, fiel mein Blick sofort auf eine Dame und einen Herrn, die mir zulächelten. Ich ging auf sie zu. Sie sagten etwas, das ich nicht verstand, aber es war sicher ein Willkommensgruß. Ich lächelte einfach zurück. Der junge Mann nahm mir höflich den Koffer ab. Auf dem Weg durch diesen großen internationalen Bahnhof nahm ich viele verschiedene Sprachen wahr. Und es überraschte mich, so viele dunkelhaarige Menschen mit dunklen Augen zu sehen. Waren die Deutschen denn nicht alle blond und blauäugig?

Die vergangenen Jahre hatte ich auf der Töpferscheibe des Töpfers verbracht. Es war äußerst schmerzhaft gewesen, geformt zu werden, aber dieser Schmerz hatte seinen Sinn.

Der junge Mann führte uns zu einem VW Käfer. Nachdem wir in seinen kleinen zweitürigen Wagen gestiegen waren, startete er den Motor und wir schlängelten uns durch die Frankfurter Straßen bis zum Hotel. Jede neue Einzelheit, die ich entdeckte, entzückte mich. *Belgrad ist eine schöne Stadt*, dachte ich, *aber in dieser Stadt gibt es so viel mehr Hochhäuser, Banken und Hotels. Hier müssen viele reiche Leute leben.*

„Herzlich willkommen“, sagte die Dame an der Rezeption, als ich durch den Haupteingang in die kleine Hotellobby trat, die mit frischen Blumen schön geschmückt war. Alles sah so sauber und hübsch aus! Der junge Mann und die Dame begleiteten mich mehrere Etagen hoch zu meinem Zimmer. Der winzige Raum war mit einem Bett, einem Nacht- und einem kleinen Couchtisch möbliert. Der Mann stellte meinen Koffer ab. Die beiden nickten mir noch einmal lächelnd zu und sagten etwas, das vermutlich „Auf Wiedersehen“ oder „Viel Glück“ bedeutete, dann gingen sie.

Am folgenden Tag sollte ich mit der Arbeit beginnen, deshalb schickte der Hotelmanager eine italienische Mitarbeiterin, die mich abholen und in die Arbeit einweisen sollte. Ich bemühte mich sehr, ihre Anweisungen zu verstehen, indem ich jeden Handgriff genau beobachtete. Nach einer Weile wurde das Reinigen der Zimmer zur Routine. Die Tage waren zwar lang, aber ich war dankbar für diese Gelegenheit, eine Arbeit zu haben.

Tagsüber arbeitete ich mit dem italienischen Zimmermädchen zusammen, das auch nicht viel mehr Deutsch sprach als ich und viele grammatische Fehler machte. Deshalb kam ich mit dem Lernen der deutschen Sprache nur sehr langsam voran. Kleine Erfolge begeisterten mich, zum Beispiel wenn ich Brot und Käse auf dem Markt kaufte oder mich nach dem Weg erkundigte und die Beschreibung verstehen konnte. Doch an den meisten Tagen kam ich mir recht unbeholfen vor und fühlte mich verlegen, wenn ich versuchte, mit anderen Menschen in dieser neuen Welt in Kontakt zu treten.

Dann schrieb mir mein Pastor, dass es noch nicht sicher sei, ob die Schule mich tatsächlich annehmen würde. Angesichts meiner Vergangenheit und weil ich eine Frau war, hatten einige Gemeindeleiter in Jugoslawien Zweifel an meiner Qualifikation geäußert. Diese Geistlichen befürchteten auch, ich würde andere Frauen dazu inspirieren, meinem Beispiel zu folgen und sich auf den Dienst vorzubereiten.

Betroffen über diese Nachricht ging ich auf die Knie und flehte zu Gott. Ich erinnerte ihn an seine Zusage in der Bibel: „Denn ich allein weiß, was ich mit euch vorhabe: Ich, der Herr, werde euch Frieden schenken und euch aus dem Leid befreien. Ich gebe euch wieder Zukunft und Hoffnung."[12]

„Wo ist dein guter Plan, Gott?", fragte ich.

Es gab Zeiten, in denen ich versucht war, den Lügen zu glauben, die eine Stimme mir zuzuflüstern schien: *Du bist nicht gut genug. Deine Vergangenheit hat dich disqualifiziert. Frauen sollen schweigen.* Doch mir schien, dass Gott die Frage der theologischen Ausbildung von Frauen weit weniger beschäftigte als unser Gehorsam. Durch sein übernatürliches Eingreifen hatte er mir den Weg geebnet, nach Deutschland zu gehen, und ich war überzeugt, dass er auch jetzt einen Weg bahnen würde.

In dieser schwierigen Zeit des Wartens gab ich manchmal der Entmutigung nach. *Ich sollte die Sache mit der Ausbildung einfach vergessen*, dachte ich. *Es wäre sowieso zu schwer.*

Eines Abends, als mir diese unglücklichen Gedanken wieder einmal durch den Kopf gingen, kniete ich mich neben mein Bett und sagte zu Gott: „Ich bleibe so lange hier, bis ich weiß, was ich tun soll. Was ist der richtige Weg?" Ich wollte mich nicht von meinen Gefühlen leiten lassen, sondern seinem vollkommenen Willen folgen.

Endlich, nach Mitternacht, schien mir, als würde Gott zu meinem Herzen sprechen: *„Eines Tages, wenn du vor mir stehen wirst, musst du dich nicht für das verantworten, was die Leute über dich sagen oder was du ihrer Meinung nach tun solltest. Deine Verantwortung ist nur das, was ich dir zu tun gebe."*

Ich wusste, dass ich die Ausbildung machen musste.

Schließlich kam der Tag, an dem der Direktor der Schule zu mir sagte: „Willkommen in unserer Schule!" Ich war erleichtert, diese Nachricht zu hören, und freute mich unendlich.

Und es hatte sich – wie immer – gelohnt, auf Gott zu warten, denn der Zeitpunkt war in der Tat der richtige.

ჲ

Am ersten Schultag bezog ich ein Zimmer im Wohnheim, das ich mit zwei deutschen Studentinnen – Ursula und Inge – teilen würde. Wir schlossen sofort Freundschaft. Die beiden nahmen mich unter ihre Fittiche und halfen mir, wo sie konnten. Mit ihrer Unterstützung machte ich Fortschritte, und ich war so dankbar, geduldige Menschen zu haben, auf die ich zählen konnte.

Der Vormittag war mit Unterricht ausgefüllt und gelegentlich folgten auch einige Unterrichtsstunden am Nachmittag. Aufgrund der sprachlichen Defizite hatte ich mehr zu lernen als die anderen. Doch mit viel harter Arbeit und mit der Unterstützung von Freundinnen und hilfsbereiten Lehrern gelang es mir irgendwie, die Prüfungen zu bestehen.

Ich war sehr froh, wieder eine Schule zu besuchen, auch wenn es sehr schwer für mich war, besonders in sprachlicher Hinsicht.

Ich hörte Gottes Flüstern in meinem Herzen: „Eines Tages, wenn du vor mir stehen wirst, musst du dich nicht für das verantworten, was die Leute über dich sagen oder was du ihrer Meinung nach tun sollst. Deine Verantwortung ist nur das, was ich dir zu tun gebe."

Zu meinen Lehrern an der Schule gehörte auch das amerikanische Ehepaar Williscroft. Vor dem Zweiten Weltkrieg hatten die beiden in Gemeinden in Polen gearbeitet, doch nach dem Krieg waren sie nach Deutschland gezogen, um in der Schule zu helfen. Die osteuropäischen Länder lagen ihnen aber nach wie vor am Herzen. Außerdem liebten sie Kinder – so wie ich! Und ihre Art, mit Kindern zu arbeiten, übertraf alles, was ich bisher erlebt hatte. Ich wurde zu ihrem Schützling, und weil sie sehr einfühlsam waren, merkten sie, dass mich viele unausgesprochene Fragen beschäftigten. Oft begleitete ich sie zur Gemeinde, wo Gladys Williscroft die Kinderstunden leitete. Ich staunte über ihre Fähigkeit, die biblische Botschaft so einfach zu vermitteln, dass die Kinder sie verstehen konnten.

Neun Monate später lagen alle Kurse und Prüfungen des ersten Jahres hinter mir. Ich konnte kaum fassen, dass ich es wirklich geschafft hatte! Zwar fand in den Sommermonaten kein regulärer Unterricht statt, aber es wurde von uns Studenten erwartet, das Erlernte in die Praxis umzusetzen, indem wir an einem Sommereinsatz teilnahmen. Alle anderen fanden einen Platz für dieses Praktikum – nur ich nicht.

„Was nun, Gott?", fragte ich ein bisschen ängstlich.

14
Kleine Schuhe, großer Glaube

Eines Abends machte Paul Williscroft mir einen Vorschlag: „Warum fährst du nicht im Sommer nach Jugoslawien und machst dort ein Ferienlager für Kinder? Wir kommen dann später nach und helfen dir."

Diese Idee sprach mich sofort an. Ich liebte es, mit Kindern zu arbeiten, und es war wichtig, dass dieser Dienst in meiner Heimat getan wurde – besonders weil das Konzept einer Kinderfreizeit in kommunistischen Ländern völlig unbekannt war. Doch mich bestürmten zuerst einmal lauter Fragen: Würde die kommunistische Regierung uns überhaupt die Erlaubnis für eine christliche Kinderfreizeit erteilen? Wo konnten wir all die Kinder unterbringen? Wie würden wir das nötige Geld aufbringen? Welches Lehrmaterial sollten wir benutzen? All diese Fragen waren wie Ziegelsteine, die eine scheinbar unüberwindliche Mauer bildeten, doch meine Begeisterung für das Projekt war größer als das vermeintliche Hindernis.

Da Präsident Tito inzwischen die Grenze zum Westen immer weiter öffnete, hatte ich keine Schwierigkeiten, in mein Heimatland zurückzukehren. Auch die Williscrofts hatten keine Probleme, ein Visum für ihren Aufenthalt zu bekommen.

Dann begann die Wartezeit bis Juni ...

Mit meinem Glauben im Herzen und gepackten Taschen in den Händen stieg ich im Juni in den Zug, der mich nach Osten bringen würde. Die Williscrofts würden einige Wochen später nachkommen.

Als der Zug sich der Stadt Subotica, meiner Heimat, näherte, schweifte mein Blick über die flache Landschaft mit ihren wenigen Bäumen und ich dachte: Hier ist es nicht so grün wie in Deutschland, es ist viel heißer und trockener, aber es ist trotzdem ein gutes Gefühl, nach Hause zu kommen.

Wir beschlossen, das Ferienlager in Ada durchzuführen. In der Stadt fanden wir eine Gemeinde mit einem Innenhof, der genug Platz für Aktivitäten mit 60 Kindern bot.

Als erster Ziegelstein unserer „unüberwindlichen Mauer" erwies sich der Versuch, eine polizeiliche Erlaubnis zu bekommen. Ich stellte fest, dass die Polizei sich seit meinem Weggang nicht im Geringsten verändert hatte; ihre Macht und Kontrolle war noch genauso groß wie damals. Mit flauem Gefühl im Magen wandte ich mich an einige ältere Frauen aus meiner Gemeinde und bat sie, mit mir zu fasten und zu beten. Gemeinsam schrieben wir einen Brief mit folgendem schlichten Inhalt: „Wir bitten Sie um die Erlaubnis, von Montag bis Samstag eine Kinderfreizeit durchzuführen." Diesen Brief schickte ich an die zuständigen Stellen.

Einige Tage später brachte der Postbote die Antwort: „Nein."

Wir setzten unsere Gebetswache fort und schickten eine Woche später einen weiteren Antrag an die Polizei. Diesmal erteilte man uns die Genehmigung. Voller Begeisterung dankten wir Gott für diese Gebetserhörung.

Als erster Ziegelstein unserer „unüberwindlichen Mauer" erwies sich der Versuch, eine polizeiliche Erlaubnis zu bekommen.

Es war kein Problem gewesen, 60 Kinder zusammenzubringen. Kaum hatten wir das Ferienlager in mehreren Gemeinden angekündigt, füllte sich die Liste zusehends mit Kindern im Alter von sieben bis elf Jahren. Einige von ihnen waren noch nie in die Ferien gefahren oder von zu Hause weg gewesen.

Viele Kinder waren sehr bewegt von der Liebe Jesu. Wir hatten sie nicht zu einer Antwort aufgefordert; aber sie reagierten auf das, was sie gehört hatten, weil ihre Herzen sie dazu drängten.

Die Freizeit sollte eine Woche dauern und das Ehepaar Williscroft und ich würden die Leiter sein. Dabei erheiterte mich der Gedanke, dass ich nach meinen Sprachschwierigkeiten im vergangenen Jahr nun eine Übersetzerin sein würde.

Jetzt hatten wir unsere Erlaubnis, eine gehörige Portion Enthusiasmus und eine klare Zielsetzung für die Freizeit: Wir wollten den Kindern einfach eine Gelegenheit zum Spielen und Lachen geben und ihnen von Jesus erzählen. Wir wollten ihnen zeigen, wie sehr Gott sie liebt und dass er ein Leben für sie bereithält, das sich wirklich lohnt. Von meinen Einkünften als Zimmermädchen hatte ich etwas zurückgelegt und in Deutschland einiges Bibelmaterial für Kinder besorgen können.

Alles schien also bereit zu sein – die Erlaubnis, das Material, wir ... doch als der Termin für die Freizeit näher rückte, fragte mich Pastor Sabo: „Wie werdet ihr denn all diese Kinder mit Essen versorgen?"

Auch dafür hatte Gott bereits gesorgt. Als ich in diesem Sommer nach Hause gekommen war, hatte meine Mutter mir Geld für Schuhe gegeben. *Wieso Schuhe?*, fragte ich mich. Dachte meine Mutter dabei vielleicht an den Bibelvers: ‚Wie schön sind die Füße der Freudenboten, die frohe Nachrichten verbreiten'?[13] Oder erinnerte sie sich einfach daran, wie sehr ich Schuhe liebte? Wie auch immer, jedenfalls wusste ich, dass meine Mutter nichts dagegen haben würde, wenn ich auf neue Schuhe verzichten und von dem Geld Essen für die Kinder kaufen würde.

Bald darauf kamen auch meine Tante Giza und ihr Mann und einige weitere Frauen dazu und ergänzten unser Team. Meine Tante war eine hervorragende Köchin, und ehe wir uns versahen, hatte unser Schwein genug Fleisch und Fett geliefert, um 60 Kinder eine Woche lang zu verpflegen. Für einen guten Start war also gesorgt.

Da wir keine ausreichenden Räumlichkeiten hatten, stellten wir ein großes Zelt auf, in dem die Kinder schlafen konnten. Matratzen gab es nicht, also schichteten wir Stroh auf dem Boden auf und legten Decken darüber. Das gab dem Ganzen einen etwas derberen Charakter, aber die Kinder liebten das Abenteuerliche daran. Sie waren so begeistert über dieses ungewöhnliche „Nachtlager", dass sie am ersten Abend kaum einschlafen konnten.

Schon um fünf Uhr morgens erblickte ich ihre strahlenden Gesichter, als sie neugierig unter dem Zelt hervorlugten. Ich war schon fix und fertig, noch bevor der erste volle Tag überhaupt begonnen hatte! Aber die Mühe lohnte sich. Als ich das Zelt öffnete, sahen die Kinder aus wie ein großes Knäuel niedlicher Ferkel, die sich aneinanderkuschelten. Ein unvergesslicher Anblick!

Nach dem Frühstück folgte eine Andacht und eine Geschichte aus der Bibel. Nachmittags war Zeit zum Spielen.

Jeden Abend hielten wir nach dem Abendessen einen Gottesdienst, in dem wir mit den Kindern sangen und ihnen Geschichten aus der Bibel erzählten. Dann ging es zum „Schlafen" ins Zelt. Am dritten Abend sprachen wir über das Kreuz, und wir erzählten den Kindern, dass Jesus jeden von uns so sehr liebt, dass er bereit war, einen erniedrigenden und qualvollen Tod für uns zu erleiden. Viele Kinder waren sehr bewegt von der Liebe Jesu. Wir hatten sie nicht zu einer Antwort aufgefordert, aber sie reagierten auf das, was sie gehört hatten, weil ihre Herzen sie dazu drängten. Viele beteten laut.

Das Beten dauerte eine ganze Weile, bis wir irgendwann beschlossen, dass die Kinder etwas Schlaf brauchten. Der Versuch, 60 sieben- bis elfjährige Kinder durch ein einziges Toilettenhäuschen zu schleusen und bettfertig zu bekommen, glich dem Einfangen einer Herde wilder Ponys.

Etwa eine Stunde später glaubte ich, dass sie endlich zur Ruhe gekommen waren. Dann hörte ich ein Geräusch.

Diese kleinen Racker!, dachte ich. *Wie können die nach einem solchen Abend noch Unfug treiben?*

Ich folgte dem Geräusch und rechnete mit dem unerfreulichen Anblick raufender Kinder. Doch was ich dann sah, verschlug mir den Atem. Vor mir kniete ein Kreis von Jungen, die laut füreinander beteten. Sie konnten einfach nicht aufhören zu beten. Sie konnten nicht schlafen.

Ich war tief bewegt – und beschämt. Lächelnd schlich ich davon. Es würde noch genug Zeit zum Schlafen geben.

Etwa 20 Kinder hatten an diesem Abend ihr Leben mit Jesus begonnen. Viele andere entschieden sich noch im Laufe der Woche, mit Jesus zu leben und das Geschenk vom Kreuz anzunehmen. Am folgenden Tag erzählten einige Kinder, was mit ihnen geschehen war. Ein elfjähriger Junge rührte uns zu Tränen, als er berichtete, wie er einige Wochen zuvor in einer schwierigen familiären Situation versucht hatte, sich das Leben zu nehmen. „Doch jetzt weiß ich, dass Gott mich liebt und auf mich aufgepasst hat", meinte er. „Ich werde meinem himmlischen Vater weiter vertrauen. Der hilft mir."

Als das Ferienlager zu Ende war, wollte keiner nach Hause gehen. Gottes Wort war in die Herzen der Kinder gepflanzt worden, und dieser Same begann schon zu keimen und zu wachsen. Später hörten wir, dass die Kinder in den Gemeinden, denen sie angehörten, mit ihrem jungen Eifer neues Glaubensfeuer entfacht hatten.

„Das Ferienlager hat wieder Begeisterung und Hoffnung in die Gemeinde gebracht", sagten die Pastoren.

In den folgenden Jahren staunte ich immer wieder voller Ehrfurcht, wie Gott diese Ferienfreizeit gebraucht hat. Viele der Kinder – auch der Mädchen, die damals dabei waren, dienen Gott heute als Pastoren und Lehrer in verschiedenen Ländern der Welt. Die jugoslawischen Pastoren hatten also Recht behalten, als sie sagten, dass viele junge Frauen meinem Beispiel folgen und in den geistlichen Dienst eintreten würden. Selbst meine vier jüngeren Schwestern taten es – und heute leiten ihre Kinder Ferienlager!

Als junges Mädchen hatte ich davon geträumt, Schullehrerin zu werden. Dieser Traum fand bald darauf ein jähes Ende. Doch sehen Sie nur, was Gott schon wenige Jahre später zustande brachte! Etwas, das all meine Träume übertraf! Hier in diesem Ferienlager hatte ich mehr Kinder unterrichtet, als manche Schullehrer es tun.

Ist es nicht erstaunlich, wie Gott wirkt?

Dieses Ferienlager war für mich wie ein erster Vorgeschmack auf den Himmel. Diese Erinnerung spornt mich an, mich nie mit weniger zufriedenzugeben.

ꕥ

Mitzuerleben, wie das Leben von Kindern durch das Ferienlager verändert wurde, stärkte meinen eigenen Glauben und motivierte mich ganz neu. „Lasst die Kinder zu mir kommen", hat Jesus gesagt. *Aber wer wird den Kindern in anderen kommunistischen Ländern von Jesus erzählen?*, fragte ich mich. Ich wusste, dass Gott mir dieses Anliegen aufs Herz gelegt hatte, und deshalb fuhr ich nach dem Abschluss dieser ersten Kinderfreizeit für die verbleibenden Sommerwochen nach Ungarn und Rumänien, um Lernmaterial für Kinder und Bibeln dorthin zu bringen.

Eines Abends trugen wir die Bücher und Bibeln in die Scheune unserer Nachbarn und versteckten sie neben den übel riechenden Kühen, weil meine Mutter beunruhigt war. Sie hatte den Verdacht, dass die Polizei kommen und das Haus durchsuchen würde.

Zuerst reiste ich mit einer Gruppe junger Leute aus Schweden. Einige schwedische Gemeinden waren in Osteuropa sehr engagiert, und ich war glücklich, dass sie mich gefragt hatten, ob ich als Übersetzerin mit ihnen fahren würde. Da ich die Gemeinden in meiner Provinz kannte, konnte ich auch als Kontaktperson für sie eintreten. Bei diesen Reisen begegnete ich Menschen, die ebenfalls an einer Arbeit mit Kindern interessiert waren.

Von Jugoslawien aus gingen wir nach Rumänien. Unter der Diktatur von Präsident Ceausescu hatte das Volk nur wenig Freiheit und die Christen litten sehr unter den harten Gesetzen.

In Rumänien waren Bibeln so rar, dass nicht selten ein Dutzend Gläubige sich eine einzige teilten. Sorgfältig schrieben sie Verse daraus ab und lernten sie auswendig für den Fall, dass man ihnen ihre Bibel wegnehmen würde. Denn wenn die Kommunisten eine Bibel fanden, konfiszierten sie sie normalerweise und bestraften ihren Besitzer mit dem Entzug von Privilegien oder durch allgemeine Schikanen. Wenn dieser Kinder hatte, mussten auch sie unter den Folgen leiden: Sie wurden zum Beispiel von der Schule verwiesen oder durften kein Studium beginnen oder sie wurden sogar ins Gefängnis gesteckt.

In Jugoslawien bedeutete der Besitz einer eigenen Bibel keine Gefahr. Allerdings war es verboten, Bibeln aus dem Westen anzunehmen. Dennoch war unser Zuhause eine Sammelstelle für Bibeln. Da meine Familie auf einem Bauernhof in der Nähe der Grenze lebte, schmuggelten christliche Organisationen aus dem Westen ständig Bibeln in unser Haus und Mutter versteckte sie. Sie war bereit, das Risiko einzugehen. Hunderte Bibeln und christlicher Bücher steckten unter den Matratzen unseres Hauses. Wir waren dankbar, dass wir nie ertappt wurden. Doch einige Male entgingen wir der Aufdeckung nur knapp.

Einmal trugen wir die Bücher und Bibeln abends in die Scheune unserer Nachbarn und versteckten sie neben den übel riechenden Kühen, weil meine Mutter beunruhigt war. Sie hatte den Verdacht, dass die Polizei kommen und das Haus durchsuchen würde. Und sie behielt Recht. Am folgenden Morgen erschienen zwei Polizisten, klopften an unsere Tür und stellten viele Fragen.

Diese Erfahrungen gaben mir nun Mut für die vor mir liegende Aufgabe. Nach mehreren erfolgreichen Reisen mit dem schwedischen Team reiste ich allein weiter. Das hatte ich zwar schon ein paar Mal getan, aber noch nicht so oft hintereinander.

Meine Gemeinde gab mir üblicherweise die Adresse einer Familie – meist waren es in Rumänien lebende Ungarn –, die eine Bibel erhalten sollte. Nie erfuhr ich, woher die Adressen stammten; das blieb ein Geheimnis. Die Adresse lernte ich entweder auswendig oder ich schrieb sie auf winzige Papierfetzen. Man hatte uns erklärt: „Wenn die Polizei euch schnappt, schluckt den Zettel rasch herunter, damit die Empfängerfamilie keine Probleme bekommt und im Gefängnis landet." Ich war dankbar, dass es nie so weit kam.

Im Allgemeinen reiste ich tagsüber an und hielt das Lernmaterial und einige Bibeln in meinem Koffer versteckt. Abends suchte ich dann im Schutz der Dunkelheit möglichst leise meinen Weg durch die pechschwarzen Straßen – Laternen gab es in vielen der kleinen Dörfer nicht – und tastete mich durch dunkle Korridore, um meine Lieferung abzugeben.

In der Finsternis waren alle meine Sinne geschärft: Jedes noch so leise Geräusch zerrte an meinen Nerven. Ich hörte Hunde bellen und fragte mich, ob die Polizei in der Nähe war. Und im Dämmerlicht der hereinbrechenden Nacht war es wirklich eine Kunst, die Hausnummern zu entziffern! Sobald ich das betreffende Haus ausgemacht hatte, zog ich einige Kreise um den Block, bis ich sicher sein konnte, dass niemand mir folgte.

Ich sehe meine Bemühungen von damals nicht als heldenhaft an, und es waren auch keine riesigen Mengen an Bibeln, die ich schmuggelte. Aber die Freude der Menschen, denen ich dabei begegnete, zeigte mir, dass das Risiko sich wirklich lohnte.

Einmal brachte ich nachts einer ungarischen Familie in Rumänien eine Bibel. Die Leute fingen an zu weinen und bedeckten die ganze Bibel und mein Gesicht mit Küssen! Die Mutter konnte sich gar nicht mehr beruhigen; sie sah mir in die Augen und dankte mir immer wieder: *„Köszönöm, köszönöm."* Das Lächeln und die Tränen dieser lieben Menschen füllten mein Herz mit Ehrfurcht und Dankbarkeit. Ich hatte ihnen auch Kleidung mitgebracht, aber das schien ihnen von geringer Bedeutung gegenüber der Tatsache, dass sie eine Bibel in ihrer Muttersprache geschenkt bekamen.

Oft bot man mir, wenn ich einer Familie eine Bibel gebracht hatte, ein einfaches, kleines Mahl an und überließ mir für die Nacht das eigene Bett. Wenn mein Kopf auf das Kissen sank, war ich vor Freude nicht selten so bewegt, dass mir die Tränen über die Wangen liefen. Nach all den Anstrengungen war ich erleichtert, endlich etwas ausruhen zu können.

Nicht nur einmal riskierte ich in diesem Sommer mein Leben.

Auf einer meiner Zugfahrten durch Rumänien erzählte ich meinen Mitreisenden von Jesus. Nach einer Weile stand eine andere Person auf und verließ das Abteil. Als der Zug im nächsten Bahnhof anhielt, empfand ich den starken inneren Drang auszusteigen. Obwohl ich spürte, dass es Gottes Geist war, der mich warnte, sagte mir mein Verstand: *Aber das ist nicht meine Station!*

Doch da das Gefühl, dass Gefahr drohte, stärker wurde, gehorchte ich schließlich. Ich verließ den Zug und versteckte mich hinter dem Hauptgebäude des Bahnhofs. Als ich vorsichtig um die Ecke spähte, sah ich tatsächlich zwei Polizisten in den Zug eilen – genau in das Abteil, in dem ich gesessen hatte. Nun wusste ich, dass die Person, die das Abteil so plötzlich verlassen hatte, mich angezeigt hatte. Ich war so dankbar, dass der Heilige Geist mich wieder bewahrt hatte und dass ich auf seine Stimme gehört und ihm gehorcht hatte.

ꟈ

Der Sommer ging zu Ende und ich kehrte ohne einen Pfennig in der Tasche zur Schule in Deutschland zurück. Ich hatte mein ganzes Geld für das Ferienlager und beim Schmuggeln von Bibeln in osteuropäischen Ländern ausgegeben.

Einige Tage nach meiner Ankunft forderte der Direktor uns Studenten auf: „Wenn Sie Ihre Studiengebühr für das neue Schuljahr noch nicht bezahlt haben, kommen Sie bitte so bald wie möglich ins Büro.“

Ich ging zum Sekretariat hinüber und hatte schon die Klinke in der Hand; doch dann machte ich kehrt und ging rasch über den Flur zurück. „Gott, du weißt, dass ich keinen Pfennig habe. Bitte sorge du für mich“, betete ich.

Die ganze Woche über wiederholte sich dieses Ritual. Sobald ich die Türklinke des Sekretariats berührte, sank mir der Mut. Was würde geschehen, wenn ich der Sekretärin sagte: „Ich habe überhaupt kein Geld“?

Am Wochenende begegnete ich der Sekretärin dann zufällig – ausgerechnet in der Waschküche. „Ich wollte schon die ganze Woche mit dir sprechen“, begrüßte sie mich.

„Ach, wirklich?“, murmelte ich und versuchte, meine Angst zu verbergen, indem ich eifrig Wäsche faltete.

„Ja, aber ich hatte zu viel zu tun“, fuhr sie fort. „Ich wollte dir mitteilen, dass am Anfang der Woche jemand die Studiengebühr für das komplette Schuljahr für dich bezahlt hat.“

Mir fiel die Kinnlade herunter. „Wer war denn das?“

„Das darf ich nicht sagen“, erwiderte sie. „Die Person möchte anonym bleiben.“

Und tatsächlich ist diese Person namenlos geblieben. Bis auf den heutigen Tag weiß ich nicht, wer die Studiengebühren für mich bezahlt hat. Und das war noch nicht alles! Gott hielt es für richtig, mich auch noch mit Schuhen und Kleidung zu versorgen. Aus irgendeinem Grund hatte ich in diesem Jahr mehr Geld als in all den anderen Jahren während meines Studiums. Ich weiß nicht, woher all das Geld kam. Alles, was ich sagen kann, ist, dass unser überaus großzügiger Vater im Himmel gut für seine Kinder sorgt. Er weiß, was sie brauchen. Es fehlte mir an nichts. Nicht etwa dank meiner eigenen Anstrengung, sondern weil ich es ihm überließ, mich zu versorgen.

Und seine Fürsorge überstieg bei Weitem, was ich mir erträumt hatte.

15

Bequeme Schuhe und ein erobertes Herz

In der ersten Woche dieses zweiten Schuljahres verbrachten meine drei Zimmergenossinnen – Sieglinde und zwei junge Frauen, die beide Ingrid hießen – und ich einen großen Teil unserer freien Nachmittage damit, einander bei einer Tasse Kaffee zu erzählen, was wir im Sommer alles erlebt hatten, und miteinander zu lachen und zu weinen.

Mein Einsatz in Osteuropa in diesem Sommer hatte mir die Augen für die tiefe Not geöffnet, die dort herrschte. Offensichtlich sehnten sich die Menschen, die unter dem Kommunismus unterdrückt worden waren, nach Hoffnung. Sie sogen die befreiende Wahrheit Gottes auf wie ein Schwamm. Ich hatte erlebt, wie Gott dort wirkte und das Leben von Menschen veränderte. Von ganzem Herzen wünschte ich mir, in Zukunft noch viel mehr Menschen hinter dem „Eisernen Vorhang“ zu erreichen.

Außerdem empfand ich als die erste Frau aus Osteuropa, die an dieser Schule studierte, eine besondere Verantwortung. Ich wollte mich voll und ganz darauf ausrichten, Jesus nachzufolgen. Meine Entschlossenheit ging so weit, dass ich fast blind für zahlreiche Annäherungsversuche einiger Verehrer war. Mein Herz gehörte ausschließlich Jesus und ich wollte mich nicht ablenken lassen.

Trotzdem fiel mir ein dunkelhaariger Kanadier mit Lockenschopf und einer tiefen Bassstimme auf, der neu an der Schule war. Er trug ein grünes, bunt-kariertes Jackett, das ihn von den meist grau oder dunkel gekleideten deutschen Studenten abhob wie einen Pfau inmitten von Tauben. Er strahlte große Selbstsicherheit aus.

Ich fand heraus, dass er Ditmar hieß. Einige sagten, er sei Bankmanager in Britisch Kolumbien in Kanada gewesen, bevor er an unsere Schule in Deutschland kam. Offenbar hatte er vor, hier seine Deutschkenntnisse aufzufrischen.

Später erfuhr ich von einem Freund, dass Ditmar sich an dem Tag, an dem er mich in der Cafeteria zum ersten Mal sah, zu ihm herübergelehnt und ihn gefragt hatte: „Wer ist denn die hübsche Kleine da drüben?“

„Vergiss sie!“, hatte sein Freund erklärt. „Die ist mit Gott verheiratet! Viele Studenten haben schon versucht, mit ihr auszugehen, aber ohne Erfolg.“

„Wir werden ja sehen“, hatte Ditmar nur erwidert, bevor er sich wieder seinem Wiener Schnitzel mit Kartoffeln zuwandte.

Obwohl dieser gut aussehende Kanadier mich definitiv faszinierte, hatte ich einen Riegel vor mein Herz geschoben. „Nein, Elisabeth“, sagte ich mir, „folge nicht deinem Herzen. Gebrauche deinen Verstand.“ Und mein Verstand sagte mir, dass kein Mann aus dem Westen je bereit sein würde, in den Osten zu ziehen, wo ich leben und arbeiten wollte.

Also hielt ich mein Herz fast das ganze restliche Jahr über fest verschlossen.

Eines Tages gegen Jahresende machte unsere ganze Schule einen Ausflug nach Leer in Norddeutschland. Im Bus saß ich neben einer meiner Freundinnen. Doch nach der Hälfte der Fahrt tippte Ditmar ihr plötzlich auf die Schulter und fragte sie:

„Würdest du den Platz mit mir tauschen?“

Sie sah ihn an, schaute zu mir herüber, warf einen Blick auf Ditmars Sitznachbarn und sagte dann eifrig: „Ja.“

Ich blickte über die Schulter und sah, dass der Mann, der auf dem Platz neben dem von Ditmar saß, ein anderer Kanadier war, den meine Freundin mochte.

Ich lächelte Ditmar zu, als er sich neben mich setzte, aber mein Verstand mahnte: *Hüte dein Herz.*

An die ersten Worte, die Ditmar zu mir sprach, erinnere ich mich nicht mehr, doch in den folgenden Stunden unterhielten wir uns – trotz meiner mangelnden Deutschkenntnisse – so angeregt, als kennten wir uns schon seit Jahren. Während des Gesprächs suchte Ditmar ohne Scheu den Blickkontakt. Er bat mich, ihm mehr über mein Leben in Osteuropa und über meine Leidenschaft zu erzählen.

Mir schien, als tobe ein Kampf zwischen meinem Verstand und meinem Herzen, und ich war nicht sicher, wer den Sieg davontragen würde: die Vernunft oder mein Herz.

Allmählich verlor ich die Kontrolle über mein Herz. *Vielleicht ist er gar nicht so übel,* dachte ich. Meine Neugier war geweckt; ich wollte mehr über diesen geheimnisvollen Kanadier erfahren.

Irgendwann nahm Ditmar sanft meine Hand. „Du hast so schöne Hände.“ Ich hoffte, dass er meine erröteten Wangen nicht bemerkte.

Oh nein. Ich versuchte, das langsame Dahinschmelzen meines Herzens zu stoppen. *Ich darf mich nicht ablenken lassen.* Mir schien, als tobe ein Kampf zwischen meinem Verstand und meinem Herzen, und ich war mir nicht sicher, wer den Sieg davontragen würde: die Vernunft oder mein Herz.

Als ich an diesem Abend in der Jugendherberge im Bett lag, gewann mein Herz die Oberhand. Es gelang mir einfach nicht, mich zur „Vernunft“ zu bringen und nicht mehr an ihn zu denken. Schlaflos drehte ich mich von einer Seite auf die andere. Wie sehr ich auch versuchte, nicht mehr an ihn zu denken, unser Gespräch ging mir unaufhörlich durch den Sinn.

Das war der Tag, an dem ich wusste, dass Ditmar mein Herz erobert hatte. Aber das machte den Konflikt nicht leichter.

Am nächsten Tag sah ich Ditmar auf dem Schiff, mit dem wir in Norddeutschland die Ems hinauffuhren. Er kam auf mich zu, lächelte mich so strahlend an, dass ich wieder errötete, und fragte: „Willst du mit mir ausgehen?“

Ja!, rief mein Herz. Aber mein Kopf war entschlossen, dieses Tauziehen zu gewinnen. „Nein“, sagte ich.

Dieser dunkelhaarige Kanadier ließ sich von dem Wort „Nein“ aber nicht beirren. Ditmar fragte mich immer wieder und ich sagte jedes Mal: „Nein.“ Gott hatte mir die Menschen in Osteuropa aufs Herz gelegt. Ich wollte in den Osten zurückkehren und dort arbeiten, und ich würde mich durch nichts daran hindern lassen, den Traum zu verwirklichen, den Gott mir gegeben hatte.

Der nächste Sommer kam und wir gingen getrennte Wege. Während ich wieder nach Jugoslawien reiste, um Freizeiten zu veranstalten, blieb Ditmar in Deutschland, um dort bei Ferienfreizeiten zu helfen. Doch fast täglich erhielt ich von ihm einen handgeschriebenen Brief. Seine Briefe gaben mir immer das Gefühl, jemand Besonderes zu sein. Er berichtete mir, was er tat, aber er erzählte mir auch, was in seinem Herzen vor sich ging. Jeden Brief unterschrieb er mit „xxx, Ditmar“. Ich kannte dieses „xxx“ nicht und hatte keine Ahnung, was es bedeuten sollte. Später wurde ich vor Verlegenheit ganz rot, als jemand mir sagte, dass damit Küsse gemeint waren.

Etwa einmal in der Woche schrieb ich ihm zurück. Obwohl ich mich über seine Briefe freute, dachte ich nach wie vor: *Das wird nicht funktionieren. Wir leben in zwei verschiedenen Welten. Ich möchte nach dem Studienabschluss für Gott arbeiten, und ich weiß nicht, was Ditmar vorhat.*

Der Sommer ging zu Ende und mein letztes Studienjahr begann. Als ich einen Tag vor dem Unterrichtsbeginn ankam und in meinem Zimmer stand, schaute ich aus dem Fenster in der Hoffnung, ihn zu sehen. Als er plötzlich neben der Bibliothek um die Ecke bog und ich seinen dunklen Lockenschopf erblickte, klopfte mein Herz schneller. Später an diesem Abend sah ich ihn zusammen mit seinen Freunden am anderen Ende der Cafeteria.

Wer ist dieser Fremde, in den ich mich verliebt habe?, fragte ich mein Herz. Es überraschte mich, wie selbstverständlich mir diese Frage in den Sinn kam. Bis dahin hatte ich nie zugegeben, dass ich Ditmar liebte. Ich wollte ihn nicht lieben.

Das Abendessen interessierte mich nicht und ich schob meinen Teller weg. In meinem Magen kribbelte es vor Aufregung und ich hätte keinen Bissen heruntergebracht.

Ein paar Tage später fragte Ditmar mich, ob wir uns in der Stadt auf einen Kaffee treffen könnten. Er wollte sich irgendwo außerhalb der Schule mit mir unterhalten, wo wir nicht irgendwelchen neugierigen Blicken ausgesetzt waren. „Und bring ein Foto von dir mit", bat er. Das fand ich seltsam, aber ich versprach es.

„Wer ist dieser Fremde, in den ich mich verliebt habe?", fragte ich mein Herz. Es überraschte mich, wie selbstverständlich mir diese Frage in den Sinn kam. Bis dahin hatte ich nie zugegeben, dass ich Ditmar liebte. Ich wollte ihn nicht lieben.

Da es ein heimliches Rendezvous war, nahm ich den Zug, während er mit dem Auto in die Stadt fuhr. Wir hatten vereinbart, uns am Bahnhof zu treffen.

Als ich dort ankam, war von Ditmar nichts zu sehen.

15 Minuten vergingen, dann 30, dann eine Stunde und schließlich eineinhalb Stunden, doch von Ditmar keine Spur. Zwei Stunden später tauchte er endlich auf.

„Entschuldige bitte die Verspätung", sagte er. „Ich hatte eine Reifenpanne und noch andere Probleme mit dem Auto."

„Macht nichts", sagte ich.

„Du hast die ganze Zeit gewartet", bemerkte er, wobei er über das ganze Gesicht strahlte.

„Ja“, antwortete ich, doch in Gedanken fragte ich mich: *Was bringt mich dazu, zwei Stunden auf diesen Mann zu warten?*

Wir verließen den Bahnhof und fanden ein kleines Café, in dem wir bei Kaffee und Kuchen miteinander plauderten, obwohl mein Deutsch immer noch holprig war. „Hast du ein Foto mitgebracht?“, wollte er wissen.

„Ja.“

Ich holte das Foto aus meiner Brieftasche, zeigte es ihm und steckte es dann wieder ein. Er sah enttäuscht aus, aber ich hatte das Gefühl, dass ich mehr versprach, als ich zu halten bereit war, wenn ich ihm das Foto überließ. Er schien es zu verstehen. „Ich möchte dich nicht drängen, wenn du noch nicht so weit bist“, sagte er.

Später erzählte er mir, dass er gedacht hatte: *Aber eine Frau, die zwei Stunden auf mich wartet – das ist eine Frau, wie ich sie mir wünsche.*

Am Ende versprachen wir einander, dass wir im Gebet prüfen würden, ob wir offiziell befreundet sein sollten.

Unsere nächste Verabredung fand in der Küche von Emma Decker statt. Diese liebenswerte Schweizerin hatte viele Jahre lang in China gearbeitet, bevor die Grenzen dort geschlossen wurden und sie nach Deutschland kam. Ihre Küche war winzig und hatte nur einen kleinen Tisch mit zwei Stühlen. Wir saßen einander gegenüber, und während wir uns unterhielten, spürte ich, dass der Augenblick gekommen war, Ditmar von dem grässlichen Ereignis zu berichten, das mir sieben Jahre zuvor in der Nähe der österreichischen Grenze widerfahren war. Ich wollte nicht zulassen, dass unsere Beziehung sich weiter vertiefte, ohne dass er die Wahrheit über meine Vergangenheit kannte.

Während ich sprach, sah ich in Ditmars Augen tiefes Mitgefühl. Irgendwie brachte ich es hinter mich, aber dann brach der Damm und meine Tränen flossen. Ditmar stand auf und zog mich sanft in seine Arme. Ich spürte, wie seine Stärke mich innerlich aufrichtete. „Elisabeth“, flüsterte er leise. „Ich liebe dich,

Ich wollte nicht zulassen, dass unsere Beziehung sich weiter vertiefte, ohne dass er die Wahrheit über meine Vergangenheit kannte.

ganz gleich, was damals geschehen ist. Du bist mir so kostbar." Er hielt kurz inne und fragte dann: „Willst du mich heiraten?"

Ich traute meinen Ohren nicht. Gerade hatte ich diesem Mann die hässliche, schmerzhafte Wahrheit über meine Vergangenheit offenbart, und er bat mich, ihn zu heiraten. Er liebte mich trotzdem!

Ich wollte Ja sagen, aber stattdessen meinte ich: „Lass uns erst noch mehr darüber beten."

Gott erinnerte mich an seine Güte, als mir immer wieder diese Worte der Bibel durch den Sinn gingen:

Mein Geliebter sagt zu mir: „Steh auf, meine Freundin, meine Schöne, und komm! Denn der Winter ist vorüber, die Regenzeit ist vorbei und vergangen. Die Blumen beginnen zu blühen, die Zeit des Singens ist gekommen."[14]

16
Weiße Schuhe im Schnee

Einige Monate später waren Ditmar und ich beim nächsten Ferieneinsatz wieder mehrere Tausend Kilometer voneinander getrennt. Im Frühling teilten sich die Studenten auf, um in verschiedenen Ländern Dienste zu tun. Ich ging nach Israel, um einen Monat lang in einem Kibbuz zu arbeiten. Den ganzen Vormittag über bis ungefähr ein Uhr pflückten wir Pampelmusen, aber die Nachmittage standen uns zur freien Verfügung. Ditmar hatte sich entschieden, mit einer Gruppe nach Rumänien zu reisen.

Als ich ihn wiedersah, war ich überrascht, wie begeistert er von seiner Reise berichtete. Immer wieder sprach er mit großer Anteilnahme über Rumänien und die Menschen, die dort lebten. Das Land hatte einen harten Winter hinter sich gebracht, erzählte er, und die Straßen waren voller Schlamm und Schlaglöcher. Durch die Regenfälle und die Schneeschmelze war es zu großen Überflutungen gekommen. Viele Menschen hatten ihre Häuser verlassen müssen und ihr Zuhause, ihren Familienbesitz, ihre Kleidung verloren. Außerdem waren selbst die nötigsten Lebensmittel und Medikamente knapp geworden.

Ditmars Team hatte sechs Lkws, voll mit Nahrungsmitteln und Kleidung, nach Rumänien gebracht. Die Güter sollten dort unter den Menschen verteilt werden. Unauffällig zwischen den

Lebensmittelvorräten und Bergen von Kleidungsstücken versteckt lagen auch Tausende von Bibeln. Sie waren für Ortsgemeinden bestimmt, die die Hilfsgüter verteilen würden, denn die Leute hatten nicht nur ihr Zuhause, sondern auch ihre Hoffnung verloren.

„Ich möchte wieder hinfahren“, sagte Ditmar. „Die Not dort ist so groß.“ Plötzlich fiel ihm etwas ein und er lachte. „Stell dir bloß vor – sie haben mir einen Hühnerkopf zu essen gegeben.“

Lächelnd erklärte ich ihm, dass der Hühnerkopf immer für den Ehrengast bestimmt ist.

Wie gebannt hörte ich zu, während er mir von seinen Abenteuern berichtete. Er schilderte mir, wie tief es ihn beschämt hatte zu erfahren, welche Opfer rumänische Christen auf sich nahmen, um für Jesus zu leben. „Die Menschen zahlen einen hohen Preis dafür, in diesem Land ihren Glauben zu leben“, sagte er. „Und doch hatten sie so viel Freude und Mut trotz aller Verfolgung und großer Armut.“

„Sie führen ein ganz einfaches Leben“, fügte er hinzu. „Aber eine Bibel zu bekommen erfüllt sie noch mehr mit Freude, als mit Nahrung und Kleidung versorgt zu werden. Immer und immer wieder haben die rumänischen Christen uns gedankt, dass wir Zeit und Geld geopfert haben, um in ihr Land zu kommen.“

Ditmars neu entdeckte Leidenschaft für Menschen in Not zog mich noch mehr zu ihm hin. Zumindest erlaubte ich mir jetzt, die Möglichkeit eines Lebens mit ihm in Betracht zu ziehen. Aufgeregt sprachen wir von dem, was Gott vielleicht in unserem Leben und durch unser Leben tun würde.

Es war Zeit, mit meinem himmlischen Vater zu sprechen und auch mir selbst eine schwierige Frage zu stellen: *Was ist mir wirklich wichtig an meinem zukünftigen Ehemann?*

Diese Frage beantwortete ich mir selbst: *dass er Gott von ganzem Herzen, mit ganzer Kraft und mit seinem ganzen Denken liebt ... und dass er mich liebt und eine Leidenschaft für den Dienst hat.*

Aber was ist, wenn er nicht nach Osteuropa gehen will? Die Menschen dort lagen mir immer noch sehr am Herzen, und ich wusste, dass Gott den wachsenden Wunsch in mich gepflanzt hatte, Frauen und Kindern zu dienen. Aber musste das unbedingt in Osteuropa geschehen?

„Ich möchte wieder hinfahren", sagte Ditmar bewegt. „Die Not dort ist so groß."

Wie so oft, wenn ich mir keinen Rat wusste, kniete ich mich neben mein Bett und betete: „Gott, du bist größer als meine Träume. Du weißt alles, du siehst alles, du nimmst Anteil. Ich vertraue dir. Aber es fällt mir nicht leicht, diesen Traum aufzugeben."

Plötzlich ging mir auf, was ich da sagte. Minutenlang schwieg ich, bevor ich laut betete: „Gott, ich möchte, dass *du* mein Gott bist, nicht meine Träume. Du kannst mit meinen Träumen machen, was du willst. Ich gehöre ganz allein dir."

In diesem Augenblick, als ich meinen Traum von einer Arbeit in Osteuropa hingab, spürte ich den Stachel des Todes. Dieser Traum war alles, worauf ich so lange all meine Gedanken konzentriert hatte. Aber zugleich empfand ich einen überwältigenden Frieden bei meiner Entscheidung, Ditmar zu heiraten.

Als ich Ja zu Ditmars Antrag sagte, hörte das Tauziehen in meinem Herzen endlich auf. Mit großer Freude fingen wir beide an, unsere Hochzeit zu planen.

Nach dem Studienabschluss im Mai 1971 reiste Ditmar in meine Heimatstadt, um meine Familie kennenzulernen. Meine Eltern und meine Schwestern würden nicht zu unserer Hochzeit kommen können, die in Ditmars Heimatstadt Vancouver in Britisch Kolumbien stattfinden sollte. Nur Charlotte, eine Freundin von der Schule, würde als meine Brautjungfer an der Hochzeitsfeier teilnehmen.

Dafür plante meine Familie eine große Verlobungsfeier mit etwa 50 Gästen während Ditmars Aufenthalt. Es war eine Feier, die sich sehen lassen konnte: ein üppiges Mahl an einer Festtafel, ein wunderbares Dessert und ausgelassene Freude. Meine Freunde zeigten sich sehr angetan von meinem „Fang". Mutter und Vater schlossen Ditmar vom ersten Augenblick an ins Herz. Sie machten so viel Aufhebens um ihn, dass ich fast eifersüchtig wurde. Liebten sie ihn etwa mehr als mich? Aber ich freute mich auch darüber, wie herzlich sie meinen zukünftigen Ehemann in die Familie aufnahmen.

Kurz darauf flog Ditmar nach Vancouver, während ich noch acht Monate in Jugoslawien blieb. In dieser Zeit veranstaltete ich ein Zeltlager für Kinder und eine Jugendfreizeit in Subotica. Es war herrlich zu sehen, wie junge Männer und Frauen ihr Leben mit Gott begannen und entschlossen waren, auch anderen Gottes wunderbare Nachricht zu erzählen. Neben diesen Ferienlagern arbeitete ich weiter in meiner Gemeinde und reiste in andere Städte. Außerdem unternahm ich eine Reise nach Triest in Italien, um schönen weißen Stoff zu kaufen, aus dem ich mir nach einem eigenem Entwurf ein Hochzeitskleid nähte.

Sosehr meine bisherigen Aufgaben mich begeisterten und erfüllten, sehnte ich mich doch auch danach, bei Ditmar zu sein. Inzwischen hatte ich die Einwanderungspapiere beantragt und die kanadischen Beamten nahmen eine gründliche Untersuchung vor. Ich musste viele Prüfungen durchlaufen und zahlreiche Formulare ausfüllen.

Jedenfalls begegneten die Beamten in der kanadischen Botschaft mir freundlich und entgegenkommend, verglichen mit dem, was ich in der jugoslawischen Botschaft erlebt hatte. Emotional war das alles zermürbend, aber mein Herz sagte mir immer wieder: *Gib nicht auf!*

Anfang Dezember erhielt ich endlich die erforderlichen Unterlagen, sodass ich Jugoslawien verlassen konnte. Ich packte meine beiden Koffer und brachte mein Hochzeitskleid sorgfältig in einem davon unter. Meine Schwester Rosi, ihr Mann und meine Mutter begleiteten mich im Zug bis Belgrad. Dort stieg ich in ein Flugzeug und trat den transatlantischen Flug nach Nordamerika an. Alles kam mir fast unwirklich vor.

Den ganzen Flug über konnte ich kaum essen oder schlafen. *Wird Ditmars Familie mich mögen?*, fragte ich mich immer wieder. *Werden sie mich in ihre Familie aufnehmen?*

Was für eine Erleichterung, als ich aus dem Flugzeug ausstieg und Ditmar erblickte, der schon auf mich wartete! Er begrüßte mich mit einer freudigen Umarmung und einem Kuss auf die Wange. Dann stellte er mich seiner Familie vor, die ihn zum Flughafen begleitet hatte.

Peter, sein vier Jahre jüngerer Bruder, schloss mich überschwänglich in die Arme. „Du bist genau das, was der Arzt verordnet hat und wovon Ditmar geträumt hat, seit er 16 war. Seine Gebete sind erhört worden."

Alle begegneten mir sehr herzlich. Von Anfang an fühlte ich mich mit Ditmars beiden jüngeren Schwestern Betty und Evie verbunden. Und seine Mutter nannte mich „Tochter". Doch besonders gern mochte ich Ditmars Vater.

ꕥ

Am 8. Januar 1972 wurden Ditmar und ich getraut. Vor über 300 Gästen standen wir in der Kirche vor dem Altar und gelobten, einander „zu lieben und zu achten, in guten und in schlechten Zeiten, in Krankheit und Gesundheit, bis dass der Tod uns scheidet."

Lange war ich davon ausgegangen, dass ich wegen meiner Erfahrung in Österreich an meinem Hochzeitstag nicht in Weiß heiraten konnte; schließlich war ich befleckt worden, und somit war ein weißes Kleid unangemessen. Doch in den Jahren vor unserer Hochzeit hatte Gott in meinem Herzen viel Heilung bewirkt. Ich wusste, dass er mir nicht vorhielt, was damals geschehen war, und Ditmar tat das auch nicht. Um Gottes uneingeschränkte Vergebung zu feiern, hatte ich den weißen Stoff in Italien voller Freude gekauft. Und an meinem Hochzeitstag trug ich ein weißes Kleid, weiße Blumen im Haar, einen langen weißen Schleier, einen weißen Blumenstrauß und passende weiße Schuhe. Frei und in der Gewissheit, dass mir vergeben war, stand ich glücklich neben meinem Bräutigam.

Ditmars Großvater, der Pastor war, führte die Trauung durch. Er hatte für uns folgenden Bibeltext ausgesucht:

Aber Rut antwortete: „Verlang nicht von mir, dass ich dich verlasse und umkehre. Wo du hingehst, dort will ich auch hingehen, und wo du lebst, da möchte ich auch leben. Dein Volk ist mein Volk und dein Gott ist mein Gott. Wo du stirbst, da will ich auch sterben und begraben werden. Der Herr soll mich strafen, wenn ich zulasse, dass irgendetwas anderes als der Tod uns trennt."[15]

Als er über Ruts Treue zu Naomi sprach und über die Opfer, die sie brachte, liefen mir vor Freude Tränen über die Wangen. Gott schrieb ein bestätigendes Ausrufezeichen in mein Herz.

Damals ahnte ich noch nicht, dass er mir an diesem Tag durch das Buch Rut auch ankündigte, dass die „Außenseiterin" – das kleine Dorfmädchen aus einem kommunistischen Land – eines Tages an einem größeren Lebensplan teilhaben würde, der nicht nur für ihr eigenes Leben bedeutsam, erfüllend und erlösend sein würde, sondern für das Leben tausender Menschen und ganzer Nationen.

Fast wie auf ein Stichwort tanzten plötzlich Millionen weißer Schneeflocken am Himmel und kleideten die Stadt in ein weißes Festgewand.

Ja, gelobte ich sowohl Gott als auch Ditmar, als ich mein „Ich will" sprach. *Und Gott, wohin du auch führst, wir werden dir gemeinsam folgen.*

Fast wie auf ein Stichwort tanzten plötzlich Millionen weißer Schneeflocken am Himmel und kleideten die Stadt in ein weißes Festgewand. Es war ein weiteres, unerwartetes Ausrufezeichen Gottes. Mir schien, als würde er sagen: „Elisabeth, mein geliebtes Kind, du bist rein, weiß wie Schnee und frei, den Träumen zu folgen, die ich in dein Herz gelegt habe."

An diesem Tag beglückte mich nicht nur Ditmars, sondern auch Gottes Liebe – zwei besondere Hochzeitsgeschenke, die mich an Gottes Güte erinnerten.

Für unsere Hochzeitsnacht hatte Ditmar eine wunderschöne Hochzeitssuite in Vancouver gemietet. Gott krönte die Nacht mit wundersamer Freude. Die Vergangenheit lag hinter mir: Ich war völlig wiederhergestellt und frei in der Güte eines liebenden Heilands.

Gnade. Herrliche, wiederherstellende Gnade.

17
Flipflops im Sand

Ein Jahr später stiegen Ditmar und ich – inzwischen stolze Besitzerin eines kanadischen Passes – in einen Greyhound Bus, der uns die nordamerikanische Westküste entlang von Vancouver nach Los Angeles bringen sollte. Ditmar wollte sein Studium an der Vanguard University abschließen, und ich würde versuchen, eine Arbeit zu finden, um ihn während des Studiums zu unterstützen. Wir konnten nicht fassen, dass wir uns auf dem Weg in das Land des Sonnenscheins und der Freizeitparks befanden!

Mein Leben lang hatte ich davon geträumt, nach Amerika zu gehen – in das Land der Freien, in die Heimat der Wagemutigen. Nun würden wir gemeinsam dort leben und – so stellte ich es mir vor – lange Spaziergänge an endlosen, von Palmen gesäumten Stränden unternehmen und romantische Sonnenuntergänge betrachten. Amerika stand für das „gute Leben", für einen Ort, an dem das Geld auf Bäumen wuchs und an dem man seine Träume verwirklichen konnte. Zumindest hatten andere, die aus Jugoslawien geflohen und nach Amerika ausgewandert waren, mit ihren Briefen, die sie in die Heimat schrieben, in unseren Köpfen den Durst nach solcher Freiheit geweckt. Nun endlich war ich an der Reihe.

Die einzige Person, die wir in Kalifornien kannten, war B. T. Bard, ein 79-jähriger pensionierter Missionar, der aus einer deutschen, lutherischen Familie stammte. Er lebte mit Ada, seiner frisch angetrauten 80-jährigen Braut, in einem Wohnwagenpark. B. T. und Ada hatten sich in China kennengelernt, wo sie beide als Missionare gearbeitet hatten. Nachdem beide verwitwet waren, hatten sie ihre Freundschaft wieder aufleben lassen und schrieben jetzt das letzte Kapitel ihres Lebens gemeinsam. Bei ihnen durften wir vorerst wohnen. Sie halfen uns, schnell Anschluss in einer Gemeinde zu finden, und wir genossen die Gesellschaft der beiden sehr, aber auf Dauer war ihr kleiner Wohnwagen für uns vier einfach zu eng. Die Suche nach einer Unterkunft war zermürbend. Wohnungen, die wir uns leisten konnten, waren dünn gesät. Nach einem ergebnislosen Tag kehrte ich niedergeschlagen nach Hause zurück.

Ada – mit der Weisheit einer langjährigen Missionarin – versuchte mich zu trösten: „Bestimmt hat Gott etwas Besseres für euch vorgesehen."

Dieser Satz machte mir wirklich zu schaffen. Wie oft hatte ich ihn in christlichen Kreisen schon gehört?! Oft war es nicht mehr als eine fromme Floskel gewesen. Manchmal, je nach den Umständen, klang er so absurd, als würde ein Millionär einem obdachlosen Kind einen Cent in die Hand drücken und erklären, es werde schon zurechtkommen. Deshalb sträubte ich mich gegen ihre Worte.

Amerika stand für das „gute Leben", für einen Ort, an dem das Geld auf Bäumen wuchs und wo man seine Träume verwirklichen konnte.

Doch dann erinnerte ich mich, woher Ada kam. Sie hatte mit ihrer Familie in China gelebt und sicher viele Nöte durchgemacht. In den acht Jahrzehnten ihres Lebens hatte sie eine gehörige Portion Enttäuschungen und Zweifel verkraften müssen, aber sie hatte von ganzem Herzen an Gott festgehalten. Ada wusste nicht nur über Gott Bescheid, nein, Ada kannte Gott persönlich. Die Art ihrer Beziehung zu ihm faszinierte mich.

Und Ada behielt Recht. Eine Woche später machte sie uns mit einem Ehepaar aus der Gemeinde bekannt, das mehrere Apartments besaß und uns eines davon anbot.

„Aber wie sollen wir die Miete bezahlen?“, fragte ich. „Das ist mehr, als wir uns leisten können.“

„Kein Problem“, erwiderten die Eigentümer. „Ihr könnt umsonst dort wohnen, wenn ihr dafür in einigen unserer Mietwohnungen Hausmeisterdienste verrichtet.“

Und so versorgte Gott uns auf einen Schlag mit einer Arbeit und einer Wohnung. Außerdem suchte die Gemeinde, der wir uns anschlossen, einen Hauswart, und Ditmar übernahm diese Aufgabe.

Wir arbeiteten sehr hart, hatten aber trotzdem nur wenig Geld. Meine freie Zeit – die wenigen Stunden, die übrig blieben, nachdem ich den ganzen Tag alle möglichen Aufgaben auf dem Wohnareal verrichtet oder in der Gemeinde geholfen hatte – nutzte ich, um weiter alle meine Kleider selbst zu nähen. Auch für Inventar hatten wir natürlich nicht viel übrig, aber wir richteten unser Apartment so geschickt ein, dass die meisten Leute gar nicht merkten, wie arm wir in Wirklichkeit waren. Oft bestanden unsere Mahlzeiten nur aus Brot und Marmelade.

Ada wusste nicht nur über Gott Bescheid. Nein, Ada kannte Gott persönlich. Die Art ihrer Beziehung zu ihm faszinierte mich.

„Herr, ich kann Brot und Marmelade nicht mehr sehen“, beklagte ich mich, aber ich erhielt keine Antwort.

Nun verstand ich, warum die Israeliten sich darüber beschwert hatten, dass sie in der Wüste jeden Tag nur Manna zu essen bekamen, und warum sie schließlich sagten: „Wären wir doch nur in Ägypten geblieben.“ Wie Israel war auch ich versucht, dem „Wäre ich doch nur ...“ oder „Hätte ich doch nur ...“ nachzutrauern – zwei der traurigsten Aussprüche in jeder Sprache. Aber ich erinnerte mich auch an die Wanderung der Israeliten durch die Wüste. Die Reise, die nur elf Tage hätte dauern sollen, erstreckte sich schließlich über 40 Jahre ... und das lag nicht etwa an ihren Feinden, sondern daran, dass sie sich immer und immer wieder beklagt hatten.

Eines war jedenfalls sicher: Dieses Disneyland der Sonne und der Surfer – das Land, das uns wie das verheißene Land erschienen war, in dem Milch und Honig fließen – hatte uns enttäuscht. Wir befanden uns auf einer Wüstenwanderung.

Nun verstand ich, warum die Israeliten sich darüber beschwert hatten, dass sie in der Wüste jeden Tag nur Manna zu essen bekamen.

Dies war der Beginn meiner „Manna"-Zeit. Gottes Versorgung aus dem Himmel erfolgte immer rechtzeitig, ohne Ausnahme. Wenn ich jedoch versuchte, mehr als den täglichen Bedarf zu sammeln – mir ein Gefühl der Sicherheit aufzubauen –, dann verdarb es. Zum Beispiel nahm ich eine zusätzliche Arbeit an, und dann stellte sich heraus, dass dies mehr war, als mein Körper verkraften konnte. Ich kam völlig erschöpft nach Hause, streifte nur kurz meine Flipflops ab, ließ mich auf das grüne Sofa fallen und weinte bitterlich.

Doch eines Tages, als ich nach getaner Arbeit von einem der Appartments auf dem Areal nach Hause ging, wirbelten die Santa-Ana-Winde einen Sandsturm auf. Ich beeilte mich, in die Wohnung zu kommen, wo Millionen winziger Sandkörnchen gegen die Fensterscheibe prasselten. Ich fiel neben meinem Bett auf die Knie und rief: „Gott, wie lange muss ich noch diese harte Arbeit tun, Häuser zu putzen? Du weißt, dass ich für dich arbeiten möchte."

Ich hatte lauter kleine Sandkörner im Mund, als ich fortfuhr zu klagen: „Gott, ich habe das Gefühl, du hast uns in die Wüste geschickt und uns dort ganz vergessen."

Eine Antwort blieb aus. Gottes Schweigen war betäubend.

18
Babyschuhe und Zerrissenheit

Der Sommer des Jahres 1974 war sehr heiß. Das tägliche Putzen der Appartments erschöpfte mich nach wie vor. Als noch Übelkeit hinzukam, vermutete ich, dass ich mir einen Grippevirus eingefangen hatte. Schon seit meiner Geburt hatte ich eine schwache körperliche Konstitution – die Diphtherie, an der meine Mutter während der Schwangerschaft erkrankt war, hatte auch meine Gesundheit geschwächt. Ich war immer sehr anfällig für irgendwelche Erkältungen und sonstige Infektionen, die gerade die Runde machten. Diesmal fühlte es sich allerdings anders an.

Dann wurde mir bewusst, dass meine Periode schon seit mehreren Wochen ausgeblieben war. *Oh nein! Das ist nicht der beste Zeitpunkt für einen kleinen Eindringling,* dachte ich.

An diesem Abend ging ich zu Bett, ohne Ditmar etwas von meiner Ahnung zu sagen. Doch als ich am nächsten Morgen aufwachte, war mir ganz klar: *Da wächst ein kleines Leben in mir heran!*

„Schatz, wir bekommen ein Baby!", platzte ich heraus.

Ditmars erste Reaktion war dieselbe wie meine am Tag zuvor: „Wie werden wir das schaffen? Wir können kaum uns selbst ernähren, geschweige denn ein Kind."

Doch die Freude über das Baby, das in mir heranwuchs, drängte bald alle anderen Gedanken in den Hintergrund. *Ob es ein Mädchen wird?*, fragte ich mich. Dann würde ich reizende

Kleider für meine Tochter nähen. Aber dann dachte ich: *Nein, es ist ein Junge.* Ich weiß nicht, wie ich zu dieser Überzeugung kam.

Trotz der gelegentlichen Übelkeit am Morgen verspürte ich neue Energie. Das Putzen war zwar immer noch mühselig, aber es machte mir jetzt nicht mehr so viel aus.

Eines Tages, als ich etwa im dritten Monat schwanger war, ging es mir zu schlecht, um zur Arbeit zu gehen. Ich spürte einen stechenden Schmerz in der Seite.

„Ob das normal ist?", überlegte ich laut.

Ich ahnte, dass es ernst war. Am nächsten Tag zeigte mir eine starke Blutung, dass ich mein kostbarstes Geschenk verloren hatte. Mein Baby war gestorben.

„Oh Herr", weinte ich, „ich habe ihn so geliebt." Während der vorangegangenen Wochen hatte ich mein Baby von Tag zu Tag lieber gewonnen. Es war zwar noch in meinem Mutterleib, aber ich war trotzdem schon ganz vernarrt in mein Kind.

Ich weinte, bis irgendwann keine Tränen mehr kamen, und blieb dann reglos auf dem Bett liegen. Meine Gefühle waren taub geworden. *So früh ist er in den Himmel gegangen,* dachte ich. *Mein Timotheus.* Diesen Namen hatte ich gewählt, weil er mir in der Bibel so gut gefiel.

Als Ditmar nach Hause kam und mich weinend auf dem Bett fand, eilte er herbei und schloss mich in die Arme. „Was ist passiert, Schatz?"

„Wir haben unser Kind verloren." Jedes weitere Wort wurde von meinen erneuten Tränen erstickt.

Ditmar drückte mich fest an sich. Wir waren beide sprachlos. Alles, was Ditmar herausbrachte, war: „Jesus, hilf uns!"

Es dauerte eine ganze Weile, bis ich das Chaos meiner Gefühle ordnen konnte. Wie verwirrend das alles war. Zuerst ein Baby, das sich unerwartet angekündigt hatte. Dann unsere wachsende Liebe zu diesem Kind, die mit jedem Tag inniger geworden war. Mein ganzer Körper und meine Gefühle hatten sich in einem Crescendo darauf vorbereitet, diesen kleinen Menschen willkommen zu heißen und zu nähren. Nun war das Kind plötzlich weg. Doch meine Hormone tobten weiter. Physisch, gedanklich, emotional und geistlich wusste ich kaum, wie ich diesen schroffen Umbruch verkraften sollte. *Eine Fehlgeburt gleicht einem üblen Streich, den einem der Körper spielt,* dachte ich. Erst werden Hoffnungen geweckt, die sich in höchste Höhen aufschwingen, um dann im tiefsten Abgrund zu zerschellen.

Immer wieder fragte ich Gott: „Warum?", doch nie erhielt ich eine Antwort. Ich spürte jedoch, dass Gott mir nahe war.

Ditmar und ich sprachen kaum über die Fehlgeburt. Sein Studium nahm ihn sehr in Anspruch, aber er verstand meinen inneren Aufruhr und begegnete mir mit viel Einfühlsamkeit. Ich merkte, dass auch er trauerte, aber er tröstete mich.

Immer wieder fragte ich Gott: „Warum?", doch nie erhielt ich eine Antwort. Ich spürte aber, dass Gott mir nahe war. Wieder erinnerte ich mich an die fünf Worte der Zusage Gottes: „Ich werde mit dir sein."

Monatelang hörte Gott sich mein Murren und Klagen an, ohne mich je zu verurteilen. Auf der Achterbahn meiner Gefühle blieb er an meiner Seite. Und ich hörte nicht auf, ihn um Heilung für mein gebrochenes Herz zu bitten.

Oft träumte ich von dem kleinen Jungen oder dem kleinen Mädchen – oder beiden –, die wir irgendwann einmal haben würden. Als wir einige Jahre später immer noch kinderlos waren, wandten wir uns an einen Arzt. Nach mehreren Untersuchungen rief er uns in sein Sprechzimmer, um uns die Ergebnisse mitzuteilen. Ohne weitere Umschweife ließ er uns wissen: „Wahrscheinlich werden Sie nie Kinder bekommen."

„Warum?", wollte ich wissen.

„Ich vermute, dass es an Ihrem Mann liegt", sagte der Arzt und wandte sich an Ditmar. Er erkundigte sich, ob Ditmar an einer bestimmten Krankheit gelitten hatte. Als er dies bejahte, erklärte der Arzt: „Das bestätigt meine Vermutung."

Ich war so enttäuscht, dass ich in Tränen ausbrach.

„Vielleicht können Sie ein Kind adoptieren", schlug der Arzt vor. „Ich weiß sogar von einem Baby, einem kleinen Jungen, den Sie ganz bald schon adoptieren könnten."

Überrascht, aber offen dafür, dass dies womöglich Gottes Führung für uns sein könnte, baten wir ihn, genauere Erkundigungen einzuholen. Als wir kurze Zeit später erfuhren, dass dieses Baby kurz nach der Geburt an Herzversagen gestorben war, stürzten unsere Hoffnungen wieder in den Keller.

Gott erschuf Frauen mit dem angeborenen Drang, Leben zu geben und zu nähren. Ich machte da keine Ausnahme. Ich fühlte diese starke Sehnsucht in mir aufsteigen, wann immer ich Mütter mit ihren kleinen Kindern sah – besonders in der Weihnachtszeit. In dem Buch „Free of Charge" von Miroslav Volf las ich einmal einen Satz, der mein Empfinden sehr gut beschrieb: „Ich fühlte mich wie ein Kind in einer großen Familie, das als einziges von seinen Eltern bei der Bescherung vergessen worden war."

„Nächsten Monat wirst du schwanger sein", versuchte ich mich immer wieder zu ermutigen.

Ich wartete ... und wartete. Doch nie erhielt ich einen positiven Befund oder eine Antwort von Gott. Nichts – weder Gebet noch Fasten – hob unsere Unfruchtbarkeit auf, doch wir hofften weiter.

Eines Tages wurde mir beim Beten plötzlich bewusst, wie ich mein Leben an mir vorbeiziehen ließ. Ich vergeudete meine Energie damit, weiter zu glauben, dass nur ein Kind diese Sehnsucht in mir stillen konnte.

„Herr, ich habe immer angenommen, dass du mir kein Kind gegeben hast, weil ich es nicht verdiene. Jetzt erkenne ich, dass das eine Lüge ist. Wenn du etwas Gutes zurückhältst, tust du es mit gutem Grund. Mit meinen Lippen behaupte ich zwar zu glauben, dass du weißt, was das Beste ist, aber ich lebe nicht danach. Herr, es tut mir leid; ich will dir mehr vertrauen – nicht, damit du mir gibst, was ich mir wünsche, sondern einfach weil du gut bist."

Wenn ich heute in diesen wenigen Abschnitten die 20 Jahre beschreibe, in denen wir mit der Unfruchtbarkeit kämpften, scheinen Worte nicht auszureichen. Als Ditmar klar wurde, dass wir wahrscheinlich nie Kinder haben würden, trauerte er tief und er hatte sehr damit zu kämpfen, denn Ditmar liebt Kinder. Außerdem kannte er mich und meine Herzenswünsche. „Elisabeth, wie gern hätte ich dir Kinder geschenkt", sagte er. „Es wäre so schön gewesen, eine Familie zu haben."

Zwei Jahre später versuchten wir noch einmal, ein Kind zu adoptieren. Eine befreundete Missionarin hatte uns von einem Teenagermädchen erzählt, das schwanger geworden war und das Kind abtreiben lassen wollte.

„Wärt ihr bereit, das Baby zu adoptieren?", fragte sie uns.

„Ja", sagten wir wie aus einem Mund. Der Gedanke, das Leben eines Kindes zu retten, erfüllte uns mit großer Freude. Wir versuchten, uns innerlich auf diesen Neuzuwachs unserer Familie vorzubereiten, und freuten uns schon darauf, unser kleines Bündel Glück nach Hause zu holen.

Ich lernte, mein Leben nicht nach dem zu beurteilen, was ich nicht hatte, sondern nach dem, was ich hatte – und mich daran zu freuen.

Doch dann besann sich die junge Mutter kurz vor der Geburt anders und beschloss, ihr Kind zu behalten.

Wieder Trauer! Wieder innere Leere. Wieder zahllose Fragen.

Doch wir versuchten, fest zu bleiben: Trotzdem, Herr, wir lieben dich. Nicht unser Wille, sondern dein Wille geschehe.

Mit der Zeit machte sich heftiger Neid bemerkbar, wenn meine Freundinnen Kinder bekamen. Ich spürte, wie mein Herz sich zusammenzog, wenn ich anderen Frauen begegnete, die Kinder hatten.

Eines Tages, als ich einen Gemeindebrief las, traf mich dieser Text:

Neid starrt den anderen an und denkt:
„Hätte ich doch nur, was du besitzt!"
Mitgefühl sieht den anderen und fragt:
„Was habe ich, das ich dir geben könnte?"

Neid kreist um sich selbst und sagt: „Ich Armer!"
Mitgefühl wendet sich dem anderen zu und sagt: „Du Armer!"

Neid zerstört und lähmt mich.
Mitgefühl belebt und motiviert mich.

Neid ist eine tödliche Sünde.
Mitgefühl ist eine herrliche Tugend, die Christus widerspiegelt.

Diese Worte fanden tiefen Nachhall in meinem Herzen; sie entlarvten den krassen Unterschied zwischen der Art, wie ich tatsächlich lebte, und der Art, wie ich eigentlich leben wollte. Ich schrieb das Gedicht in mein Tagebuch, damit ich es mir jedes Mal vorsagen konnte, wenn mein Herz neidisch werden wollte.

Mit der Zeit befreite Gott mich vom Neid und gab mir Mitgefühl. Ich lernte, mein Leben nicht nach dem zu beurteilen, was ich nicht hatte, sondern nach dem, was ich hatte – und mich daran zu freuen. Schritt für Schritt half er mir zu akzeptieren, dass ich das Geschenk der Mutterschaft nie erfahren würde.

Damals ahnte ich noch nicht, dass Gott diese Erfahrung eines Tages für seine höheren Absichten gebrauchen würde.

19
Sonntagsschuhe und eine offene Tür

Ditmar und ich arbeiteten weiter und er setzte sein Studium fort. Seinen ersten Theologieabschluss hatte er bereits gemacht und nun bereitete er sich auf das Examen zum *Master of Divinity* an der *Biola University* von LaMirada in Kalifornien vor. Zu dieser Zeit beförderte unsere Gemeinde, die etwa 1 000 Mitglieder hatte, Ditmar vom Hauswart zum Teilzeitpastor. Seine Aufgabe war die Arbeit mit den Kindern in der Gemeinde, wobei ich ihn unterstützte – ein perfekter Ausgleich für uns beide. Wir genossen es unendlich, diese Kinder mit unserer Liebe zu überschütten! Diese Tätigkeit half uns, der schmerzlichen Sehnsucht nach eigenen Kindern zu begegnen.

Außerdem fand ich eine Teilzeitbeschäftigung bei den Wycliffe-Bibelübersetzern. Unsere neuen Aufgaben machten uns viel Freude. Außerdem waren die Arbeitsstunden nicht mehr so lang und hart, sodass ich endlich auch wieder Zeit fand, hübsche neue Kleider zu nähen – nicht nur für mich selbst, sondern auch für meine Schwestern in Jugoslawien. Für nur einen Dollar pro Meter konnte ich sehr schöne Stoffe erstehen. Daraus nähte ich dann meine eigenen Versionen der einfachen, aber eleganten Schnitte, die ich in der Illustrierten *Vogue* gesehen hatte. Nachdem meine Schwestern diese Kleider erhalten hatten, schrieben sie mir, dass sie sich darin wie Prinzessinnen fühlten.

Allmählich verbesserten sich auch meine Englischkenntnisse, und damit erschloss sich mir eine neue Welt. Ich entdeckte christliche Bücher und Zeitschriften und fühlte mich wie ein kleines Mädchen in einem Süßwarengeschäft. Ich erinnere mich noch, wie ich das Buch *Christy* von Catherine Marshall „verschlang". Zwar verstand ich nur die Hälfte von dem, was ich las, aber ich wusste, dass das „meiner" Welt entsprach. Eifrig machte ich mich daran, die Sprache noch rascher zu erlernen, damit ich mehr von den Geschichten lesen konnte, die Gott im Leben von Menschen schrieb.

Was uns in diesen Wüstenjahren in Kalifornien außerdem sehr half, waren unsere Freundschaften. Besonders B. T. und Ada unterstützten uns sehr. Sie nahmen uns unter ihre Fittiche, und wir verbrachten viele glückliche Stunden an ihrem Küchentisch, wo wir miteinander lachten und über das Leben sprachen. Sie ermutigten uns und forderten uns heraus. Keine Frage war zu dumm, um gestellt zu werden, und oft brachte ihre schlichte Weisheit uns sanfter zurecht als jeder lange Vortrag es hätte tun können. Sie waren immer so großmütig und mitfühlend und hatten wirklich ein Herz für Menschen, die Jesus Christus noch nicht kannten. Für uns waren sie ein erstaunliches Vorbild des Glaubens, der Gastfreundschaft und der Großzügigkeit.

Ditmar und ich liebten es, mit anderen zusammen zu essen, und so öffneten wir unsere Türen für Gäste, um Gott auf diese Weise zu dienen. Ich fand heraus, wie viele Personen ich mit nur einem einzigen Hähnchen bewirten konnte, wenn ich kreative Rezepte benutzte. Und ich lernte, mexikanische Gerichte zu kochen, die lecker schmeckten und sich preiswert zubereiten ließen. Je mehr wir unsere Mahlzeiten mit anderen teilten, desto mehr bereicherte Gott unsere Vorräte.

Wie sehr sich doch bewahrheitete, was Ditmars Vater uns zu Beginn unserer Ehe geraten hatte: „Gebt Gott das, was ihm gehört. Die Bibel sagt: ‚Bringt den zehnten Teil eurer Ernte in vollem Umfang zu meinem Tempel …! Stellt mich auf die Probe, und seht, ob ich meine Zusage halte! Denn ich verspreche euch, dass ich dann die Schleusen des Himmels öffne und euch mit allem überreich beschenke.'"[16] Gott wird euch versorgen.

Seit dem Beginn unseres gemeinsamen Lebens haben wir diesen Rat befolgt – auch in den herausfordernden Zeiten, wenn wir nur hundert Dollar für unseren Lebensunterhalt hatten und am Sonntagmorgen zehn Dollar in den Opferbeutel legten, obwohl wir nicht wussten, ob wir bis zum Ende der Woche noch genug zu essen haben würden. Und es war uns eine Freude, über den Zehnten hinaus für die Mission zu spenden, auch wenn wir nur zwei Dollar erübrigen konnten.

Wir schätzten unsere Gemeinde sehr, und auch wenn ich noch Mühe hatte, alles zu verstehen, was der Pastor sagte, begeisterte mich seine Leidenschaft und Liebe für Missionare. Durch ihn wuchs die Sehnsucht in unseren Herzen, von Gott gebraucht zu werden, noch mehr. Oft knieten Ditmar und ich uns nach dem Ende des Gottesdienstes vor den Altar und wiederholten das Versprechen, das wir bei unserer Hochzeit gegeben hatten: „Herr, wohin du uns auch rufst, wir werden folgen." Wir wollten mit jeder Aufgabe zufrieden sein, die er für uns im Sinn hatte.

Es waren viele Gäste, die wir während unserer Jahre in Kalifornien in unser „kleines gelbes Haus" einluden. Unsere Gäste aus Europa wollten immer den Pazifik sehen und ins Disneyland fahren und ich begleitete sie nur zu gerne. Die größte Attraktion in dem Themenpark war für mich die, die nach dem Lied „It's a Small World After All" benannt war. Das Lied hatte ich anschließend noch stundenlang im Ohr. Disneyland erfrischte meine Seele durch viel Lachen und kindliche Freude und die Weite des Ozeans öffnete mir den Blick. Es war schön zu erleben, wie nach diesen niederschmetternden ersten gemeinsamen zwei Jahren unser Lachen wieder zunahm und unsere Perspektive sich weitete. Eine Freundin sagte einmal: „Unser Mangel an Lachen hat wohl mit unserem Mangel an Glauben zu tun." Ja, Gottes Freude setzte sich immer mehr durch und vielleicht war auch unser Glaube gewachsen.

Wir zelteten nicht mehr in der Wüste wie die Israeliten. Inzwischen fühlten wir uns in Kalifornien zu Hause, wo wir Menschen kennengelernt und Beziehungen aufgebaut hatten. Gott lehrte uns, das Beste aus unserer Situation zu machen – ob wir nun in Vancouver wohnten oder in Santa Ana. Nun überlebten wir nicht lediglich, sondern blühten auf und freuten uns an den Dingen. Nur manchmal wurde ich traurig, wenn ich an das Kind dachte, das wir verloren hatten. Dann stiegen mir unaufhaltsam die Tränen in die Augen.

Wir hatten immer wieder auch Gastprediger aus fremden Ländern zu Besuch, die auf der Durchreise vorbeikamen und uns bewegende Geschichten von Gottes Fürsorge, Macht und Barmherzigkeit erzählten. Sie entfachten in unseren Herzen wieder neu den Wunsch, Gott im Ausland zu dienen. Als wir einmal beim Mittagessen saßen, fragte einer dieser Gastprediger: „Wovon träumt ihr beide denn im Hinblick auf die Zeit nach Ditmars Studium?"

„Von der Mission", kam es wie aus einem Mund. Wir berichteten ihm, dass wir uns bereits bei der *Greater Europe Mission* beworben hatten, aber dort gab es offenbar derzeit keinen Bedarf.

„Wirklich?", sagte er. „Wenn es euch mit der Mission ernst ist, solltet ihr besser nach Illinois ziehen. In Kalifornien gibt es schon zu viele Missionare."

Illinois?, dachte ich. *Da kennen wir doch niemanden.*

Wenige Minuten später rief unser Gast seinen Freund Bill Bell in Chicago an, der dort Pastor der Gemeinde *Calvary Temple* war, und es stellte sich heraus, dass dieser gerade einen Pastor suchte.

Gott lehrte uns, das Beste aus unserer Situation zu machen – ob wir nun in Vancouver wohnten oder in Santa Ana.

„Bill, du musst dieses junge Ehepaar kennenlernen“, hörten wir unseren Besucher am Telefon sagen. „Die beiden werden dir gefallen.“

Einen Monat später fanden wir uns in einem Flugzeug nach Chicago wieder. Schweigend saßen wir nebeneinander. So viele Fragen gingen mir durch den Sinn: *Wie wird unsere Zukunft aussehen? Werden sie uns nehmen? Ist das wirklich Gottes Wille?*

Als die Maschine den *O'Hare International Airport* ansteuerte, schauten wir aus dem Fenster und staunten über die enorme Ausdehnung der Stadt unter uns.

„Wie flach diese Gegend ist, Schatz“, bemerkte ich. „Hier gibt es keine Berge und keinen Ozean!“ Ich holte tief Luft, bevor ich fortfuhr: „Ich habe gehört, dass es hier im Winter sehr kalt wird.“ Ein Blick in Ditmars Gesicht zeigte mir, dass er selbst nicht so ganz glücklich war bei dem Gedanken hierherzuziehen. Schon jetzt hatten wir beide Heimweh nach Kalifornien.

Am Abend trafen wir uns mit dem Leitungskreis der Gemeinde im Haus von Bill Bell. Während wir das selbst gemachte Eis genossen, schauten wir uns vorsichtig um. Wir wussten, dass diese Leute gekommen waren, um uns „unter die Lupe“ zu nehmen, und sie übten dabei keinerlei Zurückhaltung. Sie bombardierten uns regelrecht mit Fragen. Offenbar sah man Ditmar und mir die Nervosität an, denn plötzlich meinte Rob Brendel, einer der Ältesten, der ebenfalls einen deutschen Hintergrund hatte: „Ach, es ist nett, noch ein paar andere Heimatvertriebene zu treffen.“ Das brachte uns zum Lachen und lockerte die Situation wieder auf.

Nach dem langen Abend, an dem wir so vielen neuen Menschen begegnet waren und eine Flut von Fragen beantwortet hatten, waren Ditmar und ich erschöpft. Kaum hatten wir uns in das Gästezimmer von Pastor Bell zurückgezogen, tobte ein Gewitter über der Stadt. So etwas hatten wir noch nie erlebt. Blitze zuckten quer über den Himmel, gefolgt von lauten Donnerschlägen. Aber wir waren so müde, dass wir trotzdem einschliefen. Etwa um Mitternacht folgte eine weitere Explosion von Donnerschlägen. Ein greller Blitz erhellte für einen kurzen Moment die Nacht, dann krachte es.

Ditmar packte mich. „Schatz!", rief er. „Jesus kommt zurück!"

Danach war an Schlaf nicht mehr zu denken.

Beim Frühstück waren alle erstaunlich wortkarg. Niemand stellte die typisch amerikanische Frage: „How'd ya sleep?" (Wie habt ihr geschlafen?) Keinem schien das schreckliche Gewitter etwas ausgemacht zu haben.

Sind diese Unwetter etwa normal?, fragte ich mich.

Da prustete Pastor Bell plötzlich laut auf und alle anderen stimmten in das Lachen mit ein. Wir hatten keine Ahnung, was sie so sehr erheiterte. Zwischen weiteren Lachanfällen stieß Bill schließlich hervor, dass er Ditmar in der Nacht hatte rufen hören, dass Jesus zurückkäme!

Da musste ich ebenfalls lachen, und ich erinnerte mich, wie fest Ditmar mich gepackt hatte.

Dieser „Schrei in der Nacht" ist im Laufe der Jahre zu einem Running Gag geworden. Manchmal, wenn Leute frotzeln und Ditmar fragen: „Warum hast du dich denn so fest an Elisabeth geklammert?", antwortet er: „Mein einziger Gedanke war: *Wenn sie in den Himmel kommt, bin ich auch dabei.*"

Etwa um Mitternacht folgte eine weitere Explosion von Donnerschlägen. Ein greller Blitz erhellte für einen Moment die Nacht, dann krachte es. Ditmar packte mich. „Schatz!", rief er. „Jesus kommt zurück!"

Für den darauffolgenden Sonntagabend wurde Ditmar gebeten, eine Predigt zu halten. Wieder wussten wir, dass dies eine Art „Prüfung" war: Wenn die Predigt der Gemeinde zusagte, würde sie für uns stimmen. Ich saß in der ersten Reihe und betete für meinen Mann. Obwohl ich den Druck spürte, tröstete ich mich mit dem Gedanken, dass wir, falls es hier nicht klappte, immer noch in Kalifornien bleiben konnten, was in meinen Augen gar nicht so schlecht gewesen wäre.

Doch an diesem Abend wurden wir mit einem hundertprozentigen Ja eingestellt. Später sagte mir die Frau des Pastors: „Während Ditmar predigte, haben wir auch dich beobachtet. Wie eine Frau sich bei der Predigt ihres Mannes verhält, sagt fast genauso viel aus wie die Predigt selbst."

Wir versprachen Pastor Bell, dass wir ihm innerhalb einer Woche unsere Entscheidung mitteilen würden. Wir wollten in dieser Angelegenheit noch mehr beten, alles überdenken und Gott um Weisheit bitten.

Am nächsten Montag kehrten wir nach Los Angeles zurück. Als wir uns der Stadt näherten, hatten wir beide das sichere Gefühl, dass die Zeit gekommen war weiterzuziehen. Auch wenn manche Einzelheiten für uns noch ein Rätsel darstellten, wussten wir, dass der nächste Glaubensschritt dran war.

In den folgenden Wochen packten wir unsere Sachen. Als mir dabei meine Flipflops in die Hände fielen, dachte ich wieder an die Schwierigkeiten der ersten zwei Wüstenjahre, die wir hier verbracht hatten. Ich war froh, dass sie jetzt nur noch eine Erinnerung darstellten, und ich war dankbar, dass Gott nicht weiter geschwiegen hatte. Ja, die ersten beiden Jahre waren schmerzhaft gewesen, aber auch bedeutsam. Anschließend hatten wir auch noch zwei wunderschöne Jahre hier erleben dürfen. Bei einem Besuch in Palm Springs, Kalifornien, hatte ich die herrlichen Kakteen gesehen, die in der Wüste blühten. *Genau wie unser Leben*, dachte ich. *Wie ein stacheliger Kaktus können auch wir mitten in der Wüste aufblühen.*

Bei einem Besuch in Palm Springs, Kalifornien, hatte ich die herrlichen Kakteen gesehen, die in der Wüste blühten. „Genau wie unser Leben", dachte ich. Wie ein stacheliger Kaktus können auch wir mitten in der Wüste aufblühen.

Ja, in den letzten vier Jahren hatte Gott uns herausgefordert, über die Grenze unserer Bequemlichkeit hinauszugehen. In der Wüste hatte Gott uns gelehrt, nicht auf unsere eigenen Möglichkeiten zu bauen, sondern mit seinen zu rechnen. Hier hatten wir einen Hunger nach dem Manna entwickelt, das nur Gott geben kann.

Er entwöhnte uns von der Säuglingsmilch der Abhängigkeit von Menschen und weckte unseren Hunger nach der festen Nahrung des Vertrauens auf Gott. Er hatte einen neuen Weg gewählt, uns zu leiten und zu versorgen. Oft führte dieser Weg durch ungewohntes Territorium und durch Ungewissheit. Doch er war dabei, unsere Lebensgeschichte zu schreiben; er kannte den Weg. Aber es lag an uns, gehorsam zu sein und ihm zu folgen. Diese Wüstenerfahrung war für uns eine Zeit des Heranwachsens gewesen. Wir nahmen Abschied, luden unsere Sachen in einen gemieteten Umzugslaster und ließen unser kleines gelbes Haus, das so viele kostbare Erinnerungen barg, hinter uns zurück. In diesen „Mannajahren" hatte Gott uns die Gelegenheit gegeben, Hunger, Einsamkeit und Verlust zu erfahren. Und er hatte in uns das Mitgefühl für andere Menschen wachsen lassen, die dasselbe durchmachten. Damals war mir kaum bewusst, dass dies der Vorbereitung auf eine andere Aufgabe diente.

Bevor Ditmar den Motor des Wagens anließ, sprachen wir ein sehr langes Dankgebet. Dann begann die lange Fahrt nach Chicago.

20
High Heels im Mafiaviertel

Fünf Jahre zuvor hatten Ditmar und ich Gott und einander versprochen: „Wohin du uns auch führst, wir werden folgen." Und nun fanden wir uns in Chicago, Illinois, wieder. Abgesehen vom windigen Wetter lernten wir noch andere Seiten der Stadt kennen, für die Chicago berüchtigt war: In den 1930er-Jahren war es eine „Gangsterstadt", in der Al Capone die Metropole „regierte" (manche würden sagen: quälte). Ein halbes Jahrhundert vor Al Capone war es in Chicago durch den Evangelisten D. L. Moody zu einer großen geistlichen Erweckung gekommen. Und nun stießen wir an allen Ecken und Enden auf T-Shirts und andere Touristikartikel mit dem Satz, den der Sänger Frank Sinatra berühmt gemacht hatte: „Chicago Is My Kind of Town" (Chicago ist eine Stadt nach meinem Sinn). Wir fragten uns, ob Chicago auch eine Stadt nach unserem Sinn sein würde.

Ditmar begann sofort mit seiner Arbeit in der Gemeinde, während ich einen Teilzeitjob fand: Ich entwarf Kleider und arbeitete bei Modeschauen als Model. Dabei musste ich Stöckelschuhe tragen – je höher, desto besser. Als ich meine Flipflops wegpackte, musste ich lachen. „Herr, was für ein Gegensatz zum Zimmerputzen in Kalifornien."

Im ersten Monat wohnten wir im Gästezimmer von Pastor Bell. Wieder gingen wir auf die Suche nach einer eigenen Bleibe und hatten Mühe, etwas Geeignetes zu finden. Eines Tages schlug Pastor Bell vor: „Warum kauft ihr nicht ein Haus?"

Ditmar und ich hörten höflich zu, aber innerlich sagte ich mir: *Auf gar keinen Fall können wir uns ein Haus leisten.* Mein Mann hatte offenbar denselben Gedanken, denn er erklärte unserem Gastgeber, dass unsere gesamten Ersparnisse sich auf gerade einmal 100 Dollar beliefen. Doch Bill ließ sich nicht beirren. Mithilfe von einigen Freunden entwickelte er ein Finanzkonzept, durch das wir ein Darlehen bekommen konnten, und Ditmars Eltern liehen uns die Anzahlung. Innerhalb weniger Wochen hatten wir unser eigenes Haus in einem italienischen Stadtviertel gekauft und freuten uns riesig!

Doch wenn wir anderen erzählten, wo wir nun wohnten, wurden wir oft gefragt: „Wie seid ihr denn ausgerechnet da gelandet?" Das „Da" war immer von hochgezogenen Augenbrauen begleitet.

Offensichtlich waren sie um uns besorgt, weil wir in einer „Mafiagegend" lebten. Von unseren Nachbarn wurden wir jedenfalls mit offenen Armen empfangen. Einige dachten beim Anblick von Ditmars dunklem Haarschopf und aufgrund meines besonderen Akzents vielleicht, wir seien direkt aus Italien gekommen.

Die Arbeit in der neuen Gemeinde bereitete uns wirklich Freude. In einer weniger großen Gemeinde – 300 bis 400 Personen im Vergleich zu 1 000 – konnten wir leichter mit den Menschen in Kontakt kommen. Auch mit den anderen drei Pastoren und ihren Frauen verband uns bald eine innige Freundschaft. Pastor Bells Frau Joan war für mich eine enorme Stütze. Mit großer Leidenschaft lehrte sie Gottes Wort und entdeckte rasch, dass ich denselben Wunsch hatte.

Ich fand einen Teilzeitjob: Ich entwarf Kleider und arbeitete bei Modeschauen als Model.

„Elisabeth", sagte sie eines Tages zu mir, „scheue dich nicht, auch in der Gemeinde mitzuarbeiten! Du brauchst nicht zu befürchten, dass du deinen Mann beeinträchtigen könntest; finde heraus, wie du ihn ergänzen kannst. Wenn Gott dich beruft, hat er einen besonderen Plan für dich. Zögere also nicht, nur weil du eine Frau bist."

Ihre Ermutigung stärkte mein Herz und ich fasste Mut. Zusammen mit einem Team von Helfern begann ich, den Kindergottesdienst zu leiten. Meine Erfahrung mit den Sommerfreizeiten erwies sich nun als ausgezeichnete Vorbereitung auf diesen Dienst.

Doch wenn wir anderen erzählten, wo wir nun wohnten, wurden wir oft gefragt: „Wie seid ihr denn ausgerechnet da gelandet?"

Je mehr ich mich mit den Kindern befasste, desto klarer wurde mir, was alle Kinder so besonders macht, ganz gleich, wo sie auf der Welt leben: Was ich an der Arbeit mit Kindern am meisten schätze, sind ihre offenen, ehrlichen Herzen. Sie sind so empfänglich und voller Staunen. Wenn ich für jedes einzelne dieser Kinder in Chicago betete, stellte ich mir ihr Leben vor wie noch weichen Zement. „Herr, hilf mir, ihrem Leben dich einzuprägen, damit sie in allem deine Hand erkennen, wo immer sie auch hingehen, und sich an deine Liebe und Treue erinnern."

Manchmal lud ich die Mädchen am Freitagabend zu einer Schlummerparty in unser Haus ein. Der Begriff „Schlummer" passte allerdings nicht hundertprozentig. Selbst um drei Uhr morgens hatte ich noch Mühe, die Mädchen zur Ruhe zu bringen.

„Schlafen?", meinten sie. „Das können wir auch zu Hause."

Wenn diese Nächte mich auch erschöpften, wusste ich doch, dass Gott diese Zeiten nutzte, um manchen Fingerabdruck in ihren Herzen zu hinterlassen. Manchmal vertrauten mir die Mädchen in den schwachen Momenten der späten Nachtstunden Dinge an, über die ich sonst nie mit ihnen hätte sprechen können. Sie lernten, meiner Liebe zu vertrauen, und für mich war es ein hohes Vorrecht, ihnen in den schwierigen Entwicklungsprozessen zu zeigen, was es bedeutete, Kind Gottes zu sein.

Obwohl wir die Berge und das Meer vermissten, hatten wir uns vom ersten Augenblick an in den Mittleren Westen verliebt. Wir sprachen immer seltener von Santa Ana – nur wenn der Winter einkehrte und ganz Chicago unter seinen Schneemassen begrub und wir in den eisigen Winden vor Kälte zitterten.

In unserem zweiten Jahr wurden Ditmar und ich von den turbulenten Aufgaben des Gemeindedienstes immer mehr in Beschlag genommen. Zwar hatten wir große Freude an der Arbeit, aber wir fanden immer weniger Zeit für unsere Ehebeziehung.

Eines Abends, als wir zu einer Veranstaltung in der Gemeinde aufbrachen, übersah ich eine gefrorene Pfütze in unserem Hof. Ich rutschte auf dem Eis aus und stürzte der Länge nach hin. Als mein Kopf auf dem Boden aufschlug, fühlte es sich an, als hätte eine eiserne Faust hart zugeschlagen. Ditmar hob mich auf und trug mich ins Haus zurück. Der Schmerz und der Schwindel lähmten mich. Der Arzt diagnostizierte neben anderen Verletzungen eine Gehirnerschütterung. Es war das zweite Mal, dass ich eine Gehirnerschütterung erlitt – das erste Mal passierte es in Vancouver, als jemand zur Tür hereinkam, ohne zu ahnen, dass ich dahinter stand. Der Arzt ordnete für die nächsten Monate strikte Bettruhe an.

Plötzlich kam alles zum Erliegen. Meine Arbeit in der Gemeinde. Mein Teilzeitjob als Modedesignerin. Es lag eine gewisse Ironie darin, denn mein Entwurf für ein rotes Weihnachtskleid hatte bei einem Wettbewerb in der Rubrik „schlichter, schicker Schnitt" den ersten Preis bekommen. Nun lag ich hier und war ans Bett gefesselt.

Ich hatte viel Zeit, über die Veränderungen der letzten Zeit nachzudenken.

Mir wurde bewusst, dass ich so sehr damit beschäftigt gewesen war, für Gott zu arbeiten, dass ich nur wenig Zeit mit ihm selbst verbracht hatte.

„Es tut mir so leid", betete ich. „Ich will nicht vor lauter Dienst in deinem Namen an dir selbst vorbeileben." Ja, ich war schuldig geworden: Ich hatte mich von dem turbulenten Leben der Großstadt und von den zahlreichen Aufgaben des geistlichen Dienstes mitreißen lassen und darüber meine persönlichen Zeiten mit Gott und sogar die gemeinsamen Zeiten mit Ditmar vernachlässigt.

In diesen Wochen dachten Ditmar und ich gründlich über unser gemeinsames Leben als Ehepaar nach und wir prüften unsere Herzen. In den vorangegangenen Monaten hatten unsere Aktivitäten in der Gemeinde und der Alltag uns so stark in Anspruch genommen, dass wir keine Zeit mehr füreinander gefunden hatten, keinen Raum mehr für Gespräche, Zärtlichkeit und stille, kostbare Momente. Wir waren reizbar geworden und neigten zu Streitigkeiten. Ditmar kam meist spät von der Arbeit nach Hause und zog sich dann zum Studium in sein Büro zurück. Auf diese Weise hatten wir uns immer mehr auseinandergelebt, bis wir uns schließlich sogar vor Gesprächen scheuten, um nicht wieder in Streit zu geraten.

Trotzdem hielten wir an unserer Gewohnheit fest, vor dem Schlafengehen miteinander zu beten. Jeden Abend knieten wir uns neben unser Bett – ich auf meiner Seite und er auf seiner – und redeten mit unserem Gott.

Eines Abends betete Ditmar: „Wir sind erschöpft, Gott. Wir sehnen uns nach einer frischen Brise deiner Liebe."

Während ich nun Woche für Woche im Bett lag, hatte ich sehr viel Zeit, um über meine Beziehung zu Ditmar nachzudenken. Und ich betete auch für Veränderung: dass ich fähig sein würde, die Bedürfnisse meines Mannes besser wahrzunehmen. Aber das würde nicht leicht sein. Wir hatten einige heftige Auseinandersetzungen gehabt und einander tief verletzt. Mehrmals hatte ich sogar das Gefühl, die Ehe nicht mehr weiterführen zu können. Ich fühlte mich mit meinen Problemen so allein. In Chicago hatte ich keine Verwandten, die mich hätten ermutigen können, und ich konnte auch nicht mit Freunden aus der Gemeinde über meinen Kummer sprechen, weil Ditmar einer der Pastoren war.

Manchmal schienen meine Probleme einfach unüberwindlich. Doch eine Scheidung kam für keinen von uns infrage. Aber in einigen Momenten tiefster Verzweiflung war mir, als hörte ich eine Stimme flüstern: *„Du bist nicht gut genug für Ditmar. Ohne dich wäre er besser dran."*

Doch auch da hielten wir an unserer Gewohnheit fest, abends gemeinsam zu beten. Eines Abends, als wir uns ans Bett knieten, fingen wir beide an zu schluchzen. Wir waren die Distanz und den Herzenskummer satt. Endlich ließen wir unseren hartnäckigen Stolz fallen und baten einander um Vergebung. In diesem Augenblick wurde ein dunkler Schleier von uns genommen. Wir standen auf und gingen aufeinander zu. Als Ditmar mich in die Arme schloss, sagte ich immer wieder: „Es ist meine Schuld; bitte verzeih mir."

„Nein, Schatz", erwiderte Ditmar, „es ist *meine* Schuld; bitte verzeih *mir*."

Immer wieder baten wir einander um Vergebung, ohne eigentlich genau zu wissen, wofür. Doch die Bedrückung, die wie eine dunkle Wolke über uns gehangen hatte, war weg.

Irgendetwas löste die zunehmende Dunkelheit um uns auf, und Gott stellte uns auf einen neuen Weg, der zu größerer Innigkeit und Freiheit in unserer Ehe führte.

Die ganze Nacht hindurch hielten wir einander umschlungen. Der Schmerz versiegte und innerer Friede stellte sich ein. Die Mauern, die uns ein halbes Jahr getrennt hatten, wurden durch ehrliche Gespräche und gegenseitige Hingabe zum Einsturz gebracht und abgetragen. Irgendetwas löste die zunehmende Dunkelheit um uns auf, und Gott stellte uns auf einen neuen Weg, der zu größerer Innigkeit und Freiheit in unserer Ehe führte.

Ich weiß nicht, was uns in dieser düsteren Zeit befähigt hat, an unserer Gebetsgewohnheit festzuhalten. Ganz bestimmt war uns damals nicht danach zumute, miteinander zu beten, aber es war vielleicht genau das, was unsere Ehe rettete. Nun erneuerten wir unseren Entschluss, sowohl in unserer Beziehung zueinander als auch in der zu Gott aufmerksam zu sein. Die Wunden, die wir einander zugefügt hatten, heilten natürlich nicht über Nacht, aber wir begannen, unsere gemeinsamen Zeiten zu pflegen, auf unsere Worte zu achten, offen und ehrlich über unsere Gefühle zu sprechen und einander wissen zu lassen, was wir mochten und was nicht. Und wir waren entschlossen, darauf zu vertrauen, dass Gott uns auch in Zukunft durch alle schweren Zeiten hindurchtragen würde. Nie wieder wollten wir die Macht des Gebets unterschätzen.

König Salomo schreibt: „Eifer ohne Wissen ist nicht gut; ein Mensch, der es allzu eilig hat, verfehlt leicht den richtigen Weg."[17] Der Bestseller-Autor John Ortberg schreibt in seinem Buch „Das Leben, nach dem du dich sehnst": „Kurz nach meinem Umzug nach Chicago bat ich einen weisen Freund um geistliche Richtungsweisung. Ich beschrieb das viel zu hohe Tempo, in dem sich die Dinge in meiner gegenwärtigen Situation bewegten. Ich erklärte ihm den hektischen Rhythmus unseres Familienlebens und meine momentane innere Verfassung. Was, so fragte ich ihn, musste ich tun, um geistlich gesund zu sein? – Lange Pause. – ‚Du musst konsequent alle Hektik aus deinem Leben verbannen', sagte er schließlich. – Wieder eine lange Pause. – ‚Okay, ich habe mir diesen Punkt notiert', erklärte ich ihm, schon etwas ungeduldig. ‚Das ist schon ganz gut. Was noch?' Ich hatte noch eine Menge Dinge zu erledigen, außerdem war es ein Ferngespräch. Ich wollte also so viel geistliche Weisheit wie möglich in so wenig Zeit wie nötig aus ihm herausquetschen. – Noch eine lange Pause. – ‚Es gibt nichts anderes', sagte er. So schwer mir diese Erkenntnis auch fiel: Hektik ist ein innerer Zustand, den ich selbst will, um die Leere in meinem Herzen zu überdecken."[18]

Ich hatte mich so sehr auf den Dienst konzentriert, dass ich nicht mehr innegehalten hatte, um aus der Liebe meines himmlischen Vaters zu schöpfen. Viel zu lange war ich meiner Geschäftigkeit gefolgt, obwohl ich selbst innerlich leer war. Deshalb war ich nicht mehr in der Lage gewesen, meinem Mann, der mir kostbarer war als alles andere auf der Welt, Liebe zu geben. Die Schuld daran hatte ich nur mir selbst zuzuschreiben. Ich musste umdenken und mir klar werden, worauf es im Leben wirklich ankommt. Ich beschloss, dass es in Zukunft meine oberste Priorität sein sollte, darauf zu achten, dass meine Seele richtig genährt wurde.

Ditmar und ich merkten beide, wie sehr wir uns in der Zeit, in der wir uns innerlich voneinander distanziert hatten, nach inniger Nähe und Vertrautheit gesehnt hatten. Diese tiefere Beziehung war das, was wir anstrebten – nicht nur zu unserem eigenen Wohlergehen, sondern auch zu dem des anderen.

An diesem Tag nahmen wir unser Hochzeitsalbum heraus und riefen uns in Erinnerung, was wir einander versprochen hatten. Jener herrliche weiße Januartag in Vancouver war nur der Beginn unseres gemeinsamen Weges gewesen. Es war so gut zu wissen, dass Gott uns auf diesem Weg begleitete, in guten wie in schlechten Zeiten.

21
Wanderschuhe und unvergessliche Weihnachten

In unserem dritten Jahr in der windigen Stadt Chicago spürten wir, dass Gott uns auf eine Veränderung vorbereitete.

Dann kam die Anfrage. Als Ditmar gerade seinen Masterabschluss machte, bot ihm eine angesehene Chicagoer Gemeinde die Stelle des Hauptpastors an. Man sagte ihm, dass er auch den Freiraum haben würde zu promovieren. Es war wie ein Traum, der Wirklichkeit zu werden versprach! Wir mochten Chicago und hatten uns in den vergangenen Jahren gut eingelebt. Wir besaßen hier ein Haus und hatten gute Freunde gefunden. Und unsere erneuerte Liebe zueinander hatte unseren Wunsch verstärkt, Gott zu dienen. Ja, wir lebten inzwischen so gern in dieser Stadt, dass wir uns sogar Frank Sinatras Aussage „Chicago Is My Kind Of Town“ zu Eigen gemacht hatten!

Doch eines Nachmittags, als ich die Tür zum Hinterhof öffnete, schien der Wind mir in Gedanken eine Botschaft zuzutragen: *Halte das alles nicht fest. Ihr werdet in ein anderes Land gehen.*

Gott, bist du das? Habe ich das richtig verstanden?

Ich wusste, dass dies ein Hinweis Gottes für mich war, aber ich behielt ihn vorerst für mich. Ich wartete ab, ehe ich meinem Mann davon erzählte.

Einige Tage später, als Ditmar und ich gerade beim Abendessen saßen und eines seiner Lieblingsgerichte – Rouladen mit Spätzle – genossen, sagte er auf einmal: „Schatz, ich habe heute eine Missionsgesellschaft angerufen und einige Fragen über einen Dienst im Ausland gestellt. Ich wollte wissen, ob sie Missionare nach Osteuropa schicken. Aber das tun sie nicht. Es sei zu gefährlich, haben sie gesagt, und diejenigen, die früher in diesen Ländern arbeiteten, sind in den Westen gezogen."

Offenbar war mir die Überraschung anzusehen, denn Ditmar fügte rasch hinzu: „Keine Sorge, Schatz. Ich war nur neugierig, ob Gott vielleicht doch einen Auslandsdienst für uns im Sinn hat."

„Du brauchst dich nicht zu entschuldigen", entgegnete ich mit freudigem Lächeln. Dann erzählte ich ihm von dem Eindruck, den ich einige Tage zuvor gehabt hatte. Begeistert erkannten wir, dass Gott jedem von uns einen klaren Ruf gegeben hatte. Offensichtlich war Gott dabei, uns auf einen weiteren Umzug vorzubereiten. Nun brauchten wir nur zu warten, was er als Nächstes tun würde.

In den folgenden Monaten sammelten wir Informationen, welche Möglichkeiten es im Ausland gab. Wir waren bereit, dorthin zu gehen, wo wir am besten hinpassen würden – wo auch immer das sein würde. Doch in unseren Herzen dachten wir an Osteuropa. Oft hatten wir über die Erfahrungen im geistlichen Dienst gesprochen, die wir dort gemacht hatten.

Dann kam die Einladung von *ICI*[19]: „Wir haben gerade in Deutschland ein Studienkolleg für Fernstudiengänge *(ICI University)* eröffnet und brauchen einen Direktor", wurde uns gesagt. „Da Sie beide Deutsch sprechen, wären Sie genau die Richtigen. Von dort aus könnten Sie auch nach Osteuropa reisen."

Ditmar war überwältigt.

Dann berichtete er, dass sein Großvater während des Zweiten Weltkriegs fünf Jahre lang in einem russischen Konzentrationslager (Gulag) in der Nähe des russischen Uralgebirges gefangen gewesen war. „Es ist ein Wunder, dass er überlebte“, fügte er hinzu. „Als Großvater aus dem Lager befreit wurde, ging er nach Bremen in Norddeutschland. Nach meiner Geburt wanderte meine Familie (samt Großvater) dann nach Kanada aus. Meine Eltern kehrten nie wieder nach Europa zurück, und sie rieten uns Kindern auch davon ab, jemals nach Deutschland zu gehen.“

Tatsächlich war Ditmars Mutter sehr betroffen, als wir seiner Familie mitteilten, dass wir nach Deutschland gehen würden. „Warum müsst ihr denn unbedingt so weit fort?“, fragte sie. „Könnt ihr nicht einfach in Nordamerika bleiben?“

Onkel Kurt dagegen ermutigte uns. „Dein Großvater hat zwar Deutschland verlassen, aber Deutschland hat ihn nie losgelassen“, sagte er. „Er hat täglich für Deutschland und die osteuropäischen Länder gebetet. Aber er ahnte nicht, dass sein Enkel einmal eine Antwort auf seine Gebete sein würde!“ Lächelnd fügte er hinzu: „Nun wird die dritte Generation in seine Fußstapfen treten. Wie stolz dein Großvater gewesen wäre, wenn er gewusst hätte, dass du nach Europa zurückgehen wirst, um dort zu dienen.“

Vielleicht hat Großvater es doch gewusst, dachte ich. Bei unserer Trauung hatte er ausgerechnet über Rut gepredigt. Und wie sie hatten auch wir ein Versprechen gegeben: „Wohin du uns auch sendest, wir werden gehen.“ Damals wussten wir natürlich nicht, dass Großvater viele Jahre lang für Deutschland – den Osten ebenso wie den Westen – gebetet hatte.

Ditmar und ich staunten. *Bei Gott bleibt gar nichts dem Zufall überlassen,* dachte ich. Und er macht keine Fehler. Jeder Schritt – egal, ob in Flipflops, High Heels oder Hausschuhen – war eine Vorbereitung für uns gewesen. Auf geheimnisvolle Weise tauchten nun Ruts Worte an Naomi wie ein roter Faden wieder auf und erinnerten uns an Gottes Vorsehung und liebevolle Fürsorge.

Wieder machten wir uns daran, von guten Freunden und Mentoren Abschied zu nehmen. Der Pastor und Bestsellerautor

Max Lucado schrieb einmal, als er eine Zeitlang im Ausland als Missionar tätig war, dass der Missionspfad von Lebewohlumarmungen und Abschiedstränen gezeichnet ist. Nun lernten wir das klarer verstehen. Wir bekamen jene „bittere Süße" zu schmecken – die Trauer darüber, Freunde zurücklassen zu müssen, die gemischt war mit der Vorfreude auf all das, was Gott mit uns vorhatte.

„Bei Gott bleibt gar nichts dem Zufall überlassen", dachte ich. Und er macht keine Fehler.

Nicht nur von Personen, sondern auch von manchen Habseligkeiten mussten wir uns trennen, von Dingen, die wir nicht mitnehmen konnten. Ich fand ein paar goldbraune Aluminiumtöpfe und stellte fest: „Die haben mir sowieso nie gefallen." Ich nahm sie aus dem Regal und steckte sie in eine Tüte, um sie einer Freundin mitzugeben. Doch als sie mit den Töpfen wegging, brach ich in Tränen aus.

Irritiert kehrte ich in die Küche zurück und schaute mich um. Plötzlich wurde mir bewusst, wie sehr mein Herz an altvertrauten Gegenständen hing – wie an den Aluminiumtöpfen.

Ich starrte auf die leeren Regale und fragte mich: *Was wird die Zukunft bringen?*

∞

Rasch näherte sich das Weihnachtsfest. Wie sehr genoss ich die Weihnachtszeit in Chicago: die festlich geschmückten Schaufenster, die Kränze und Lichterketten, die Feiern und die herrlichen Kantaten. Und die Geschenke – in solcher Fülle!

All das stand in krassem Gegensatz zu den Weihnachtsfesten, die ich im kommunistischen Jugoslawien meiner Kindheit erlebt hatte. An Heiligabend hatten wir immer im alten Bauernhaus beisammengesessen, während Großvater die Weihnachtsgeschichte vorlas. Als Geschenk erhielt ich immer eine große, glänzende Orange – Jahr für Jahr. In meiner kommunistischen Heimat war Weihnachten kein behaglicher und anerkannter Feiertag. Ganz im Gegenteil: Die Kommunisten setzten alles daran, ihn abzuschaffen. Wenn Weihnachten auf Wochentage fiel, konnte meine

Familie nur abends feiern, weil wir tagsüber in der Schule sein mussten. Die Namen derjenigen, die dort fehlten, wurden gewissenhaft aufgeschrieben, da sie verdächtig waren, ein christliches Fest zu feiern. Die Lehrer werteten die Abwesenheit als Protest gegen den Kommunismus. Einige von ihnen setzten sogar die Noten der fehlenden Schüler so drastisch herab, dass sie nicht in die nächste Klasse versetzt werden konnten.

Die Weihnachtstraditionen, die wir in Amerika eingeführt hatten, waren mir sehr ans Herz gewachsen. Als mir bewusst wurde, dass dies unser letztes Weihnachtsfest in Chicago sein würde, entschied ich, es zu etwas ganz Besonderem zu machen. Ich fing an zu dekorieren, zu backen und Feste mit Freunden zu planen. Auf ein Stück Papier schrieb ich meine Wunschliste: ein Flanellnachthemd, ein Fläschchen Parfüm und ein Paar braune Handschuhe, passend zu dem Cape, das ich genäht hatte.

Doch ein paar Tage später, bevor ich meine Wunschliste weitergeben konnte, sah Ditmar mich am Frühstückstisch an und meinte: „Schatz, du weißt, dass wir in Zukunft ein viel geringeres Einkommen haben werden. Lass uns jetzt anfangen, uns auf diese Veränderungen einzustellen. Begnügen wir uns dieses Jahr mit nur einem Geschenk." Damit stand er auf und fuhr ins Büro.

Enttäuscht saß ich da. Traurigkeit erfasste mich, als ich an die Weihnachtsfeste meiner Kindheit in Jugoslawien zurückdachte – mit einer Orange als einzigem Geschenk. *Ob ich fähig bin, all die Dinge aufzugeben, die das Weihnachtsfest für mich so besonders gemacht haben?*, fragte ich mich.

Wir hatten einige Freunde zu einer kleinen Heiligabendfeier eingeladen, und als das letzte Ehepaar gegangen war, sagte Ditmar: „Komm, Schatz, jetzt öffnen wir unsere Geschenke."

Klar doch, ein einziges Geschenk, dachte ich. *Na prima!*

Ditmar reichte mir eine wunderschön verpackte Schachtel. Darin befand sich ein hübscher, elfenbeinfarbener Pullover. Ich war sehr gerührt und dankte ihm für seine Aufmerksamkeit. Dann gab er mir vier weitere Päckchen.

Zuerst war ich verblüfft, dann etwas ärgerlich. „Ich dachte, wir hätten uns auf ein einziges Geschenk geeinigt!“

„Die sind nicht von mir“, sagte er. „Es sind Geschenke von Freunden aus der Gemeinde.“

Ich begann mit dem größten Paket. Vorsichtig entfernte ich die große Schleife und das glänzende Papier. Das Geschenk stammte aus einer Boutique, und als ich das Seidenpapier zurückschlug, entdeckte ich ein langärmeliges, mit Spitze besetztes Nachthemd. Es war einfach wunderschön.

Das nächste kleine Päckchen war in gelbes Papier gewickelt und mit einem ausgefallenen Geschenkband versehen. Als ich es aufriss, las ich: *Eau de Parfum, Paris.*

Das dritte Paket war eine flache, lange Schachtel aus meinem Lieblingskaufhaus. Darin befanden sich braune Lederhandschuhe, die perfekt zu meinem Cape passten.

Ich erinnerte mich an meine Wunschliste: ein Flanellnachthemd, ein Fläschchen Parfüm und braune Handschuhe, passend zu meinem Cape.

Es war völlig ausgeschlossen, dass die Frauen etwas von meiner Liste wussten ... nicht einmal Ditmar hatte sie zu Gesicht bekommen.

Ich nahm das vierte Päckchen in die Hand. *Was könnte das sein?*, überlegte ich. Als ich den Deckel hob, glänzte mir ein elegantes, silbernes Tischglöckchen entgegen. *Wozu brauche ich eine Tischglocke?*, fragte ich mich. *Ich werde demnächst froh sein, wenn wir überhaupt genug zu essen haben.*

Als ich die Glocke in der Hand hielt, konnte ich mein eigenes Spiegelbild darin erkennen. Plötzlich kam mir ein Bibelvers in den Sinn: „Denn ihr wisst, dass Gott euch nicht mit vergänglichen Werten wie Silber oder Gold losgekauft hat von eurem früheren Leben, das ihr so gelebt habt wie schon Generationen vor euch. Er bezahlte für euch mit dem kostbaren Blut von

Jesus Christus, der rein und ohne Sünde zum Opferlamm Gottes wurde. "[20]

In diesem Moment hörte ich, wie Gott zu meinem Herzen sprach: „*Elisabeth, du bist mir kostbarer als Silber und Gold. Du brauchst keine Angst zu haben. Ich werde für dich sorgen, wohin du auch gehst. Und ich weiß genau, was du brauchst. Habe ich es dir nicht bewiesen, indem ich dir jeden Wunsch von deiner Liste gewährt habe?*"

Ich fühlte mich so geliebt und wertgeachtet.

Ich kam einfach nicht über dieses „einfache" Weihnachtsfest, das sich als so reich entpuppt hatte, hinweg.

An diesem Weihnachtsfest gab es noch mehr – noch sehr viel mehr. Einige Tage später ging Ditmar mit mir zu einem Juwelier. „Ich habe etwas für dich bestellt", sagte er mit einem charmantem Lächeln.

Dann präsentierte er einen wunderschönen Trauring, in den ein Diamant eingefasst war. „Den hätte ich dir zu unserer Verlobung und an unserem Hochzeitstag geben sollen", erklärte Ditmar. „Aber du weißt ja, dass wir damals zu wenig Geld dafür hatten. In den letzten zehn Jahren unserer Ehe habe ich meine Pfennige gesammelt, und jetzt ist der beste Augenblick, dir den Ring zu geben."

Ich war sprachlos. Überwältigt. Erstaunt. Ja, im Laufe der Jahre hatte ich immer wieder die Diamanttrauringe anderer Frauen bewundert. Alles, was ich hatte, war ein einfacher schmaler Goldring. Manchmal hatte ich meine Hand verdeckt, weil ich nicht wollte, dass andere ihn bemerkten. Gott hatte sogar diesen Herzenswunsch gehört. Ditmar und ich waren uns einig, dass ich meinen neuen Ring an dem Tag zum ersten Mal tragen sollte, an dem wir unsere neue Reise antraten. Wir warteten, bis wir es uns auf unseren Sitzen im Flugzeug bequem gemacht hatten, dann steckte Ditmar den Ring auf meinen Finger und sah mir dabei tief in die Augen. Das machte den Flug wahrhaft romantisch!

Ich kam einfach nicht über dieses „schlichte" Weihnachtsfest hinweg, das sich als so reich entpuppt hatte. Ich lehnte mich in meinem Sitz zurück und betrachtete unentwegt meinen

Diamantring, der das Licht in allen Regenbogenfarben widerspiegelte. Immer wieder musste ich an Gottes überschwängliche Zuwendung in den vergangenen Monaten denken. Die sieben Farben des Regenbogens erinnerten mich an den Bund, den Ditmar und ich miteinander und mit Gott geschlossen hatten. Und Gott erinnerte mich an mein Versprechen: *„Elisabeth, weißt du noch, wie du damals auf der Holzbank saßest und Olga Olson zuhörtest? Erinnerst du dich, was du mir damals sagtest: ‚Gott, falls du noch eine Frau wie Olga brauchen solltest, würde ich gern diese Frau sein!'? Nun, jetzt ist es für dich so weit."*

22
In den Schuhen meines Vaters

Es war ein wunderbares Gefühl, wieder in Deutschland zu sein, wo Ditmar geboren war und wir einander kennengelernt und uns verliebt hatten. Und wir freuten uns schon darauf, den Kontakt zu einigen lieben Freunden wie den Williscrofts, Olga Olson und Emma Decker wiederaufzunehmen und weiter von ihrer Weisheit und Liebe lernen zu können. Sie wurden für uns wie eine Familie, und wir feierten Feste wie Thanksgiving, Weihnachten und andere besondere Anlässe gemeinsam.

Wenn ich sie beobachtete, bewegte mich ihre Liebe. Sie wurden meine Vorbilder, denen ich in meinem eigenen Leben nacheifern wollte. Sie liebten Gott, sie liebten die Menschen und sie halfen anderen, Gott zu finden. Auch ich sehnte mich danach, bei anderen Menschen Spuren zu hinterlassen. Ich wollte nicht durch dieses Leben gehen, ohne mich mit leidenschaftlicher Hingabe zu engagieren.

Einige aus meiner Familie waren nun wieder näher, andere dafür weiter weg. Erika studierte in Dallas und heiratete später einen Amerikaner. Dann heiratete Valeri ebenfalls einen Amerikaner. Für sie nähte ich ein neues Hochzeitskleid. Aber als meine Schwester Maria ankündigte, dass sie heiraten würde, änderte ich mein Hochzeitskleid, sodass es ihr passte und sie es an ihrem großen Tag tragen konnte. Sie sah wunderschön darin aus. In

Erste Seite: Elisabeth 1963, als sie die große weite Welt des Westens entdecken wollte.

Oben: Die Großeltern, die sie von Herzen liebte. Großmutter war es, die in ihr die Liebe für Geschichten weckte. Großvater brachte ihr mithilfe eines großen, zotteligen Hundes das Laufen bei und begleitete sie später bei ihren ersten Glaubensschritten.

Unten: Die gute alte Zeit vor dem Kommunismus. Mutter sitzt. Neben ihr steht Tante Erzsébet, Elisabeths Lieblingstante. Die älteste Schwester Edith steht und Rosi sitzt auf Mutters Schoß.

)ben: Körbe voller *Maiva*. Eine ungeliebte Aufgabe
ı der Kindheit. Später, als Erwachsene, machte
'lisabeth diese Arbeit weniger aus.

inks: Mutter und Vater mit Töchtern. Hinten von links
ach rechts: Maria, Edith, Roşi, Elisabeth, Martha.
nten von links nach rechts: Valeri und Erika.

echts: Ditmar und Elisabeth an ihrem Verlobungs-
g.

nten: Das Haus, in dem Elisabeth aufwuchs.

Oben links: Elisabeth, als sie in Vancouver, Kanada, ankam und zum ersten Mal von Ditmars Familie begrüßt wurde.

Oben rechts: Ihr neues Zuhause in Vancouver, Kanada, wo Ditmar aufgewachsen ist.

Unten links: Elisabeth fühlte sich in der Familie Mittelstädt angenommen. Ditmars Schwestern Betty (hinten links) und Evelyn und sein Bruder Peter. Vorne links: Elisabeth, Vater und Mutter Mittelstädt.

Unten rechts: Elisabeths „Bridal Shower".

Rechte Seite: Elisabeth als Braut in ihrem selbst genähten Hochzeitskleid – und mit dem glücklichen Bräutigam.

Oben links und rechts: In Kalifornien, als Elisabeth als Rednerin unterwegs war. Ihre Freundin Pat Rexroth hinten, Anita Vater auf der Seite.

Mitte: Chicago – kalte Winter, aber herzerwärmende Freundschaften. Hier mit dem Ehepaar Bell, mit dem Ditmar und Elisabeth sich sehr verbunden fühlten.

Unten: Nähen und Design war immer schon ein Teil ihres Lebens.

Oben links: Ein neuer Lebensabschnitt beginnt in Deutschland.

Oben rechts: Der große Traum ist tatsächlich wahr geworden. 1986 wurde *Lydia – die christliche Zeitschrift für die Frau* geboren.

Rechts: Mit Sharon Mumper. Zwischen harter Arbeit gab es bei *Lydia* immer Zeit für eine Tasse Kaffee.

Unten: Joni Eareckson Tada und Ken Tada, langjährige Freunde von Ditmar und Elisabeth. Von Anfang an lieh Ditmar den beiden gerne als Übersetzer seine Stimme, wenn sie auf Deutschlandtournee waren. Hier feiern sie Jonis Geburtstag in Frankfurt.

1999: Elisabeth eröffnet den großen *Hope for Europe*-Frauenkongress in der Frankfurter Festhalle und begrüßt 10.000 Frauen, die sich für diese Feier angemeldet haben, sowie die Repräsentantinnen von 32 Ländern.

Unten: Die Repräsentantinnen der verschiedenen Nationen sitzen kniend vor den Fahnen ihrer Heimatländer, die sie vor das Kreuz gebracht haben, und beten.

den darauffolgenden Jahren reiste mein Hochzeitskleid noch oft in osteuropäische Länder, wo es von vielen jungen Frauen bei ihrer Trauung getragen wurde.

ᘓ

Ein Jahr nach unserem Umzug nach Deutschland, an einem kalten Herbsttag 1983, rief meine Schwester Rosi an und benachrichtigte uns, dass Vater sehr krank war und im Krankenhaus lag. Ich traf Vorbereitungen, ihn zu besuchen, doch schon am nächsten Morgen rief sie wieder an und teilte uns mit, dass er gestorben war.

Statt nach Jugoslawien zu reisen, um meinen Vater zu besuchen, fuhr ich nun zu seiner Beerdigung. Ja, es war schmerzhaft, meinen Vater zu verlieren. Aber ich trauerte mehr um mich selbst. Wie sehr hatte ich mich nach der Anerkennung meines Vaters gesehnt! Hätte er doch nur ein einziges Mal gesagt: „Ich liebe dich." Aber das hat er nie getan.

Während der Trauerfeier sprach der Pastor darüber, wie froh Vater nun im Himmel sein musste. Er hatte ihm nach der Beichte die Kommunion gespendet, und dabei hatte Vater ausgesprochen, wie sehr er all den Schmerz und Kummer bedauerte, den er seiner Familie durch seine Trinkerei bereitet hatte. Dann führte der Pastor aus, wie herrlich Gnade ist und dass Gott uns alle Sünden vergibt, wenn wir ihn darum bitten.

Ihre Liebe bewegte mich. Sie wurden meine Vorbilder, denen ich in meinem eigenen Leben nacheifern wollte.

In diesem Augenblick war ich schockiert über die Heftigkeit meiner Gedanken: *Gott, das ist nicht fair! Sollte er nicht irgendwie für das Leid bezahlen, das er uns zugefügt hat?*

Doch Gott erinnerte mich: „Habe ich dich für deine Sünde bezahlen lassen?"

Verlegen senkte ich den Kopf. Nein, Jesus hatte alles für mich am Kreuz bezahlt. Nun fiel mir auch wieder ein, wie großzügig mein himmlischer Vater mir begegnet war, als ich zu ihm zurückkehrte. Er hatte auf mich gewartet ... genauso, wie er auf meinen Vater gewartet hatte.

Aber ich konnte meine Gefühle nicht abstellen. Als ich sah, wie der Sarg ins Grab hinuntergelassen wurde, fühlte ich mich betrogen: Die Hoffnung, je seine Bestätigung zu erfahren – sein „Ich liebe dich“ zu hören –, wurde zusammen mit seinem Leichnam für immer unter einer dicken Schicht Erde begraben.

Als ich meine Schwester Edith trösten wollte, die bitterlich weinte, entzog sie sich mir. „Du weißt nicht, was es bedeutet, einen Vater zu verlieren!“, entgegnete sie schroff.

Ja, es war schmerzhaft, meinen Vater zu verlieren. Aber ich trauerte mehr um mich selbst.

Was soll das heißen?, fragte ich mich irritiert. *Er war doch auch* mein *Vater*. Aber es war nicht der richtige Zeitpunkt, um Fragen zu stellen.

In den restlichen Tagen, die ich in Jugoslawien verbrachte, sprachen meine Verwandten über Vaters Kindheit. So erfuhr ich, dass er als Kind Schmerzliches erlebt hatte. Als dann die Kommunisten nach dem Zweiten Weltkrieg die Herrschaft in Jugoslawien übernahmen, verloren wir einen großen Teil unseres Besitzes und Landes. Wie so viele Männer in unserem Dorf war Vater darüber so verbittert, dass er sich in den Alkohol flüchtete. Als er später Christ wurde, ließ er das Trinken einige Jahre lang sein. Doch so traurig es ist: Alte Verhaltensmuster lassen sich nur schwer ablegen. Als das Leben ihm weitere Enttäuschungen brachte, verfiel mein Vater wieder aufs Trinken. Schon bald verbrauchte er das wenige Geld, das wir besaßen, für seinen Fusel, während es uns oft selbst am Nötigsten fehlte. Wenn er betrunken war, wurde er manchmal ausfallend und mitunter sogar handgreiflich. Er hatte es sich zur Gewohnheit gemacht, jeden Kummer über Enttäuschungen in seinem Leben im Alkohol zu ertränken. Nie war er über diese Enttäuschungen hinausgewachsen, jedenfalls – wie es nun den Anschein hatte – nicht bis kurz vor seinem Tod. Und ich hatte diese eine kurze Möglichkeit, die Verbindung zu ihm herzustellen, verpasst.

Traurig und enttäuscht kehrte ich nach Deutschland zurück. Nachdem ich im Gespräch mit Ditmar meinen Gedanken und

Gefühlen Luft gemacht hatte, betete ich: „Herr, vergib mir, dass ich unbewusst so lange unversöhnlich gegen meinen Vater gewesen bin. Danke, dass du mir das gezeigt hast." Anschließend schrieb ich in mein Tagebuch:

„Vater, ich schätze dich dafür, dass du mich großgezogen hast, und ich vergebe dir, dass du mir die Liebe nicht gezeigt hast, nach der ich mich so sehr sehnte."

Mein Gott, bitte hilf mir, diese Enttäuschung loszulassen.

Die tiefe Enttäuschung, die ich erfuhr, und der mangelnde Kontakt zu meinem eigenen Vater führten letztendlich dazu, dass junge Frauen mit ähnlichen Problemen sich gern an mich wandten. Unser Haus stand immer offen für Menschen, die das Bedürfnis hatten, über ihre Probleme zu sprechen. Eines Abends erzählte mir eine Frau vom Schmerz ihrer Vergangenheit. Ich sprach ihr Mut zu, aber die meiste Zeit hörte ich ihr einfach zu. Während des Gesprächs erkannte sie zum ersten Mal, dass sie eine Entscheidung treffen musste: Sie konnte durch ihre Bitterkeit hindurch zur Hoffnung weitergehen oder im Sumpf der Verbitterung stecken bleiben. Als sie an diesem Tag unser Haus verließ, war nicht zu übersehen, dass sie ihre Entscheidung gefällt hatte: Ihr Gesicht strahlte vor Freude und vor Hoffnung auf die Zukunft.

Ich war schockiert über die Heftigkeit meiner Gedanken: Gott, das ist nicht fair!

Erstaunt über das Wirken des Heiligen Geistes, kniete ich mich neben meinen Stuhl. „Herr, ich will dich tiefer erkennen", sagte ich. „Ich möchte andere Frauen ermutigen. Bitte hilf mir, die Person zu werden, die du im Sinn hast. Ich möchte mich mit ganzer Kraft für das einsetzen, was du mit meinem Leben vorhast."

Ich ahnte nicht, dass ich eines Tages eine Hilfe für andere sein würde, heil zu werden. Aber zuerst würde ich selbst noch mehr inneren Zerbruch erleben.

23
Ohne Absätze im Tal des Schmerzes

Da ich Probleme mit den Zähnen hatte, suchte ich 1984 einen Zahnarzt auf, den mir jemand empfohlen hatte. Als ich in sein Sprechzimmer trat, war ich überrascht, einen sehr alten Mann zu sehen. Aus seinem Verhalten schloss ich, dass er wohl besser bald in Pension gehen sollte. Vielleicht hatte seine Arbeit ihn früher einmal interessiert, doch nun erledigte er alles eher teilnahmslos und mechanisch: die Patientin hinsetzen und den schmerzenden Zahn entfernen.

Was ich als Routinemaßnahme angesehen hatte, wurde zur Qual. Eine Stunde verging, dann eine zweite. Irgendwann konnte ich meinen Mund nicht mehr offen halten, deshalb drückte seine Frau, die ihm assistierte, meine Kiefer weitere drei Stunden auseinander. Der Zahnarzt schleifte drei Zähne ab, um eine Brücke vorzubereiten, doch der Schmerz in meinem Kiefer fuhr mir in sämtliche Glieder. Als er nach fünf Stunden endlich fertig war, konnte ich kaum sprechen oder schlucken. „Es tut so weh", brachte ich mühsam heraus.

„Das wird vergehen", meinte er nur und entließ mich aus seiner Praxis.

Damals war mir noch nicht klar, dass dieser Zahnarzt einen irreparablen Schaden angerichtet hatte. Doch in den folgenden

Monaten wurde der Schmerz immer schlimmer. Er zog vom Kiefer ins Gesicht und bis in den Nacken und führte zu fürchterlichen Verspannungen. Es wurde so schlimm, dass schließlich meine Konzentrationsfähigkeit stark beeinträchtigt war und mir sogar meine normalen alltäglichen Arbeiten schwerfielen.

Ditmar und ich baten die Gemeinde, für mich zu beten, wie es in der Bibel steht: „Ist einer von euch krank? Dann soll er die Ältesten der Gemeinde holen lassen, damit sie für ihn beten und ihn im Namen des Herrn mit Öl salben. Ihr Gebet im Glauben an Gott wird den Kranken heilen, und der Herr wird ihn aufrichten. Und wenn er Sünden begangen hat, wird Gott ihm vergeben."[21]

Sechs Monate später suchten wir einen Kieferorthopäden auf. Nachdem dieser mich untersucht hatte, schüttelte er den Kopf. Er drehte sich zu seinem Kollegen um und sagte leise: „Als wäre ein Metzger am Werk gewesen! Eine Schande für unseren Berufsstand."

„Tragen Sie keine Stöckelschuhe mehr", riet mir der Arzt. „Die verschaffen Ihnen eine schlechte Haltung und verstärken Ihre Nackenschmerzen."

Daraufhin kaufte ich mir flache Schuhe. Doch der Schmerz blieb und machte es mir mittlerweile schwer, meine rechte Hand zu gebrauchen, was mich sehr betrübte, weil es nun mit dem Nähen vorbei war. Selbst das Schreiben wurde schwierig.

Wir suchten weitere Spezialisten auf, doch ohne Erfolg. Statt mir zu helfen, richteten sie weiteren Schaden an, indem sie unnötige Wurzelkanalbehandlungen durchführten und intakte Zähne zogen.

Was ich als Routinemaßnahme angesehen hatte, wurde zur Qual.

Dann kam es zu einer Infektion, die sich in meinem ganzen Körper ausbreitete. Während ich einen Arzt nach dem anderen aufsuchte, nahmen die Schmerzen nur noch zu und meine Verzweiflung wuchs.

Zweimal kollabierte ich bei einer Behandlung; einmal war es besonders kritisch. Damals gab mir eine Schwester eine Betäubungsspritze, bevor ein weiterer Zahn gezogen werden sollte, und verließ dann den Raum. Plötzlich wurde mir sehr schwindelig und ich verlor das Bewusstsein. Ich hatte das Gefühl, als würde mein Körper durch das Fenster schweben, und als ich zurückblickte, sah ich mich auf dem Behandlungsstuhl des Zahnarztes sitzen. Wie aus weiter Ferne nahm ich leise Stimmen wahr, die mich ansprachen. Der Notdienst war gekommen, und man versuchte, mich wiederzubeleben. Dann hörte ich die Stimme meines Mannes. Er war zwar nicht verständigt worden, aber er hatte ein starkes Drängen empfunden, zu mir zu kommen.

Die Nächte waren in dieser Zeit am schlimmsten. Sobald das Licht ausgeschaltet war, versuchte ich zu schlafen. Aber ich hatte schreckliche Albträume. Einmal hatte ich das Gefühl, als würde mich eine Hand würgen. Ich schrie: „Jesus! Das Blut Jesu schützt mich."

Ditmar rüttelte mich wach. „Schatz, wach auf. Na, du weißt wirklich, an wen du dich um Hilfe wenden musst – sogar im Schlaf."

Nun verstand ich, wie Hiob sich fühlte, als er sagte: „Wenn ich denke: ‚Mein Bett wird mich trösten, ich will versuchen, mein Elend im Schlaf zu vergessen', so erschreckst du mich mit Träumen und ängstigst mich mit Visionen."[22]

Oft klagte ich Gott mein Leid und meinen Frust – entweder laut ausgesprochen oder in zittriger Schrift in meinem Tagebuch. Ich füllte Seite um Seite mit meinen Klagen, und wenn mein Tagebuch voll war, verbrannte ich es. Ich würde das später nicht mehr lesen wollen, aber ich lernte, vor Gott so ehrlich zu sein, wie er es von mir erwartete.

Ditmar war um mich besorgt. Ich konnte sehen, dass mein Leid auch ihm zu schaffen machte. Er fing an, unzählige Stunden im Büro zu verbringen, um seinen Zorn und seine Frustration zu bewältigen. Für Ditmar, der so gern Probleme löst, war es unerträglich, hilflos zusehen zu müssen, wie seine Frau litt. Er konnte Gottes Zögern genauso wenig nachvollziehen wie ich. Einmal sagte er zu mir: „Jetzt kann ich Hiobs Frau verstehen."

Ich begann, mit tieferem Ernst für unsere Ehe zu beten. Eines Nachts hatte ich einen Traum. Ich weiß, dass Gott manchmal Träume benutzt, um uns etwas mitzuteilen – sei es, um ein Geheimnis aufzudecken, dem wir uns nicht stellen wollen, oder um uns vor einer Gefahr zu schützen. Als ich aufwachte, weckte ich Ditmar sanft und erzählte ihm von meinem Traum, der mir Angst um die Treue meines Mannes gemacht hatte. Er schloss mich in die Arme und sagte: „Gott hat dir einen Traum gegeben, um mich zu schützen. Bitte vergib mir, dass ich in letzter Zeit geflirtet habe."

„Ja, ich vergebe dir", sagte ich.

Doch eine tiefe Traurigkeit erfasste mich. Mir wurde klar, dass ich eine unbewusste Angst gehegt hatte, Ditmar zu verlieren. Es machte uns auch bewusst, wie verletzbar wir waren und wie Satan immer auf Möglichkeiten lauerte, unsere Ehe zu zerstören. An diesem Tag versprachen wir einander, dass wir bei jeder Versuchung ehrlich sein und miteinander darüber sprechen würden. Ans Licht gebracht würde die Versuchung ihre Kraft verlieren. Wir waren dankbar, dass Gottes Gnade uns bewahrt hatte, und mit der Zeit heilte er mein ängstliches Herz.

Eines Morgens stieß ich beim Bibellesen auf den Vers: „Ich will dich wieder gesund machen und deine Wunden heilen."[23]

Was für eine Verheißung! Es war ein winziges Samenkorn, das in mein Herz gefallen war.

ꟾ

Jedes Mal, wenn ich den Namen des Zahnarztes hörte, bei dem meine Tortur begonnen hatte, verkrampfte sich mein Magen. „Warum bin ich bloß zu diesem Arzt gegangen?", tadelte ich mich selbst. „Warum habe ich ihm nicht gesagt, dass er aufhören soll?"

Nachdem wir wussten, dass es sich um einen vermeidbaren ärztlichen Fehler handelte, hatten Ditmar und ich den Arzt zur Rede gestellt. Wir versuchten, ihn dazu zu bewegen, uns den

Originalabdruck meines Kiefers zu geben, damit andere Zahnärzte eine Vorstellung bekamen, wie mein Kiefer ursprünglich ausgesehen hatte. Aber er weigerte sich, ihn herauszugeben.

Einige Tage später ging ich in ein Lebensmittelgeschäft, um ein paar Dinge einzukaufen. Als ich den Gang entlangblickte, sah ich die Frau des Zahnarztes auf mich zukommen. Sie hatte ihm bei der Behandlung assistiert und meinen Mund aufgehalten.

Mein Herz klopfte schneller und mir stockte der Atem. *Gott, ich kann nicht mit ihr reden.* Meine Beine versagten und ich konnte mich nicht vom Fleck bewegen.

Bitte, Gott, ich schaffe das nicht, betete ich. *Hilf mir! Heiliger Geist, du bist mein Helfer; ich brauche dich jetzt.*

In diesem Moment löste sich die Starre in meinen Beinen und ich konnte mich wieder bewegen. Ich ging auf sie zu und sagte: „Ich vergebe Ihnen, was Sie mir angetan haben. Sagen Sie Ihrem Mann, dass ich auch ihm vergebe."

Die Frau sagte kein Wort. Sie zuckte nur mit den Schultern, als sei das Ganze nicht der Rede wert, und ging dann weiter.

Kalte Schweißtropfen bildeten sich auf meiner Stirn, und in meiner Nervosität ging ich aus dem Laden, ohne mich zu erinnern, was ich eigentlich hatte kaufen wollen.

Ja, sie erinnert sich an mich, und es könnte ihr gar nicht gleichgültiger sein!, dachte ich.

Doch dann blieb ich auf der Stelle stehen. In diesem Moment wurde mir klar, dass Vergebung nicht bedeutet, Geschehenes zu vergessen. Es bedeutete nicht, zurückzugehen und diesem Zahnarzt zu vertrauen oder mich wieder seiner Behandlung zu unterziehen. Das wäre Dummheit gewesen. Es bedeutete vielmehr, die Bitterkeit loszulassen, die mich innerlich zersetzte und mir die Fähigkeit raubte, zu leben und zu lieben. Ich musste die ganze Angelegenheit Gott überlassen. Ich war nicht dafür verantwortlich, wie mein Gegenüber reagieren würde.

„Jesus, selbst du musstest zur Vergebung derjenigen, die dich verletzten, um Beistand bitten", betete ich. „Du sagtest: ‚Vater, vergib ihnen, denn sie wissen nicht, was sie tun.'" Vielleicht galt das auch für den Zahnarzt und seine Frau. „Danke, dass du mir heute geholfen hast, auf sie zuzugehen und Vergebung auszusprechen, statt wegzulaufen", sagte ich.

Als ich an schmerzhafte Situationen zurückdachte, in denen Vergebung nötig war, fiel mir ein bestimmtes Muster auf: Mangelnde Erfüllung oder unerfüllte Träume riefen oft emotionalen Schmerz hervor. Bei meinem Vater zum Beispiel trauerte ich über den Verlust, nie seine Liebe und Aufmerksamkeit erfahren zu haben.

Außerdem führte die Auseinandersetzung mit schmerzlichen Erinnerungen und der Schritt, sie an Gott abzugeben, oft dazu, dass ich diese Wunden in unterschiedlicher Intensität neu durchlebte. Ich erkannte, dass ich zwei Alternativen hatte: entweder den Menschen zu vergeben, die mich verletzt hatten, oder an der Verletzung festzuhalten. Wenn ich frei sein wollte, dann musste ich aufhören, mich selbst und andere anzuklagen.

Meine Heilung setzte immer dann ein, wenn ich eine Verletzung beim Namen nannte und die Lügen erkannte, die ich geglaubt hatte. Obwohl ich mich oft nicht wertvoll und geliebt fühlte, musste ich glauben, dass ich es war, weil die Bibel es sagt. Wenn ich weder ein noch aus wusste, erinnerte Gott mich an sein Wort: „Hab keine Angst (...)! Ich habe dich bei deinem Namen gerufen, du gehörst zu mir. Wenn du durch tiefes Wasser oder reißende Ströme gehen musst – ich bin bei dir, du wirst nicht ertrinken. Und wenn du ins Feuer gerätst, bleibst du unversehrt. Keine Flamme wird dich verbrennen. Denn ich, der Herr, bin dein Gott."[24] An diesem Bibelwort hielt ich mich fest.

Ich bin dankbar, dass Gott so gnädig war, mir einen Schritt nach dem anderen zu zeigen, denn sonst hätte es mich bei Weitem überfordert. Gott änderte nicht die Tatsachen meiner Vergangenheit, aber er änderte meine Fähigkeit, über Schuld, Scham und Schmerz hinauszugehen, um mehr innere Heilung und Wiederherstellung zu erfahren. Ich erkannte, dass die Weigerung zu vergeben unser größter Feind sein kann, wenn es darum geht, geistlich gesund zu werden.

ꝏ

Gott hatte mir den Mut gegeben, Schritte zur emotionalen Heilung zu gehen. Doch die körperlichen Schmerzen verschlimmerten sich weiter. Nach der Odyssee von einem Zahnarzt zum anderen kehrten wir zur weiteren Behandlung in die Vereinigten Staaten zurück.

Ich ließ mich in der *Mayo Klink* in Rochester, Minnesota, aufnehmen, die als eine der besten Kliniken der Welt gilt. *Bestimmt wird man mir hier helfen,* dachte ich. *Ich kann es kaum abwarten, mich wieder besser zu fühlen!*

Nach unzähligen Untersuchungen und Konsultationen trat ein Team von Ärzten in weißen Laborkitteln an mein Bett. Sie sahen mich mit ernsten, fachkundigen Blicken an. „Es tut uns leid", begann der Professor. „Der Schaden ist nicht zu beheben."

Wie können sie mir das sagen?

„Niemand kann Ihnen jetzt noch helfen", fuhr der Arzt behutsam fort. „Irgendwie müssen Sie lernen, damit zu leben."

Er sprach weiter, doch seine Stimme verlor sich wie in einem düsteren Nebel, der mich einschloss. Wie sollte ich mit einem Schmerz leben, der so heftig war, dass mein ganzer Körper zitterte?

Da spürte ich, wie Ditmar meine Hand fasste. Nachdem die Ärzte gegangen waren, wandte er sich mir zu und sagte: „Schatz, gib nicht auf. Wir werden weiter für dich beten und andere bitten, das ebenfalls zu tun. Denk daran, wie oft Gott dich schon geheilt hat, sogar schon als Kind." Sein erstaunlicher Glaube und seine Zuversicht machten mir Mut.

Am Abend kam Kaplan Alan Lehman vorbei, um mit uns zu beten. Das Gebet, das er mit eigenen Worten formulierte, entsprach einem Bibelvers: „Oh bitte, lieber Gott, hilf ihnen. Sie stehen hilflos vor dieser Situation. Wir wissen nicht, was wir tun sollen. Wir vertrauen auf dein Eingreifen. Bitte zeige ihnen deine Barmherzigkeit.“[25]

Auch Ditmar betete, und während er das tat, kam mir ganz tief im Inneren – unter der Dunkelheit, die auch den letzten Hoffnungsschimmer in mir auslöschen wollte – der Gedanke: *Jesus kann jede Krankheit heilen. Das sagt sein Wort. Dieselbe Kraft, die Jesus von den Toten auferweckte, wohnt in mir. Ich bin noch nicht tot, also habe ich noch bessere Aussichten, von meinem Krankenbett aufgerichtet zu werden. Und ich baue mein Leben ganz auf die Tatsache, dass Jesus von den Toten auferstanden ist. Ich finde Hoffnung und Trost.*

Die trüben, grauen Novembertage überschatteten nicht nur die Landschaft, sondern auch meine Seele. Depression hatte von mir Besitz ergriffen.

Ich beschloss, mich an diesen Bibelvers zu halten, denn er sprach eine deutlichere Sprache als der Schmerz, der die Vernunft auszuschalten versuchte. Immer wieder zitierte ich diese Worte Gottes, bis seine Wahrheit schließlich tief in meinem Inneren den Schmerz und die Dunkelheit in die Schranken zu weisen schien.

Ich erinnerte mich an den Bibelvers: „Gott ist treu; er wird euch … in keine Prüfung geraten lassen, die eure Kraft übersteigt“[26], aber ich hatte oft das Gefühl, an die äußerste Grenze meiner Belastbarkeit gedrängt zu werden.

Eine Woche später lud eine gläubige Krankenschwester Ditmar und mich ein, sie für ein paar Wochen auf dem Bauernhof ihrer Familie zu besuchen, der nicht weit vom Krankenhaus entfernt lag. Ich hatte enorm an Gewicht verloren, und sie hoffte, dass frische Milch, Eier und selbst gebackenes Brot mir wieder Kraft geben und vielleicht auch meine Stimmung wieder aufhellen würden.

Die trüben, grauen Novembertage überschatteten nicht nur die Landschaft, sondern auch meine Seele. Depression hatte von mir Besitz ergriffen. Nichts konnte meine Stimmung aufhellen, nicht einmal ein knisterndes Feuer im Kamin. Eine frühe Winterkälte hatte die Hügel von Minnesota erfasst. Ich saß in eine Decke gehüllt da und starrte aus dem Fenster, wo winzige, hart gefrorene Schneekristalle von einem scharfen Wind durch die Luft gewirbelt wurden. In dumpfer Benommenheit schaute ich einer Herde Kühe zu, die einträchtig wie eine wogende Masse dem heimatlichen Stall zustrebten. Doch als ich näher hinsah, entdeckte ich weit hinter der Herde auf dem Feld eine einzelne Kuh, die noch mit gesenktem Kopf dastand.

Warum bleibt sie zurück?, fragte ich mich. Meine Neugier war geweckt, und ich stand auf, um ein Fernglas zu holen. Als ich die Kuh im Fokus hatte, entdeckte ich zu meiner Verwunderung ein neugeborenes Kalb, das neben seiner Mutter im Gras lag.

„Elisabeth, diese Kuh ist nur ein Tier, aber sie wird ihr kleines Kalb nicht allein lassen", hörte ich eine sanfte Stimme in meinem Herzen sagen. *„Glaubst du denn, dass ich dich jemals im Stich lassen würde?"*

Tränen stiegen mir in die Augen und ich ließ das Fernglas sinken. Ich dachte an den Bibelvers: „Kann eine Mutter etwa ihren Säugling vergessen? Fühlt sie etwa nicht mit dem Kind, das sie geboren hat? Selbst wenn sie es vergessen würde, vergesse ich dich nicht!"[27]

Ich war nicht allein! Gott war bei mir. Dieser Gedanke gab mir genug Kraft, um weiterzugehen, Schritt für Schritt. Trotzdem bat ich Ditmar inständig: „Bitte lass mich nie allein. Ich kann mir selbst nicht vertrauen. Ich wünschte, ich hätte keine Angst, aber die Wahrheit ist, dass ich große Angst habe."

Wie lange würde Gott mich noch im dunklen Tal des Todes[28] lassen?

24
Flache Schuhe und Fragen ohne Antworten

Ditmar und ich konnten nicht so einfach hinnehmen, dass der Schmerz, den eine falsche Zahnbehandlung hervorgerufen hatte, mich mein Leben lang begleiten sollte. Als unsere Freundin Pat uns in einem Brief von einem angesehenen Spezialisten in Kalifornien erzählte, der mir vielleicht helfen konnte, buchten wir den nächsten Flug, um weitere ärztliche Hilfe zu suchen.

Einige Wochen später kehrte Ditmar nach Deutschland zurück, um seine Arbeit fortzusetzen, während ich bei Pat in Kalifornien blieb.

„Dieser Eingriff kann den Schmerz beseitigen", erklärte mir der Spezialist, „aber er könnte ihn auch verschlimmern."

In der verzweifelten Hoffnung auf Linderung unterschrieb ich die Formulare. Ich war bereit, das Risiko einzugehen. Ich hatte keine Angst. Ich war sicher, dass nichts schlimmer sein konnte als das, was ich bereits durchgemacht hatte. Die Linderung meiner Schmerzen war in greifbare Nähe gerückt.

Pat stand neben mir und lächelte mir aufmunternd zu. Der Arzt injizierte eine Lokalanästhesie in meinen Brustkorb. Plötzlich ging irgendetwas schief. Ich sah, dass Pats Gesicht ganz bleich wurde und sie sich rasch setzte.

„Was war passiert?", fragte ich sie später.

„Dein Herz drohte zu versagen!", berichtete sie. „Alle rannten in Panik umher und dann schlossen sie dich an eine Herzmaschine an."

Sie hielten mich zwar am Leben, aber danach konnte ich nicht mehr gehen, ohne das Gleichgewicht zu verlieren. Pat brachte mich in einem Rollstuhl nach Hause und half mir ins Bett.

Es kann nicht noch schlimmer kommen, sagte ich mir immer wieder. Doch ein paar Tage lang konnte ich nicht laufen. Dann schaffte ich es, ins Badezimmer zu kriechen und mich am Waschbecken hochzuziehen. Als ich mein Spiegelbild sah, schnappte ich nach Luft. Meine linke Gesichtshälfte war gelähmt! Die herabhängende Lippe verzog meinen Mund zu einem hässlichen Grinsen; Speichel lief heraus. Während ich mein schiefes Gesicht anstarrte, sagte ich laut: „Herr, dein Wort sagt, dass du mich schön geschaffen hast, aber das hier ist weit von einem schönen Anblick entfernt!"

Ich dachte an Hiob, der einen Schlag nach dem anderen erlitten hatte, und fragte mich, wie er da immer noch sagen konnte: „Gewiss wird Gott mich töten, dennoch vertraue ich auf ihn."[29]

„Allmächtiger Gott", sagte ich, „ich muss ehrlich zu dir sein. Es hat sowieso keinen Sinn, dir etwas vorzumachen, denn du weißt alles. Wie lange wirst du noch zulassen, dass mich solche Schmerzen quälen? Bitte sag mir, Gott, wird das je aufhören? Wie viel kann ich deiner Meinung nach noch verkraften? Selbst Kühe muhen, wenn sie Hunger haben oder verletzt sind, also erwarte nicht von mir, dass ich in dieser Zeit still bin. Das ist einfach zu viel ..."

Satan raunte mir zu: „Das kümmert Gott überhaupt nicht." Er wollte mein Herz mit Furcht erfüllen.

Es folgten noch viele solche Monologe vor dem Spiegel. Oft musste ich eine Entscheidung treffen: Würde ich auf Satans Lügen hören oder mich an Gottes Wort halten? Satan raunte mir zu: *„Das kümmert Gott überhaupt nicht."* Er wollte mein Herz mit Furcht erfüllen.

Also klammerte ich mich verzweifelt an Bibelverse wie: „Doch wegen unserer Vergehen wurde er durchbohrt, wegen unserer Übertretungen zerschlagen. Er wurde gestraft, damit wir Frieden haben. Durch seine Wunden wurden wir geheilt"[30] oder: „Alle Tage meines Lebens hast du in dein Buch geschrieben, noch bevor einer von ihnen begann."[31]

Der Tod ist normal, aber er ist nicht natürlich. Wir gewöhnen uns nie an ihn; wir wurden nicht dazu erschaffen, den Tod zu erfahren.

Aber immer wieder fragte ich mich auch: *Wenn Gott meinen letzten Tag schon kennt, bevor der erste begonnen hat, warum habe ich dann einen solchen Hunger nach Leben? Und wie soll ich mit diesem Schmerz weiterleben?*

Wie Hiob hatte auch ich Freunde, die mein Leid nur noch vermehrten. Einige sagten, es sei ein direkter Angriff von Satan. Andere erklärten, Gott bestrafe mich für irgendeine verborgene Sünde. Der Versuch, die Ursache für Leid herauszufinden, ist viele Jahrhunderte alt , doch wenn man leidet, will man keine theologische Debatte über diese Frage führen.

Im Buch Hiob las ich: „Da sprach der Herr zum Satan: Siehe, er ist in deiner Hand. Nur schone sein Leben."[32] Bevor Satan Hiob angreifen konnte, musste er die Erlaubnis dazu bekommen, und Gott gewährte sie ihm, allerdings mit einer Einschränkung: bis hierher und nicht weiter. Also war es eigentlich nicht Satan, sondern Gott, der alles in der Hand hatte. Das erleichterte mich enorm: Ich war in Gottes Hand. *Aber ich möchte auch eine göttliche Begegnung mit dir, Herr,* flehte ich.

„Doch es blieben noch viele unbeantwortete Fragen offen. Nur Gott weiß, warum in Hiobs Fall Dutzende Unbeteiligte sterben mussten, während sich das Drama zwischen Satan und Gott zuspitzte. Uns macht die Tatsache zu schaffen, dass manche, die gerecht sind, nur ein kurzes, tragisches Leben haben, während andere, die gottlos sind, Wohlstand und ein langes Leben genießen. Eines können wir jedoch bekräftigen: Was in diesem Leben unfair erscheint, wird in der Ewigkeit den gerechten Ausgleich bekommen."[33]

Solange wir in dieser gefallenen Welt leben, werden Sünde und Krankheit unsere Feinde sein. Die Sünde des Menschen brachte Tod, Kummer, Unheil, Schmerz, Leid und Enttäuschung mit sich. Der Tod ist normal, aber er ist nicht natürlich. Wir gewöhnen uns nie an ihn; wir wurden nicht dazu erschaffen, den Tod zu erfahren.

Als Freunde mir vorwarfen, in meinem Leben gäbe es verborgene Sünden, prüfte ich sorgfältig mein Herz, um festzustellen, ob ich ungehorsam gewesen war. Aber ich habe doch regelmäßig mein Herz erforscht, solange ich zurückdenken kann, überlegte ich. Ich war zu einer Bestrafung bereit, aber ich konnte nicht glauben, dass Gott mich auf diese Weise bestrafte. Christus hatte durch seinen Tod am Kreuz die Strafe für meine Sünde vollständig bezahlt.

Warum also ließ Gott mich diese heftige Anfechtung durchmachen? Ich weiß es nicht; es bleibt mir ein Rätsel. Trotz intensiver Leiden erfüllte Gott später seine höheren Absichten für Hiob und eines Tages würde auch ich das bezeugen können. In der Zwischenzeit half es mir zu wissen, dass Gott bei mir war und dass er das letzte Worte behielt.

Also traf ich die Entscheidung, ihm zu vertrauen. Jeden Tag schrieb ich Bibelverse auf Karteikarten; sie waren meine Ermutigung, wenn ich im Laufe des Tages entmutigt wurde.

Nachts fiel es mir schwer zu schlafen. Wie ein schriller Wecker riss mich der Schmerz immer wieder aus dem Schlaf. Dann erinnerte ich mich: „Denn ich bin der Herr, dein Gott. Ich nehme dich an deiner rechten Hand und sage: Hab keine Angst! Ich helfe dir."[34]

Ich freute mich immer auf den Morgen, weil ich dann weniger mit meinen quälenden Gedanken zu kämpfen hatte. Zuerst blieb ich eine Weile auf der Bettkante sitzen und sammelte Kraft, um aufstehen zu können.

„Dies ist der Tag, den der Herr gemacht hat" – zitierte ich dann aus der Bibel – „Lasst uns jubeln und fröhlich sein."[35] Unweigerlich wurden diese Worte, die ich jeden Morgen wiederholte, unter Tränen ausgesprochen. Obwohl mein Körper nach Ruhe schrie, wagte ich nicht, im Bett zu bleiben. Ich wollte dem Schmerz und der Depression nicht nachgeben.

Doch Tag für Tag begann der Kampf wieder von vorn, und ich fragte mich allmählich, ob ich dabei war, den Verstand zu verlieren. Ich suchte Bibelstellen über den Verstand heraus, dachte über diese Verse nach, verinnerlichte sie, hüllte mich in ihre Wahrheit und trug sie wie eine Waffenrüstung.

In der Gemeinde hoffte ich auf ein ermutigendes Wort, doch mehr als einmal kehrte ich enttäuscht wieder heim. Wohlmeinende Leute sagten zum Beispiel: „Elisabeth, du brauchst einfach mehr Glauben" oder: „Du musst dies tun, dann wird Gott jenes tun." In meinen Ohren klang das wie ein Geschäftsvertrag. Wie eine Formel. Oft fühlte ich mich verurteilt, weil ich nicht genug Glauben hatte oder irgendetwas nicht richtig machte.

Eines Tages platzte ich heraus: „Herr, was ich brauche, ist deine Gnade – und Barmherzigkeit."

Ich suchte auch noch weitere Ärzte auf, doch sie sagten alle dasselbe: „Wir bedauern, was Ihnen passiert ist, aber wir können nichts mehr daran ändern." Ein Kieferorthopäde versuchte einmal, mich aufzumuntern. Nachdem er mir mitgeteilt hatte, dass er nichts für mich tun konnte, erinnerte er mich daran, dass auch der Apostel Paulus einen „Dorn im Fleisch" gehabt hatte.

Ich versprach Gott, dass ich mich von nun an nicht mehr darauf konzentrieren würde, was mit meinem Körper nicht stimmte, sondern auf das, was in Ordnung war.

Aber was war Paulus' Dorn? War es eine körperliche Einschränkung? Oder etwas anderes? Die Bibel schweigt darüber.

Einige Tage nach diesem letzten Arztbesuch reiste Ditmar aus Deutschland an, um mich nach Hause zu holen. Beim Landeanflug auf Frankfurt schaute ich wieder aus dem Fenster und betrachtete die vertraute Landschaft unter mir. *Wie werde ich mit diesem Schmerz fertigwerden?*, fragte ich mich.

„In Stillsein und in Vertrauen ist (deine) Stärke“[36], schien Gott mir zu sagen.

Damals wusste ich nicht, was für ein Segen dieser Bibelvers in den folgenden Jahren für mich sein würde. Doch rückblickend erkenne ich ein kostbares Geschenk: Im Stillsein finde ich Hoffnung, Heilung und ein tiefes Verständnis meiner Berufung. Wenn ich die Bibel studiere, bete und nachdenke, gewinne ich Vertrauen, dass Gott für meine Bedürfnisse sorgen wird. Um emotional heil zu werden, half es mir, Tagebuch zu schreiben und neben der Bibel auch andere christliche Bücher zu lesen.

„Herr, ich weiß nicht, wie viel ich noch verkraften kann“, flüsterte ich. „Aber ich will nicht, dass dieser Schmerz meinen Glauben beeinträchtigt; ich möchte darüber hinausblicken. Ich will auf dich vertrauen.“

Es lag so nahe, mich dem Selbstmitleid hinzugeben. Wenn ich aus meinem Küchenfenster schaute, konnte ich meine Nachbarinnen sehen, die gerade ihre Eingangstreppen fegten. „Herr, ich bin in dieses Land gekommen, um dir zu dienen“, beklagte ich mich dann, „und jetzt kann ich nicht einmal vor die Tür gehen, um mit meinen Nachbarn zu plaudern.“ Wieder entspann sich ein Zwiegespräch zwischen mir und Gott.

„Willst du wirklich, dass ich dich in diesem Land gebrauche?“

„Ja, Herr“, antwortete ich.

„Dann vertraue mir.“

Und so vertraute ich ihm – jedenfalls für eine Weile. Es war ein ständiger Kampf zwischen Selbstmitleid und Vertrauen.

Eines Morgens kam Olga Olson vorbei. Sie ließ mich mein Herz ausschütten und sagte dann: „Du befindest dich in einem Trauerprozess, Elisabeth. Es ist völlig in Ordnung, Fragen zu stellen. Dein Leben hat einen Sinn, auch wenn du ihn im Augenblick nicht erkennen kannst. Leid ist eine hohe Berufung, und Gott weiß offensichtlich, dass er dir eine solche Herausforderung anvertrauen kann. Weißt du, Menschen müssen an uns sehen, wie jemand leidet, der dem Herrn vertraut.“ Sie ermutigte mich, authentisch zu sein und mich meiner Gefühle nicht zu schämen.

Am nächsten Morgen trat ein neues Symptom auf: Ich konnte meinen Mund nicht öffnen. Ein Muskelspasma blockierte meinen Kiefer, sodass ich die Zähne praktisch nicht auseinanderbekam. Angst packte mich und Tränen stiegen mir in die Augen. Bevor Ditmar zur Arbeit fuhr, betete er mit mir.

Nun war es mir nicht mehr möglich, die Bibelverse laut auszusprechen und mich so zu ermutigen.

Plötzlich formte sich Entschlossenheit in mir, wie David vor Gott zu tanzen. *Mein Mund mag verschlossen sein, aber ich habe immer noch zwei Hände und zwei Füße, mit denen ich Gott anbeten kann: Ich werde mit all meiner Kraft vor dem Herrn tanzen.*

Da es mir doch ein bisschen peinlich gewesen wäre, gesehen zu werden, zog ich die Vorhänge zu, denn ich wollte die Nachbarn nicht daran teilhaben lassen. Den ganzen Morgen tanzte ich vor Gott. Gegen Mittag löste sich mein Kiefer. Ich versprach Gott, dass ich mich von nun an nicht mehr darauf konzentrieren würde, was mit meinem Körper nicht stimmte, sondern auf das, was in Ordnung war.

25
Alte Turnschuhe und eine neue Idee

„Ich will dich wieder gesund machen und deine Wunden heilen.“[37] Täglich klammerte ich mich an diese Worte, um eine klare Orientierung zu behalten. Der Frühling war gekommen und Gottes Schöpfung drängte mich mit ihrer Schönheit zu neuem Leben.

An einem dieser Frühlingstage zog ich meine alten Turnschuhe an und ging ins Freie. Der Pfad, auf dem ich wanderte, führte den Fluss entlang in den Wald. Die Bäume trugen wieder ihr grünes Gewand und kleine, weiße Blüten schmückten die Wiesen. Die Luft war erfrischend und die Vögel zwitscherten ihre Morgenlieder. Das Leben mit seinen Klängen, Farben und Gerüchen kehrte in den Wald zurück.

Wir hatten gerade unsere Mietwohnung verloren, weil der Eigentümer vorhatte, eine weitere Etage aufzustocken. Ich konnte mir keinen weiteren Umzug vorstellen. Widerstrebend dachte ich daran, dass alles – von den Küchenschränken über die Teppichböden bis zu den Lampen – abgebaut und neu installiert werden musste. Es war bereits unser 15. Umzug.

Hinzu kam, dass meine Familie seit sechs Monaten keine Briefe mehr geschrieben hatte. Wir hatten eine enge Familiengemeinschaft und ich liebte meine Schwestern sehr. Und gerade jetzt, wo ich solche Schwierigkeiten hatte, brauchte ich ihre Ermutigung besonders. Doch aus irgendeinem Grund ließ Gott zu, dass ich mit meinem Schmerz allein blieb.

Der Pfad führte über eine kleine Holzbrücke. Ich blieb stehen und blickte über das Geländer in das rauschende Wasser.

Jesus schien zu sagen, dass ich mir nicht die Last von morgen aufladen sollte.

„Spring", schien eine Stimme zu sagen. *„Dann bist du mit einem Schlag den Schmerz für immer los."*

Ich schaute hinunter. *Nein, das Wasser ist zu flach,* sagte ich mir.

Dann kam mir ein Gedanke: *Da ist ja ein Felsbrocken. Du wirst mit dem Kopf aufschlagen und dann ist alles vorbei.*

Sofort wurde mir klar, von wem dieser Gedanke stammte: Derselbe, der Jesus dazu bringen wollte, vom Dach des Tempels zu springen, wollte jetzt mich zum Springen verleiten. Gerade an diesem Morgen hatte ich diesen Bibelabschnitt gelesen.[38]

„Gott hat mir das Leben gegeben", sprach ich laut aus.

Plötzlich wusste ich: *Gott ist da.* Ich spürte seine Gegenwart und vor Dankbarkeit flossen mir Tränen übers Gesicht. Mein Leben lang werde ich mich an diesen besonderen Moment erinnern.

Dann schien Gott mich tief in meinem Herzen auf den Schmerz der Frauen in Europa hinzuweisen. Ja, ich war von hohen, weißen Kirchtürmen, von Märchenhäusern mit überbordenden Blumenkästen und von weiß getünchten Gartenzäunen umgeben. Doch hinter den sauber gefegten Treppen, den verschlossenen Türen und den modischen Kleidern lebten Frauen mit ihrem Schmerz.

„Elisabeth", sprach Gott zu meinem Herzen, *„äußerlich sieht alles schön und ordentlich aus, aber Tausenden von Frauen geht es heute wie dir. Sie leiden körperlich oder emotional, doch Schmerz ist Schmerz, ob es sich um Krankheit, Einsamkeit oder andere Schwierigkeiten handelt."*

„Ich möchte gern helfen, Gott. Aber was kann ich tun? Mir geht es selbst sehr schlecht. Manchmal frage ich mich, wie ich den nächsten Tag durchstehen soll."

„Hast du Angst vor dem heutigen Tag?", schien Gott zu antworten.

„Nein, nicht allzu sehr", antwortete ich. „Heute werde ich es irgendwie schaffen – mit deiner Hilfe."

„Dann überlasse den morgigen Tag mir."

Ich dachte an das, was Jesus gesagt hatte: „Deshalb sorgt euch nicht um morgen, denn jeder Tag bringt seine eigenen Belastungen. Die Sorgen von heute sind für heute genug."[39] Jesus schien zu sagen, dass ich mir nicht die Last von morgen aufladen sollte.

Der Blick in die Zukunft war für mich immer mit Furcht verbunden.

„Ja, Herr, ich weiß, dass jeder morgige Tag in meinem Leben dir gehört", sagte ich. „Ich will lernen, immer nur einen Tag nach dem anderen zu leben."

Das fiel mir schwer, weil ich ganz anders veranlagt bin. Schon als Kind hatte ich immer Pläne und Träume für die Zukunft. Doch nun erkannte ich, dass ich lernen musste, in der Gegenwart zu leben, um nicht über die Zukunft in Unruhe zu geraten. Ich würde lernen, das Heute zu Gottes Ehre zu nutzen!

An diesem Tag auf der Brücke wurde in meinem Herzen ein Traum geboren.

Gott erinnerte mich wieder an die Geschichte von Isaak: *„Würdest du deine Heilung auf den Altar legen, wie Abraham es mit Isaak tat?"*

„Oh nein, Gott", entgegnete ich.

War ich inzwischen so am Ende, dass ich sogar meine Hoffnung auf Heilung aufgeben sollte? Dies auf den Altar zu legen würde bedeuten, dass ich es Gott überlassen würde. Ich würde rückhaltlos akzeptieren, was immer seinem Willen für mich entsprach ... selbst wenn das bedeuten würde, dass ich irgendwie mit diesem Schmerz leben musste. Wieder strömten mir Tränen übers Gesicht, während ich weiter den Pfad entlangging.

„Du … sammelst alle meine Tränen in einem Gefäß"[40] – Ich dachte über diesen Psalm nach.

„Mein Gefäß ist schon übervoll", rief ich Gott in Erinnerung. „Und warum sammelst du überhaupt Tränen?" Ich ging weiter. „Oder stimmt es wirklich, dass Tränen heilsam sein können oder dass es die besten Worte sind, die unser Herz sprechen kann? Jedenfalls hast du versprochen, dass es eines Tages keine Tränen mehr geben wird, dass du sie von meinen Augen abwischen wirst. Persönlich?"

Was würden Sie sagen, wenn der Gott des Universums Ihnen diese Frage stellen würde? „Was möchtest du, dass ich für dich tue?"

Ich wartete; dann kam mir dieser Bibelvers in den Sinn: „Was ist nun also der Glaube? Er ist das Vertrauen darauf, dass das, was wir hoffen, sich erfüllen wird, und die Überzeugung, dass das, was man nicht sieht, existiert."[41] Ich beschloss, wie die Glaubenshelden in Hebräer 11 weiter auf Gott zu hoffen. „Lehre mich, wie ich das tun kann", betete ich.

Bei diesem Morgenspaziergang hatte ich die Gegenwart des lebendigen Gottes in ganz besonderer Weise erlebt. „Herr, ich wünsche mir deine Gegenwart sogar noch mehr als meine Heilung", sagte ich und ich meinte jedes Wort von ganzem Herzen.

An diesem Tag auf der Brücke wurde in meinem Herzen ein Traum geboren: eine Zeitschrift für Frauen herauszubringen. *Wenn ich Geschichten über andere Frauen lese und dabei sehe, wie Gott ihnen mitten in ihrem Schmerz Stärke und Trost geschenkt hat, dann werde ich dadurch so ermutigt*, dachte ich. Vielleicht könnte ich diese Geschichten in einer Zeitschrift erzählen.

Der Gedanke raubte mir fast den Atem. Es schien genau das Richtige zu sein.

So wurde also auf einer Brücke über meinen aufgewühlten Wassern *Lydia* geboren, eine christliche Zeitschrift für Frauen.

Genauso wie die Welt nach einem kalten, kargen Winter wieder zum Leben erwacht, so spürte ich neues Leben in meinen Adern pulsieren. Begeisterung erfasste meine Seele. Doch als ich an die praktischen Einzelheiten dachte, die mit der Gründung einer Zeitschrift verbunden sind, betete ich: „Herr, gibt es nicht jemanden, der für diese Aufgabe besser geeignet ist? Wie kann ich ein solches Projekt überhaupt in Angriff nehmen, wenn ich schon jeden Morgen sämtliche Kräfte sammeln muss, um aus dem Bett zu kommen?"

„Vertraue mir."

„Herr, warum ist es nur so schwer, diese zwei kleinen Wörter in die Tat umzusetzen?", fragte ich. Doch in meinem Herzen war ich fest entschlossen, ihm zu vertrauen.

Der Frühling wurde zum Sommer und schließlich war es Herbst geworden, als für mich der Augenblick kam, mit meinem Mann über die Idee einer Zeitschrift zu sprechen.

ꙮ

Als ich Ditmar von *Lydia* erzählte, war er sofort begeistert. „Du musst dich mit dieser Idee an einige bekannte Verleger wenden", sagte er.

Das tat ich, doch ihre Reaktion irritierte mich.

„Sie wird nicht überleben", erklärte ein Verleger. Er verwies auf eine christliche Zeitschrift, die in acht Jahren nur 10 000 Abonnenten gewinnen konnte. Deshalb musste sie subventioniert werden. „Wie können Sie da erwarten, dass eine christliche Frauenzeitschrift überleben wird?", fragte er. Dann berichtete er mir, dass ein führender christlicher Verleger gerade eine Untersuchung mit einem bekannten säkularen Verlag durchgeführt hatte und zu dem Schluss gekommen war, dass es keinen Markt für eine christliche Frauenzeitschrift gab. „Wissen Sie überhaupt, was es heißt, eine Zeitschrift herauszubringen?" Er schüttelte ungläubig den Kopf. „Wo wollen Sie denn die nötigen Mittel hernehmen?"

Ich fühlte mich wie David vor Goliat. Ich kehrte nach Hause zurück und ging schnurstracks in mein kleines Dachzimmer, in das ich mich oft zum Beten zurückzog. „Herr, ich brauche dir nicht zu wiederholen, was man mir heute gesagt hat. Du hast ja alles gehört", begann ich.

Als ich im Raum auf und ab ging und einfach Gott anbetete, fühlte ich mich plötzlich ganz von Trost und Frieden eingehüllt.

Dann hörte ich eine leise, sanfte Stimme in meinem Herzen: *„Was möchtest du, dass ich für dich tue?"*

Was würden Sie dem Schöpfer des Universums da antworten? Zuerst dachte ich: *Bitte um ein Kind! Denn wir haben keine Kinder.* Mein zweiter Gedanke war: *Wie wäre es, einen Tag ohne Schmerzen zu leben?*

Doch dann kamen mir die uralten Worte aus Psalm 2,8 in den Sinn: „Bitte nur darum, und ich will dir die Völker zum Erbe geben."

Jetzt wusste ich, um was ich bitten sollte: „Gib mir 10 000 Frauen! Das will ich mehr als ein Kind oder einen Tag ohne Schmerzen." Wenn ich durch *Lydia* 10 000 Frauen Gott näherbringen könnte, wäre das besser als alles andere.

„Und, Gott, ich habe auch ein Geschenk für dich: Was meine Zukunft betrifft, gebe ich dir mein ungeteiltes Herz. Von ganzem Herzen, mit all meinem Denken und mit all meiner Kraft will ich dir dienen, dich lieben und dir gehorchen. Das alles gehört dir. Das ist alles, was ich dir geben kann. Es ist nicht viel, aber bitte nimm es an. Hier ist meine Vergangenheit, meine Gegenwart und meine Zukunft."

Ich wusste, dass es eine große Herausforderung sein würde, 10 000 Leserinnen für eine christliche Frauenzeitschrift zu finden. Der Verleger hatte mich gewarnt. Es würde nicht leicht sein. Außerdem brachte ich überhaupt keine Erfahrung mit und wusste nicht, was zur Veröffentlichung einer Zeitschrift erforderlich ist.

Doch mein liebevoller Ehemann Ditmar und ich glaubten weiter an den Traum, den Gott mir geschenkt hatte.

26
Ein ungewöhnlicher Geburtstag

Ein Jahr später gründeten wir den unabhängigen Verlag *Lydia*. Gerade einmal 1 000 Mark, die ich von meinem Haushaltsgeld gespart hatte, standen uns dafür zur Verfügung. Ich fing an, Geschichten zu sammeln, die ich gehört oder gelesen hatte und die für mich ein Segen gewesen waren. Auch schaute ich mir verschiedene Zeitschriften an, um ein Gefühl dafür zu bekommen, wie andere es machten und was – sowohl optisch als auch inhaltlich – ansprechend war. Ich denke, dass mir mein Sinn für Gestaltung und Design, der sich schon in meiner Jugend gezeigt hatte, als ich selbst Kleider entwarf und nähte, sowie meine Begeisterung für das Geschichtenschreiben jetzt von Nutzen waren. Wie erstaunlich war es doch zu sehen, dass diese beiden Träume meiner Kindheit jetzt ineinandergriffen und für *Lydia* nützlich wurden!

Oft wurden wir gefragt, warum wir den Namen *Lydia* wählten. Bei unserer Suche nach einem geeigneten Namen kam eine lange Liste zustande. Trotzdem fiel uns die Entscheidung sehr leicht. Im 16. Kapitel der Apostelgeschichte in der Bibel lasen wir, dass eine Frau namens Lydia die erste Christin in Europa wurde. Ihre Eigenschaften passten perfekt zu unserem Konzept für die Zeitschrift: Sie hatte ein offenes Herz für Gott und ein offenes Haus für Menschen in Not.

Ditmar, der sich als ehemaliger Banker mit geschäftlichen Dingen auskannte, kümmerte sich um die Herstellung und um die finanziellen Angelegenheiten im Zusammenhang mit der Zeitschrift. Er managte die Bücher und half bei den Verträgen mit den Druckern. Das alles leistete er neben seiner Funktion als Leiter von ICI, wo Hunderte von Studenten eingeschrieben waren. Christa Alexander, die in einem Verlag arbeitete, übernahm das Korrekturlesen der Texte (Das tut sie übrigens nach 25 Jahren heute noch!). Wir fanden einen Grafiker, der uns beim Design und beim Layout half, und später stellten wir eine Sekretärin ein. Ich wusste eigentlich nicht, wie viele Mitarbeiter wir brauchen würden, um das Projekt anzustoßen, doch mein leidenschaftlicher Wunsch, andere Frauen zu ermutigen, war stärker als meine Unerfahrenheit. Ehe wir uns recht versahen, standen wir im Begriff, unsere erste Ausgabe in den Druck zu geben. Wir hatten keine Ahnung, wie die öffentliche Reaktion ausfallen würde.

Und so fragte ich jeden Morgen, bevor ich überhaupt aus dem Bett aufstand: „Vater, was hast du heute mit mir vor?“

Nun folgte eine neue Herausforderung: Wie würde ich die Termine für die Zeitschrift einhalten können? Mein geschwächter Körper hatte durch die chronischen Schmerzen nur begrenzte Energie. Ich musste lernen, Prioritäten zu setzen und Gottes Pläne über meine eigenen zu stellen. Und so fragte ich jeden Morgen, bevor ich überhaupt aus dem Bett aufstand: „Vater, was hast du heute für mich zu tun?“ Manchmal saß ich morgens still im Bett und wiederholte die Worte: „Aber alle, die ihre Hoffnung auf den Herrn setzen, bekommen neue Kraft. Sie sind wie Adler, denen mächtige Schwingen wachsen. Sie gehen und werden nicht müde, sie laufen und sind nicht erschöpft.“[42] Und während ich dies tat, löste seine Stärke meine Schwachheit ab und eine freudige Erwartung erfüllte mein Herz.

In der Rubrik „Ganz persönlich“ möchte ich als Verlegerin die Leserinnen von *Lydia* ermutigen, uns ihre eigenen Geschichten zu schicken. Hier ist eins der ersten Editorials, das ich mit dieser Absicht schrieb:

Ein zappeliger kleiner Junge zupfte im Gottesdienst an seinem viel zu engen Kragen und starrte auf den großen Hut der Dame vor ihm. Um nicht allzu sehr zu zappeln und den Zorn seiner Mutter auf sich zu ziehen, ließ er seine großen braunen Augen durch die Kirche schweifen. Das war viel interessanter als die Predigt, die er sowieso nicht verstehen konnte. Wann die bloß endlich vorbei war?! Als sein Blick auf ein Glasfenster fiel, faszinierten ihn die herrlichen Farben. Im Stillen fragte er sich: Warum strahlen die Gesichter dieser Leute vor Freude und schimmern wie Juwelen, während alle anderen, die hier in den Bänken sitzen, so ernst und einsam dreinschauen?

„Mami.“ Eigentlich versuchte er zu flüstern, aber das können kribbelige kleine Jungen nicht besonders gut. „Wer sind die Leute in den Fenstern?“

„Heilige“, gab sie leise zurück. „Jetzt sei still.“

Am nächsten Tag fragte der Lehrer im Religionsunterricht: „Kann mir jemand einen Heiligen beschreiben?“

Aufgeregt meldete sich der kleine Junge. „Ich kann es, ich kann es.“

„Ja, Tobias“, nickte der Lehrer, „dann erkläre es uns bitte.“

„Sie sind ganz bunt und transparent und die Sonne scheint durch sie hindurch“, sagte er.

„Und woher weißt du das?“, hakte der Lehrer nach.

„Ich habe sie gestern in der Kirche in den Glasfenstern gesehen“, antwortete er.

Im Anschluss an diese kurze Geschichte erklärte ich meinen Leserinnen:

Ihre Geschichte kann lustig oder traurig sein. Sie kann beschreiben, wie Sie in einem gewöhnlichen (oder außergewöhnlichen) Moment

Ihres Lebens eine besondere Begegnung mit Jesus erlebt haben. Aber die folgenden Eigenschaften sollte sie haben: Sie sollte Ihr Herz bewegen, bunt und transparent sein.

Wir wollten ehrliche Geschichten, die die realen Schwierigkeiten des Alltags zeigten und Hoffnung weckten. Wir wollten Artikel drucken, die schilderten, wie Jesus durch das Leben dieser Frauen hindurchschien – wie er sie leitete oder ihnen Kraft gab oder wie seine Gegenwart ihnen Trost, Freude und innere Heilung brachte.

Nie hätte ich gedacht, dass ich eines Tages beteiligt sein würde, wenn Gott in das Leben von Menschen schrieb; dass ich das Vorrecht haben würde, diese Geschichten zu veröffentlichen.

Die Reaktionen überwältigten mich! Bald erreichte uns eine ganze Flut erstaunlicher Geschichten von Gottes Güte. Es waren Hunderte! Herzerwärmende, das Herz heilende und herzensverändernde Geschichten. Nie hätte ich gedacht, dass ich eines Tages beteiligt sein würde, wenn Gott in das Leben von Menschen schrieb; dass ich das Vorrecht haben würde, diese Geschichten zu veröffentlichen.

Beim Lesen der Artikel erkannte ich, dass geistliche Sensibilität eine der großen Gaben ist, die das Leid zu bieten hat.

Als junges Mädchen hatte ich davon geträumt, meine eigenen Gedichte und Geschichten zu schreiben; nun ermutigte ich andere dazu, dies zu tun. „Herr, es ist zwar nicht genau das, wovon ich geträumt habe, aber ich bin so dankbar, dass dein Plan größer war als meiner. Danke, dass du mir hilfst, diesen Plan mit Leidenschaft und Hingabe zu erfüllen."

ထ

Wir wollten unsere Leserinnen auch ermutigen, die Zeitschrift selbst zu verbreiten, indem sie ihren Freundinnen davon erzählten, die wiederum anderen davon weitersagen würden. Offen gesagt hatten wir überhaupt kein Geld für Marketing und Werbung. Wir glaubten, dass die Zeitschrift durch die persönlichen

Beiträge ihrer Leserinnen ansprechender für die „normale" Frau sein würde, die versucht, ihren Glauben im Alltag zu leben.

Geschichten unserer Leserinnen trafen zu Hunderten bei uns ein, und ich verbrachte Stunden damit, nach den Juwelen zu suchen, die aus den Texten hervorleuchteten. Unzählige bewegende Geschichten rührten mein Team und mich zu Tränen oder brachten uns zum Lachen. Manche forderten uns zu größerem Glauben und tieferem Vertrauen auf Gott heraus. Beim Lesen bangte und triumphierte mein Herz mit den Autorinnen, und ich konnte nicht anders, als Gott zu danken und ihn zu loben. Ich entdeckte einige sehr begabte Hausfrauen, die noch nie zuvor geschrieben hatten, aber ein bemerkenswertes Talent zum Schreiben besaßen. Es war eine Freude, nicht nur ihre Geschichten zu drucken, sondern sie auch zur Entfaltung ihrer Begabung zu ermutigen. Einige von ihnen haben inzwischen sogar eine Reihe von Büchern geschrieben.

Mein Team und ich staunten über das Wachstum der Zeitschrift, das sich vor unseren Augen abspielte. Bei unseren Arbeitssitzungen beteten wir oft, dass diese neue Zeitschrift Frauen, die in einer Not steckten, Heilung und Freiheit bringen würde. Als Ditmar und ich nach Deutschland kamen, hatten wir keine Ahnung, dass *Lydia* eine unserer Aufgaben werden würde. Aber wir waren begeistert, weil Gott uns so klar geführt hatte.

Um *Lydia* weiter bekannt zu machen, suchte ich nach Gelegenheiten, bei Veranstaltungen für Frauen zu sprechen. Ich wollte die Hoffnung weitertragen, die wir unseren Leserinnen vermittelten. Heute bin ich froh über jede Person, die damals meine erste Präsentation versäumte!

Lassen Sie mich erzählen, was geschah: Ich fuhr zu einer Frauenfreizeit, um einer Gruppe von Frauen *Lydia* vorzustellen. Am Abend vor der Präsentation wurde ein verlockendes Büfett vor uns aufgetischt und ich nahm mir eine reichliche Portion. Entweder vertrug ich das Essen nicht oder irgendetwas war verdorben, jedenfalls musste ich mich die ganze Nacht hindurch immer wieder übergeben. Früh am nächsten Morgen rief meine Freundin Ditmar an, damit er mich abholte.

Als Ditmar eintraf, wankte ich an einigen Frauen vorbei, die draußen an der frischen Frühlingsluft standen und auf das Frühstück warteten. Einige von ihnen winkten mir zu und tiefes Mitgefühl lag auf ihren Mienen. Ich hob die Hand, um ihnen zum Abschied zuzuwinken, als ich plötzlich heftig würgen musste und die letzten Reste des vorabendlichen Menüs aus meinem Mund geflogen kamen.

„Um das große Ja zu bekommen, musst du zuerst so manches Nein sagen."

Meine Freundin versuchte, das Lachen zu unterdrücken, aber dann platzte es einfach aus ihr heraus. Zuerst wusste ich nicht, ob ich selbst lachen oder doch eher weinen sollte, aber das Ganze war so erheiternd komisch, dass auch ich mich vor Lachen krümmte.

„So viel zur ersten Präsentation von *Lydia*", gluckste ich. „Das soll mir wohl zeigen, dass es hier nicht um mich geht oder darum, andere zu beeindrucken."

Es sah ganz danach aus, als hätte die Anfälligkeit meines Körpers meine Absichten durchkreuzt. Doch Ditmar kehrte zusammen mit dem Grafiker zurück und stellte *Lydia* vor. Obwohl einige Frauen die Zeitschrift vielleicht aus Mitgefühl mir gegenüber kauften, denke ich, dass die meisten wirklich angetan waren.

Wir hatten bei der ersten Ausgabe von *Lydia*, die im Frühjahr 1986 erschien, einen gigantischen Glaubenssprung gewagt und 10 000 Exemplare drucken lassen. Innerhalb weniger Wochen waren alle vergriffen. Wir ließen noch 8 000 Stück nachdrucken, und als auch die vergriffen waren, begannen wir mit den Vorbereitungen für ein regelmäßiges Erscheinen. Am Ende des ersten Jahres hatte die vierteljährlich erscheinende *Lydia* eine reguläre Auflage von 10 000 erreicht!

Dankesbriefe kamen bei uns an. „Das ist unsere Zeitschrift", hieß es darin immer wieder. Und wir alle entdeckten unsere

Gemeinsamkeiten in den ähnlichen Schwierigkeiten, die wir als Frauen zu bewältigen hatten.

ꟸ

Das Reisen, das mit dem Bekanntmachen von *Lydia* einherging, forderte jedoch seinen Tribut von meinem schwachen Körper. Oft rief ich mir in Erinnerung: Im Stillsein und im Vertrauen ist meine Stärke. Auch wenn es mir schwerfiel, musste ich lernen, zu vielen Einladungen Nein zu sagen. Jemand schickte mir eine Karte mit den Worten: „Um das große Ja zu bekommen, musst du zuerst so manches Nein sagen."

Eines Tages erlebten wir dann einen neuen Schmerz: Paul Williscroft starb. Bald darauf wurde Emma Deckers Gesundheitszustand immer schlechter. Ditmar und ich hatten uns bereiterklärt, uns um ihre Angelegenheiten zu kümmern, da sie schon 83 Jahre alt war und keine Verwandten hatte, die ihr helfen konnten. Viele Jahre lang hatte sie als alleinstehende Missionarin in China gearbeitet, und als China seine Grenzen schloss, hatte sie sich in Deutschland niedergelassen.

Als wir sie eines Abends besuchten, wie wir es so oft wie möglich taten, fanden wir sie in ihrem Sessel vor. „Würdet ihr mir bitte Psalm 23 vorlesen?", fragte sie. (Sie konnte nicht mehr gut sehen.)

Nachdem Ditmar zu Ende gelesen hatte, sah er sie an und sagte: „Bitte segne uns, Tante Decker." Wir knieten uns beide vor sie. Sie legte eine Hand auf mich und eine Hand auf Ditmar und sprach dann ein Segensgebet für uns.

Am folgenden Tag ging Tante Decker in den Himmel, an den Ort, nach dem sie sich so lange schon gesehnt hatte.

Als wir unsere Glaubenshelden begruben, fühlten wir uns wie Waisenkinder.

27
Beflügelte Füße

„Endlich habe ich Antworten auf meine Lebensfragen gefunden", schrieb uns eine Leserin. „Ich habe Jesus gefunden und ihm mein Leben gegeben. Die Artikel in *Lydia* bauen mich auf, bringen mich zum Lachen, rühren mich zu Tränen und geben mir Kraft. *Lydia* ist eine echte Freundin."

Ich kann die Freude kaum beschreiben, die ich empfand, wenn ich Kommentare wie diesen las. Nach einem Jahr erreichte *Lydia* etwa 10 000 Frauen und unser Briefkasten quoll mit fast 200 Briefen pro Monat über.

Viele Frauen erzählten uns, wie ihr Leben sich verändert hatte, weil die Geschichten sie inspiriert und ihnen neue Perspektiven eröffnet hatten. Zahlreiche Leserinnen berichteten, wie *Lydia* ihnen durch eine Zeit der Krankheit hindurchgeholfen hatte. „Als ich durch eine Depression schwer erkrankte, brachte eine Freundin mir *Lydia* ins Krankenhaus", schrieb eine Frau. „Beim Lesen wurde mir bewusst, wie sehr Jesus mich liebt. Er ist nicht nur für meine Sünden gestorben, sondern er will mich auch von meiner Not befreien."

Eine andere Frau schrieb: „Wie sehr wünschte ich, ich hätte eine solche Zeitschrift in jüngeren Jahren lesen können. Das hätte mir viel Kummer erspart und ich hätte meine Kinder anders erzogen."

Es überwältigte mich, wenn wir Geburtsanzeigen erhielten, in denen wir informiert wurden: „Wir haben unsere kleine Tochter Lydia oder Elisabeth genannt. Danke, dass Sie uns gezeigt haben, wann das Leben tatsächlich beginnt.“ Wenn ich diese Briefe las, dachte ich an Jesajas Worte: „Sei fröhlich, du Unfruchtbare, auch wenn du nie ein Kind geboren hast! Juble und singe, du Kinderlose! Denn du, die du allein bist, wirst mehr Kinder haben als eine Frau, die einen Mann hat.“[43] Ich fand mich in diesen Worten wieder!

Ja, ich habe mein kostbares Baby verloren, aber meine Geschichte hatte zur Folge, dass Hunderte Frauen ihre Babys bekamen.

Oft dachte ich an meine Abtreibung im Teenageralter, wenn ich solche Briefe las. Ja, ich habe mein kostbares Baby verloren, aber meine Geschichte hatte zur Folge, dass Hunderte Frauen ihre Babys bekamen. Ich fragte mich: *Hätte ich mich so leidenschaftlich für den Schutz ungeborenen Lebens eingesetzt, wenn ich diese Abtreibung nicht durchgemacht hätte?* Nichts und niemand konnte Gott davon abhalten, aus den schlimmen Ereignissen meines Lebens sowie aus persönlichem Versagen etwas Gutes hervorgehen zu lassen.

Aber verstehen Sie mich bitte nicht falsch. Eine Abtreibung ist nicht richtig. Ich glaube nicht, dass sie zu Gottes Plan für mein Leben gehörte. Durch meine eigenen Entscheidungen – mich an Freunde zu halten, deren Werte meinen widersprachen, und die Flucht aus meinem Land mit einem Mann zu wagen, den ich nicht wirklich kannte – brachte ich mich selbst in eine gefährliche Situation. Und Tamas beschloss in seiner Sündhaftigkeit, etwas zu tun, das böse war. Doch das Baby, das daraus hervorging, war nichts Böses. Ich bin tieftraurig, wenn ich an dieses kostbare Kind denke, das gar nicht erst die Chance erhielt zu leben. Doch als ich die Wahrheit erfuhr – dass das Leben im Augenblick der Zeugung beginnt –, weckte diese Wahrheit in mir eine lebenslange Leidenschaft, zum Schutz dieser kostbaren Kleinsten beizutragen. In seiner erstaunlichen Gnade hat Gott beschlossen, aus dieser schlimmen Erfahrung durch seine Erlösung Gutes hervorzubringen, wenn ich anderen davon erzähle, die sich gerade selbst in einer ähnlichen Situation befinden oder die Vergleichbares hinter sich haben.

Ich habe festgestellt, dass keine Erfahrung vergebens ist, wenn wir mit leidenschaftlichem Glauben leben. Oft haben junge Ehepaare, die unter ihrer Kinderlosigkeit litten, Ditmar und mir ihr Herz ausgeschüttet. Wir konnten ihren Schmerz verstehen und von ganzem Herzen für sie beten, weil wir selbst eine Meile in diesen Schuhen gegangen sind und es immer noch tun. Und wenn einige auf wunderbare Weise doch noch Kinder bekamen – sei es durch Geburt oder durch Adoption –, weinten wir Freudentränen, wenn uns die Ehre erwiesen wurde, das Ereignis mit ihnen zu feiern.

Was uns am meisten begeisterte, war, dass Menschen nach der Zeitschrift griffen und sie lasen, die nie einen Fuß in eine Kirche gesetzt hätten. Wie wir es erhofft hatten, gaben viele treue Leserinnen die Zeitschrift an Verwandte, Kolleginnen und Freundinnen weiter, die von sich behaupteten, sich nicht besonders für Gott zu interessieren. Mit großer Freude hörten wir von den verblüffenden Ergebnissen.

Eine Abonnentin gab *Lydia* an ihre Nachbarn weiter und berichtete später: „Diese 89-jährige Frau, die nach ihrer Konfirmation als Teenager aus der Kirche ausgetreten war, kehrte zu Gott zurück." Sie schloss ihren Brief mit den Worten: „Wer weiß, wie viele Frauen Ihnen im Himmel noch danken werden, weil *Lydia* ihnen den Weg zu Jesus gezeigt hat?"

Keine Erfahrung ist vergebens, wenn wir mit leidenschaftlichem Glauben leben.

Briefe wie dieser ließen mich immer ein Gebet flüstern: „Hilf mir, Herr Jesus, mich immer daran zu erinnern, mit welcher Gnade du mich wieder angenommen hast. Ich möchte anderen helfen, die zu dir zurückkommen wollen, einen zaghaften Schritt nach dem anderen zu tun. Hilf mir, eine Welt, die sich von dir abgewandt hat und verloren ist, so zu lieben, dass sie an dein Herz zurückkehrt."

Wenn ich die Briefe las, konnte ich nur sagen: „Ja, Herr, das ist meine Lebensaufgabe: anderen von dir zu erzählen. Hilf mir, das immer mit Leidenschaft zu tun." Mir war zumute wie der Frau in der Bibel, die eine verlorene Münze wiedergefunden hatte und begeistert rief: „‚Feiert mit mir! Ich habe meine verlorene Münze wiedergefunden.' Verlasst euch drauf: Solch ein Fest feiern Gottes Engel jedes Mal, wenn eine verlorene Seele zu Gott zurückkehrt."[44]

„Ach, Herr", sagte ich leise, „ich kann nur ahnen, wie viele Feste du schon im Himmel gefeiert hast, weil Frauen dich beim Lesen der *Lydia* gefunden haben."

Als die Zeitschrift „geboren" wurde, war mein erster Gedanke, dass ich durch sie gläubige Frauen ermutigen wollte. Bald stellte ich aber fest, dass Gott noch größere Pläne mit *Lydia* hatte: Sein Herzenswunsch war – und ist – die Beziehung zu seinen Geschöpfen, und die Zeitschrift sollte als Einladung dazu dienen.

28 Friedensschuhe und Gottes Schutz

Nicht alle reagierten positiv auf *Lydia*. Eine Frau schickte uns eine in Stücke gerissene Ausgabe in demselben Umschlag zurück, in dem sie sie erhalten hatte.

Wenn wir Themen wie Okkultismus oder Abtreibung brachten, bekam ich öfters Gegenwind zu spüren. Einmal waren Ditmar und ich zum Beispiel bei einem Ehepaar zum Essen eingeladen. Auch eine bekannte Wahrsagerin war anwesend. Als wir zu Tisch gebeten wurden, beschloss ich im letzten Moment, mit Ditmar die Plätze zu tauschen. Bei gedämpftem Licht saßen wir um den schon gedeckten Tisch mit dunkelroten Kristallgläsern, die mit Wasser gefüllt waren. Ditmar hob sein Glas, doch wie es seiner Gewohnheit entsprach, blickte er vor dem Trinken zuerst hinein. Zu seinem Entsetzen entdeckte er im Wasser eine feine, lange Nadel, die in der Form des Glases gebogen war. Vorsichtig entfernte er sie.

Rasch lernte ich: Erwarte nicht, dass jeder sich über deinen Erfolg freut. Harre trotz aller Widerstände in Gottes Berufung aus.

Ich erkannte, dass wir permanent auf Gottes Schutz angewiesen waren. Unseren „Reisepsalm" 91 lasen wir jetzt sehr, sehr oft!

Ein weiteres Schutzgebet, das für mich an Bedeutung gewann, steht in Epheser 6 in den Versen 11 bis 17, wo Paulus die

Christen auffordert, die „Waffenrüstung Gottes“ anzulegen. Nach meinem Verständnis bedeutet dies:

Der Gürtel der Wahrheit:
„Ich werde den Lügen Satans nicht zum Opfer fallen.“
Der Panzer der Gerechtigkeit Gottes:
„Ich stehe unter dem Schutz des Blutes Jesu.“
Die Schuhe des Friedens:
„Ja, ich liebe es, die gute Nachricht des Evangeliums weiterzugeben.“
Der Schutzschild des Glaubens:
„Ich bin nicht anfällig für geistliche Niederlagen.“
Der Helm der Errettung:
„Ich richte meinen Sinn ganz auf seine Verheißungen.“
Das Schwert des Geistes (Mit großem Interesse stellte ich fest, dass alle anderen Elemente der Waffenrüstung unserem Schutz dienen, während dieses dazu da ist, das Reich Gottes auszubreiten.):
„Ja, ich werde Gottes Wort nehmen, mein zweischneidiges Schwert, und den guten Kampf des Glaubens kämpfen.“[45]

ꝏ

Im Laufe der Jahre gab Gott uns engagierte Mitarbeiter, die mit großer Hingabe den Dienst mitgetragen haben. Einige von ihnen unterstützten uns zwei Jahre lang, andere blieben mehr als 20 Jahre.

Außerordentlich dankbar bin ich auch für den reichen Schatz an Weisheit, den viele unserer Autorinnen einbrachten. Jede hat auf ihre ganz eigene Art und Weise etwas Wertvolles weiterzugeben. Mein Respekt gilt auch den Leserinnen, die *Lydia* nicht nur für sich selbst kaufen, sondern sie an andere weitergeben. Manche tun das nun schon seit 25 Jahren.

Als wir eine Leserschaft von 10 000 erreicht hatten, wuchs in mir der Wunsch, noch mehr Frauen für Christus zu erreichen. Ich prüfte mein Herz. Wenn das irgendwie mit Stolz zusammenhing, wollte ich nichts damit zu tun haben.

„Herr, du bist der Chefredakteur von *Lydia*“, betete ich. „Du weißt besser als ich, was diese Frauen brauchen. Bitte hilf mir zu erkennen, was es ist.“

In einem unserer Gebetsbriefe erwähnte ich, wie gern ich in der Redaktion mit einem Bleistift arbeite. Ich schilderte die Erfahrung meiner Kindheit, als ich nur einen einzigen Bleistift für ein ganzes Schuljahr hatte. Und ich erzählte unseren Leserinnen, dass das Schreiben mit einem Bleistift mir leichter fällt und es meine Hand entlastet. Einige Wochen später schickte eine ältere Dame mir 365 Bleistifte – einen für jeden Tag des Jahres! Ich dachte an Mutter Teresas Kommentar: „Ich bin ein kleiner Bleistift in der Hand Gottes, der gerade einen Liebesbrief an die Welt schreibt.“

Auch mein Herzenswunsch war es, ein Bleistift in Gottes Hand zu sein, mit dem er seine Geschichten schreibt.

Es gab so viele Tage (und es gibt sie immer noch), an denen ich mich wunderte, dass Gott mich als Herausgeberin der *Lydia* gewählt hatte. Ich hatte nie das Gefühl, für diesen Beruf geeignet zu sein, genauso wenig, wie ein Karpfen sich in der Lage fühlt, wie ein Adler in die Lüfte zu steigen.

Aber irgendwie scheint Gott durch sämtliche Risse in meinem Leben hindurchzuscheinen. Er hat mein irdisches Gefäß gebrochen, damit Licht durch die Risse dringen kann. Er hat jede Spur von Kontrolle oder eigener Stärke weggenommen, damit alle – ich selbst eingeschlossen – sehen können, dass *Lydia* sein Werk ist und nicht meines.

„Ich bin ein kleiner Bleistift in der Hand Gottes, der gerade einen Liebesbrief an die Welt schreibt.“

Mutter Teresa

„Gott beruft nicht die Fähigen; er befähigt diejenigen, die er beruft“, zitiert mein Mann oft einen bekannten Spruch. Ich finde, diese Aussage bringt es auf den Punkt.

Ich denke an den Bibelvers: „Riskiert euer Leben, und ihr bekommt mehr, als ihr jemals zu träumen wagtet. Geht auf Nummer sicher, und ihr werdet zum Schluss nichts in der Hand haben.“[46] Gottes Wort spricht mir Leben zu. Das Einzige, was ich tun kann, ist, mit meinem

Leben darauf zu antworten. Und sein Wort ist mein bester Ratgeber auf dem Weg, den ich gehe, um leidenschaftlich Gottes Berufung zu erfüllen.

29
Glaubensschritte und Gottes gute Nachricht

Gläubige Frauen in anderen europäischen Ländern sahen einige Exemplare der *Lydia* und waren motiviert, eine ähnliche Zeitschrift in ihrer eigenen Sprache herauszubringen. Viele nahmen Kontakt mit uns auf und baten uns um Hilfe und Rat. Die erste ausländische Zeitschrift, die wir mit auf den Weg brachten, war eine französische. Kurz darauf kam in Holland ein christliches Frauenmagazin auf den Markt, dessen Herausgeber sagten, dass *Lydia* sie inspiriert hatte.

Es schien seltsam, dass eine noch junge Zeitschrift dazu beitrug, dass neue Zeitschriften entstanden. Manchmal wussten wir selbst kaum, wie wir bestimmte Dinge zu tun hatten, und fühlten uns daher kaum in der Lage, anderen zu helfen. Doch wir versuchten bereitwillig, unsere spärlichen Kenntnisse weiterzugeben. Ich fand es immer erstaunlich, dass wir, obwohl wir selbst unser Handwerk noch nicht perfekt beherrschten, schon etwas weitergeben konnten, um anderen zu helfen.

Wir waren dankbar, dass Gott uns Hilfe schickte: Sharon Mumper, eine sehr engagierte Zeitschriftenspezialistin. Sie wurde meine Beraterin und Mentorin. Ihr Rat war zwar nicht immer bequem, dafür aber effektiv und unvergesslich. Eines Morgens beim Gebetstreffen unseres Teams hatte ich ein spezielles Anliegen: „Beten wir dafür, dass die Zeitschrift rechtzeitig aus der Druckerei hier ankommt."

Sharon hob den Kopf und sagte mit fester Stimme: „Dafür bete ich nicht!"

Das Fragezeichen stand mir bestimmt quer übers Gesicht geschrieben: „Wieso?"

„Du musst lernen vorauszuplanen, Elisabeth", sagte Sharon. „Es genügt nicht zu beten. Du musst für eine bessere Organisation sorgen und die Ausgabe rechtzeitig zur Druckerei schicken."

Sie hatte Recht, und ich verstand sofort, was sie meinte. Wenn du zwei Ruder in einem Boot richtig einsetzt, kommst du voran. Lässt du eines liegen, drehst du dich nur im Kreis.

Beten, aber auch planen, begann ich zu verstehen. *Glauben und Handeln gehen Hand in Hand.* Ich war der Meinung, dass ich organisatorisches Geschick besaß, aber ich musste noch lernen vorauszuplanen. Es dauerte eine Weile, bis ich das wirklich umsetzen konnte, aber heute arbeiten wir sechs bis acht Monate im Voraus.

Nachdem sie uns zwei Jahre lang begleitet hatte, ging Sharon nach Wien und gründete dort das Unternehmen *Magazine Training International* (MTI), das Personen schult und begleitet, die eine Zeitschrift ins Leben rufen wollen – und dafür sorgt, dass diese auch überlebt.

ꕤ

Ditmar und ich unternahmen weiter Reisen nach Rumänien. Der Eiserne Vorhang war gefallen, aber das Elend, das die langen Jahre des Kommunismus hervorgerufen hatten, bedrückte mich. Ich blickte in die verzweifelten Augen von Kindern, die auf der Straße lebten. Der Besuch eines Waisenhauses war herzzerreißend.

„Bitte, nimm mich mit zu dir nach Hause", bettelte ein kleines Mädchen und klammerte sich an mein Bein.

Ich wünschte, ich hätte *alle* diese Kinder zu uns nach Hause holen können! Hinzu kam das Wissen um Hunderte und Tausende von Kindern, die abgetrieben wurden, bevor sie auch nur die Chance zum Leben erhielten.

Der Anblick der äußeren, sozialen und geistlichen Not in diesem Land bewegte mein Herz und ließ einen neuen Traum in mir Gestalt annehmen: *Ob wir Lydia wohl in rumänischer Sprache veröffentlichen könnten?*

War das mein weites Herz oder hörte ich den „mazedonischen Ruf", wie den, den Paulus eines Nachts gehört hatte: „Komm nach Mazedonien herüber und hilf uns!"[47]

Ditmar unterstützte meine Idee voller Begeisterung. Aber er rief mir in Erinnerung: „Das können wir nicht allein entscheiden. Wir müssen unseren Vorstand fragen."

„Gott, bitte zeig mir, ob das wirklich dein Wille ist oder nur meine eigene Idee. Das muss ich wissen, bevor ich dem Vorstand das Projekt vorstelle", betete ich.

ȣ

Einige Monate später kam der Tag, an dem ich dem Vorstand die Erweiterung der *Lydia* vorstellen sollte. Allerdings hatte ich noch immer keine klare Antwort von Gott erhalten. Also verbrachte ich den Tag mit Fasten und Beten : „Gott, du siehst die große Not der Frauen in Rumänien! Sie könnten ganz bestimmt etwas Ermutigung gebrauchen. Was meinst du?" Dann fuhr ich fort, Gott die Situation zu erklären, als wüsste er nicht schon längst über alles Bescheid (Ist es nicht komisch, wie wir alle das immer wieder tun?). „Bedenke doch, Gott, dass die wenigen Bibeln, die vor dem Fall des Kommunismus in das Land geschmuggelt wurden, den Männern gehörten, nicht den Frauen."

Während die Uhr weitertickte und der Zeitpunkt der Sitzung näher rückte, wurde ich angespannt. Noch immer keine Antwort von Gott. Auf einen Impuls hin schlug ich die Bibel auf und las den Vers, den Gott mir bei der Gründung der *Lydia* aufs Herz gelegt hatte: „Bitte nur darum, und ich will dir die Völker zum

Erbe geben."[48] Als ich diesen Vers noch einmal las, fiel mir ein Detail auf, das ich bis dahin übersehen hatte. „Da ist ja nicht nur von einem Volk, sondern von mehreren Völkern die Rede!", rief ich überrascht aus. „Das heißt, Gott möchte mehrere Völker mit verschiedenen Sprachen erreichen!"

Eine Stunde später erzählte ich unserem Vorstand von der Idee.

Die Mitglieder waren nicht dagegen, konnten meinen Enthusiasmus aber auch nicht teilen. „Ihr habt kein Geld für das Projekt", meinten sie. „Wovon soll das denn bezahlt werden?"

Das war eine gute Frage. Wie konnten wir die rumänische *Lydia* finanzieren?

Ich hatte keine Antwort.

Leider schien Geld allzu oft das vorherrschende Thema zu sein, aber so war die Realität nun einmal.

In den nächsten sechs Monaten machte ich viele Gebetsspaziergänge durch Wald und Felder und bat Gott dabei inständig, mir zu zeigen, woher ich das Geld bekommen konnte.

„Habe ich das richtig verstanden?", fragte ich immer wieder. „Nicht nur ein Volk, sondern mehrere?"

In den nächsten sechs Monaten machte ich viele Gebetsspaziergänge durch Wald und Felder, und dabei bat ich Gott inständig, mir zu zeigen, woher ich das Geld bekommen konnte.

Eines Tages, als ich an einer Herde Kühe vorbeiwanderte, erinnerte ich mich an etwas in der Bibel, das Gott gesagt hatte: „Alle Tiere gehören mir (...): das Wild in Wald und Feld, die Tiere auf den Bergen und Hügeln."[49]

Interessant, wie Kühe mir immer wieder etwas zu sagen haben!, dachte ich. *Damals, als ich als eine verlorene Tochter zu dir umkehrte und erkannte, dass du mehr als ein gemästetes Kalb bereithältst und immer mit offenen Armen wartest, um ein Fest mit mir zu feiern. Später in Amerika, in der Zeit nach meiner Behandlung in der* Mayo Klinik, *als du versprachst, dass du mich nie ver-*

lassen oder im Stich lassen würdest. Und jetzt wieder, gerade hier auf diesem Feld ...

Vielleicht sagt mir ja das Muh-Muh, was ich zu tun habe. Möglicherweise verstehe ich Kuhsprache am besten!

Ich musste laut lachen: „Könntest du nicht ein paar Kühe verkaufen, Gott, und mir das Geld geben?“

Gott schien mir zu antworten: *„Elisabeth, du willst mir immer sagen, was ich zu tun habe. Warum sagst du nicht deinen Lesern, was du auf dem Herzen hast?“*

Daran hatte ich noch gar nicht gedacht. Nun bereiteten mein Team und ich eine kleine, einfache Schwarz-Weiß-Broschüre vor, in der ich meine Pläne darlegte und erklärte, warum wir Frauen in anderen Ländern helfen sollten. Ich erinnerte die Leserinnen auch an den großen Segen, der in der Geschichte von Deutschland ausgegangen war: Martin Luther übersetzte die Bibel ins Deutsche, Johannes Gutenberg erfand die Druckerpresse und deutsche Missionare aus Herrnhut verkauften sich in die Sklaverei, um das Evangelium weitergeben zu können. Konnte es sein, dass Gott uns gebrauchen wollte, um andere Völker zu segnen? Könnten nicht wir Frauen daran beteiligt sein? Zum Schluss erläuterte ich unseren finanziellen Bedarf.

Diese kleine Broschüre legten wir der nächsten Ausgabe von *Lydia* bei. Die Reaktion war erstaunlich! Schon bald stapelten sich die Briefe begeisterter Frauen auf meinem Schreibtisch.

„Ja“, schrieben viele von ihnen, „gemeinsam können wir es schaffen!“

Eine Frau aus Ostdeutschland schrieb:

Lassen Sie mich bitte erklären, warum ich Frauen in Rumänien helfen will. Ich bin selbst in einem sogenannten „sozialistischen“ Land aufgewachsen. Nie bekamen wir etwas von Gott oder den Glauben gesagt.
Dann beschrieb sie ihr Leben, das von Ungerechtigkeiten geprägt war, und ihre jahrelange Sehnsucht, Hoffnung zu finden.

Ich bin 38 Jahre alt und wusste nichts von der heilenden Kraft Gottes, bis ich Lydia *erhielt. Gestern habe ich schließlich mein Leben Gott gegeben. Endlich habe ich keine Angst mehr. Ich bin wie ein Kind zu Gott gekommen. Dank* Lydia *konnte ich diese Erfahrung machen. Deshalb möchte ich bei dem Projekt mithelfen, damit rumänische Frauen, die auch in einem sozialistischen Land gelebt haben, ebenfalls die Gelegenheit bekommen, Gott kennenzulernen und wie ich seine heilende Kraft zu erfahren.*

Die Welle der Bereitschaft zur Unterstützung und die Art und Weise, wie diese Gottesidee sich ausweitete, verblüfften mich. *Lydia* trug dazu bei, das Leben von Menschen zu verändern, und genau wie die Frau am Brunnen, die ihr kostbares Wasser stehen ließ, um zu den Einwohnern ihrer Stadt zu laufen und ihnen von Jesus zu erzählen[50], waren unsere Leserinnen nur zu gern bereit, sich einzusetzen, damit Frauen in anderen Ländern die wichtigste Botschaft überhaupt erhielten.

1993 stellten wir die erste rumänische Ausgabe zusammen, indem wir einige Artikel aus der deutschen *Lydia* übersetzten. Wir druckten die rumänische Zeitschrift in Deutschland, weil das Papier hier damals wesentlich günstiger war als im Ostblock. Als wir die Ausgabe zur Druckerei brachten, erwartete uns ein weiteres überraschendes Angebot: „Warum fügen Sie nicht noch eine Ausgabe in einer weiteren Sprache hinzu?", regte ein Angestellter an. „Wenn man die minimalen Zusatzkosten bedenkt, wäre das nur vernünftig, denn dazu brauchen wir nur die schwarzen Druckplatten auszuwechseln."

Wir waren noch so unerfahren im Verlagsgeschäft, dass wir von solchen Möglichkeiten nichts wussten. Die Wahl einer weiteren Sprache fiel nicht schwer: Es lag nur zu nahe, Ungarisch zu nehmen!

Einen Monat später überquerte ein Lastwagen mit *Lydia*-Exemplaren die Grenze nach Ungarn und Rumänien – diesmal mit Erlaubnis der Regierungen! Seit dem Fall des Eisernen Vorhangs war kein Schmuggeln mehr nötig. Das hätte ich nie für möglich gehalten! Ich hatte einmal mein Leben riskiert, um einer Handvoll Kinder etwas Lehrmaterial über die Grenze zu schmuggeln. Nun konnten wir 75 000 Exemplare der ersten rumänischen und 25 000 Exemplare der ersten ungarischen Ausgabe in den Osten bringen.

Dank einiger Kontakte in beiden Ländern verteilten wir die Zeitschrift ohne Kostenaufwand. Und es schien, als interessierten sich Gemeinden aller Denominationen dafür, selbst einige orthodoxe Gemeinden. Wir wussten, dass statistisch gesehen 100 000 Hefte von 500 000 Personen gelesen wurden. Jedes Heft wurde vier- bis fünfmal von einer Person zur anderen weitergegeben. Noch heute werden alte Ausgaben weitergereicht, bis sie auseinanderfallen. Manchmal liest ein ganzes Dorf ein Exemplar.

Voller Staunen über Gottes unvergleichliche Wege schmunzelten wir, als wir hörten, dass *Lydia* sogar zu einer Währung geworden war. Manche Leute schrieben uns, dass man ihnen einen Tauschhandel bot: „Ich überlasse dir meine *Lydia*, wenn du mir dafür ein Pfund Butter oder ein neues Paar Seidenstrümpfe gibst ..."

Immer schon hatte ich an die Macht des gedruckten Wortes geglaubt. Ich hatte erlebt, wie die Kommunisten gedrucktes Material benutzten, um ihre Propaganda zu verbreiten. Nun konnten wir das gedruckte Wort nutzen, um Frauen einen Lebenssinn zu vermitteln und ihnen zu helfen, im Glauben zu wachsen.

Pastor Paul Negrut, der damalige Leiter der Rumänischen Evangelischen Allianz, wurde einer der prominenten Förderer der *Lydia*.

Ein Senator aus Rumänien, der seine Wertschätzung für die Zeitschrift äußerte, lud uns ein, das Parlament zu besuchen. *Kaum vorzustellen*, dachte ich. Früher habe ich einmal mein Leben riskiert, als ich diese Grenze überquerte, um Bibeln in das Land zu bringen, und heute werde ich sogar ins Parlament eingeladen.

Die Flut von Dankesbriefen aus dem Osten überwältigte mich immer wieder. Tief bewegt trat ich oft ins Freie, bis ich meine Gefühle wieder in den Griff bekam. Dann gab ich den Dank an Gott weiter, dem er in Wirklichkeit gebührte.

Eines Tages, als ich auf unsere Terrasse trat, entdeckte ich eine einzelne Mohnblume, die zwischen den Ritzen der Betonplatten blühte. Ich hatte sie nicht gepflanzt. Der Wind oder ein Vogel musste das Samenkorn dorthin getragen haben. Ich staunte über die leuchtend rote Blüte inmitten dieser feindseligen Umgebung. *„Genauso lasse auch ich manchmal in feindseliger Umgebung Samenkörner fallen“*, schien Gott in mein Herz zu sprechen. „In vielen Herzen geht meine Saat auf und bringt neues Leben hervor.“

Für mich war es überwältigend und ehrfurchterweckend zu erleben, wie einige dieser Samenkörner in Rumänien aufblühten.

Als ich im Sommer 1994 wieder einmal nach Rumänien reiste, erhielt ich einen neuen Namen: *Lydia.* Meistens klärte ich das Missverständnis nicht auf, wenn jemand mich so ansprach. Mit einem Lächeln und mit dankbarem Herzen akzeptierte ich meinen neuen Namen.

Je mehr Menschen wir kennenlernten und je mehr wir mit Frauen über ihre Situation sprachen, desto mehr stellten wir fest, dass ihre emotionalen und geistlichen Bedürfnisse sich nicht von denen der Frauen in anderen europäischen Ländern unterschieden. Auch sie wollten lernen, wie sie bessere Beziehungen aufbauen, Schwierigkeiten und Nöte überwinden und Freude und Sinn im Leben finden konnten.

Am letzten Sonntag in Rumänien wurde mir ein unvergessliches Vorrecht geschenkt, als wir einen Gottesdienst in einer großen, konservativen Gemeinde besuchten, in der die Frauen auf der einen und die Männer auf der anderen Seite saßen. Als der Pastor hörte, dass ich und ein Teil des *Lydia*-Teams da waren, rief er mich in sein Büro.

„Würden Sie an diesem Sonntagmorgen in unserer Gemeinde sprechen?“, fragte er.

Überrascht entfuhr es mir: „Aber ich bin doch eine Frau!“

„Ich weiß“, sagte der Pastor, „in Rumänien predigen Frauen nicht in der Kirche. Aber Sie sind anders.“

„Inwiefern bin ich anders?“

„Tja, wissen Sie, *Lydia* ist überall zu finden: in Krankenhäusern, Regierungsgebäuden und Schulen. Durch das gedruckte Wort predigen Sie bereits an Orten, an denen wir Pastoren dies nicht tun können. Sie sind anders.“

„Einverstanden“, sagte ich. „Wenn Sie bereit sind, das Risiko einzugehen, werde ich diese Gelegenheit wahrnehmen.“

Also bedeckte ich meinen Kopf mit einem Schal und ging zur Kanzel auf der erhöhten Bühne. Die Frauen im Saal starrten mich an. Einige begannen zu weinen. Sie waren es nicht gewohnt, dass eine Frau in der Gemeinde sprach. Für sie war dies ein historischer und prägender Augenblick. Später dankten mir viele überschwänglich für meinen Mut, nicht nur von der Freiheit und Heilung zu erzählen, die Gott in mein Leben brachte, sondern auch offen über meine Probleme zu sprechen. „Sie verstehen uns“, sagten sie. „Sie sind wirklich eine von uns. Sie sind in unserem System aufgewachsen. Danke, dass Sie nicht vergessen haben, woher Sie gekommen sind. Danke, dass Sie uns heute helfen. Sie sind wie Ester in der Bibel.“ Bei solchen Worten kamen auch mir die Tränen.

„Durch das gedruckte Wort predigen Sie bereits an Orten, an denen wir Pastoren dies nicht tun können. Sie sind anders.“

Wieder überwältigte mich Gottes erstaunliche Größe. Er hatte entschieden, wo und wann ich geboren werden sollte. Als Ditmar und ich Chicago mit dem glühenden Wunsch verließen, in Osteuropa zu arbeiten, waren die Türen verschlossen gewesen. Damals erkannten wir nicht, dass Gott etwas im Sinn hatte, dass unseren Traum bei Weitem übertraf. Liebevoll hatte er uns nach Deutschland gebracht, an den richtigen Ort, um *Lydia* herauszubringen. Und durch die gedruckten Seiten der rumänischen und ungarischen *Lydia* konnten wir in viel größerem Ausmaß helfen, als wenn wir in Osteuropa gelebt hätten.

30
Laufschuhe zu Weihnachten

Nach einer Woche in Rumänien begann mein Bein aus einem unerklärlichen Grund anzuschwellen. Wir packten unsere Koffer für die Weiterfahrt nach Budapest in Ungarn. Von dort wollten wir nach Deutschland zurückkehren. Doch in der Nacht vor der geplanten Rückreise wurde ich sehr krank. Ich hatte starke Schmerzen im ganzen Körper und Fieber. Ich hatte keine Ahnung, wie kritisch mein Zustand tatsächlich war. Am Morgen beschloss Ditmar, mich nicht in Budapest in ein Krankenhaus zu bringen, sondern nach Österreich zu fahren, um dort einen Arzt zu konsultieren.

Als der Arzt mich untersucht hatte, meinte er: „Das Ganze könnte durch Stress ausgelöst worden sein." Er gab mir eine Spritze und entließ uns zur Heimreise nach Deutschland.

In den folgenden Wochen verschlimmerte sich mein Zustand und ich suchte wieder einen Arzt auf. Auch er konnte nicht feststellen, woher die Schmerzen kamen und warum mir das Gehen so schwerfiel. Alles, was man feststellen konnte, war, dass sich in meinen Beinen Wasser ansammelte, das sie anschwellen ließ. Alle zwei Tage punktierte eine Ärztin meine Knie, um das Wasser abfließen zu lassen.

Im Dezember 1994 schmerzte mein ganzer Körper und ich konnte überhaupt nicht mehr gehen.

Ich brauchte ein Wunder.

Inzwischen saß ich im Rollstuhl. Ditmar brachte mich zu einem anderen Arzt. Dort wurden mit dem Verdacht auf eine Virusinfektion einige Blutuntersuchungen vorgenommen.

Einige Tage vor Weihnachten wurde endlich die wahre Ursache meiner Schmerzen erkannt: Ich hatte mir eine Borreliose zugezogen. Bei meinen Spaziergängen über die Felder in Rumänien musste mich eine Zecke gebissen haben, und die Ärzte hatten dies nicht rechtzeitig erkannt, um wirksame Gegenmaßnahmen zu ergreifen. In den sechs Monaten seit der Infektion hatte sich die Krankheit in meinem ganzen Körper ausgebreitet. Ich wurde rasch ins Krankenhaus gebracht, um intravenös mit Antibiotika behandelt zu werden.

Doch in der Nacht vor der geplanten Rückreise wurde ich sehr krank. Ich hatte keine Ahnung, dass mein Zustand kritisch war.

„Ich möchte gern über Weihnachten nach Hause“, sagte ich dem Arzt im Krankenhaus.

Das gefiel ihm gar nicht. „Wissen Sie überhaupt, wie ernst es ist?“, fragte er Ditmar und mich. „Sie haben keine guten Aussichten, diese Infektion zu überleben.“

Dennoch erlaubte er mir, Weihnachten zu Hause zu verbringen. Unser Hausarzt besuchte uns dort. Auch er zeigte sich sehr besorgt und fragte behutsam, ob wir unsere Angelegenheiten geregelt und ein Testament geschrieben hätten.

Ich sagte zu Ditmar: „Falls ich wirklich schon sterben sollte, dann möchte ich bitte in Deutschland beerdigt werden.“

Wir hatten an so vielen Orten gelebt, dass ich nicht so recht wusste, wo ich eigentlich zu Hause war.

„Hier ist unsere Wahlheimat“, fuhr ich fort, „und ich habe dieses Land sehr lieben gelernt.“

An diesem Weihnachtsfest sprachen wir auch über meine Beerdigung und über *Lydia* und wir änderten unser Testament. Außerdem hatte ich den Wunsch, dass unser Team eine Ausgabe der *Lydia* und ein Buch mit einem Begleitbrief in jedes Haus unseres Dorfes bringen würde. Ich wollte sicherstellen, dass jeder eine Gelegenheit erhielt zu verstehen, warum Jesus geboren wurde und warum wir Weihnachten feiern.

Der Psalmist David beschreibt unser Leben auf der Erde wie einen „flüchtigen Schatten". Diesen Ausdruck verstand ich jetzt besser als je zuvor. Doch wenn meine Zeit hier zu Ende war, dann wollte ich mehr über meine himmlische Heimat wissen, die auf mich wartete. Ditmar besorgte Bücher über den Himmel und las mir jeden Abend daraus vor. M. D. Ruth L. Kopp schreibt in ihrem Buch *Das Begleiten von Menschen, die dem Tode nahe sind*:

„Ich glaube, wenn ich vor meinem eigenen Tod stehe und über das Tal des Todes blicke, werde ich auf der anderen Seite das Haus meines Vaters sehen können und der Tod wird schließlich nur der Übergang zu einem neuen Anfang sein."[51]

Das war auch meine Hoffnung.

Manchmal träumte ich sogar vom Himmel. Ich erblickte herrliche Landschaften, wie ich sie auf dieser Erde nie gesehen hatte. Jemand hielt mich an der Hand, aber ich konnte sein Gesicht nicht sehen. Ich fühlte mich zutiefst geliebt, während wir über Hügel und Felder tanzten, und der Schmerz war weg. Dann sah ich die Gesichter zahlreicher Frauen, die mich anschauten ... und erwachte.

Wie herrlich wird der Himmel sein, dachte ich unweigerlich, während der Schmerz in meinen ganzen Körper ausstrahlte. In der Offenbarung steht ja, dass der Himmel ein angenehmer Ort sein wird, an dem es keine Tränen, keinen Schmerz und keinen Tod mehr gibt. Wir werden in vollkommenem Frieden mit Gott leben, frei von jeder Last der Sünde oder des Leids.[52]

Ich betrachtete meinen Mann, den ich so liebte, und dachte an die Arbeit mit *Lydia*. „Herr, eines Tages werde ich ohnehin zu dir kommen, aber könnte ich noch ein wenig länger hier auf dieser Erde bleiben? Es gibt so viel zu tun. Mein Körper ist zwar schwach, aber mein Geist ist willig ..."

Den Heiligabend verbrachten Ditmar und ich allein mit unserer süßen kleinen Hündin Annie. In diesem Jahr gab es nicht den geringsten Weihnachtsschmuck in unserem Haus. Aber wir hatten einander.

Irgendwann reichte Ditmar, der mich etwas aufzumuntern versuchte, mir ein Geschenk.

Kurz darauf fragte ich ihn: „Schatz, habe ich nicht Anfang November ein Paket bekommen? Ich glaube, es war von einigen Frauen aus den Vereinigten Staaten." Ich erinnerte mich noch lebhaft an das braune Packpapier, auf dem in großen Buchstaben geschrieben stand: NICHT VOR HEILIGABEND ÖFFNEN!

Ich hatte es fast vergessen!

Ditmar fand das Paket und reichte es mir. Als ich das braune Packpapier entfernte, kam ein Schuhkarton zum Vorschein. *Wer schickt mir denn Schuhe?*, fragte ich mich.

Der Karton enthielt ein Paar weiße Joggingschuhe. *Was für eine Ironie!*, dachte ich. Ich wandte mich an Ditmar und sagte: „Joggingschuhe? Wer weiß, ob ich überhaupt je wieder gehen kann?!"

Als ich die Schuhe näher betrachtete, fand ich ein Etikett an der Innenseite. Darauf stand: Walking Shoes[53].

Ditmar und ich schauten einander an und mussten weinen. Hier saß ich reglos in einem Rollstuhl. Waren Walkingschuhe da nicht ein absurdes Geschenk?

Oder war es etwa – nur vielleicht – ein Zeichen der Hoffnung? *Gott, hast du mir Laufschuhe geschickt, um mir zu sagen, dass ich wieder gehen werde?*

Wie oft hatten wir die gütige und mächtige Hand Gottes in unserem Leben erfahren! Wir kamen zu dem Schluss, dass Gott uns offenbar eine Botschaft der Hoffnung zukommen ließ: Ich würde wieder gehen. Wir wussten, dass wir auf Gottes perfektes Timing vertrauen konnten.

Die Frauen, die das Geschenk eingepackt hatten, wussten nichts von meiner Situation. Sie hatten das Paket bereits gegen Ende des Sommers in Illinois abgeschickt in der Hoffnung, dass es vor Weihnachten über den Seeweg bei uns in Deutschland ankommen würde.

Sie müssen die Schuhe etwa um die Zeit gekauft haben, als ich von der Zecke gebissen wurde, rechnete ich in Gedanken zurück.

Hier saß ich reglos in einem Rollstuhl. Waren Walkingschuhe da nicht ein absurdes Geschenk?

Aber für Gott war es keine Überraschung. Er wusste schon damals im Sommer, dass ich jetzt eine sichtbare Erinnerung an seine Liebe brauchen würde, um wieder neue Hoffnung zu schöpfen. Welche Mittel er nur manchmal ergreift, um wohlplatzierte Geschenke in unser Leben zu bringen!

Diese weißen Laufschuhe erhielten einen besonderen Platz neben meinem Bett. Jeden Morgen, wenn ich sie sah, wurde ich an Gottes besondere Aufmerksamkeit erinnert. Ein ganzes Jahr lang waren diese Schuhe Monat für Monat mein einziges Hoffnungszeichen, das mich daran erinnerte, an Gottes Versprechen zu glauben: Eines Tages würde ich wieder gehen können!

&

Wenn ich nachts wegen heftiger Schmerzen wach lag, fragte ich mich manchmal, ob ich wirklich überleben würde. Mein Körper brannte, als hätte ich Feuer in den Venen. Wenn mein Kissen nass geweint war, erinnerte ich mich an die Worte: „Ich rufe zu Gott und schreie zu ihm. Ich rufe zu Gott, damit er mich doch endlich hört! (...) Die ganze Nacht habe ich gebetet (...). Herr, ich erinnere mich an alles, was du getan hast, an alle Wunder, die du einst vollbracht hast.“[54]

Herr, bei diesen Schmerzen fällt es mir schwer, mich an alle deine Wunder zu erinnern, aber ich werde es versuchen ...

Ich erinnere mich an damals, Herr, als ich erst neun Jahre alt war. Meine wollene Strumpfhose gefiel mir nicht. Wie sehr wünschte ich mir eine etwas dünnere Strumpfhose in einer anderen Farbe, keine dunkelgraue wie meine. Also kniete ich mich an mein Bett und nannte Jesus meine Bitte. Am folgenden Tag unternahm meine Mutter ihre ge-

wohnte Fahrt in die Stadt, um ihre Waren zu verkaufen. Als sie nach Hause kam, reichte sie mir eine kleine Tüte. Als ich sie öffnete, fand ich eine dünnere Strumpfhose in hellbeiger Farbe. Genau das, was ich mir gewünscht hatte! Ich war völlig überrascht: Meine Mutter hatte keine Ahnung, wofür ich gebetet hatte. Das war mein erstes Gebetsanliegen, an das ich mich erinnern kann, und du hast es erhört. Ich werde es nie vergessen.

Ich erinnere mich, wie ich als Teenager meine letzte Kommunion erhielt, weil alle dachten, dass ich sterben würde. Du schenktest mir einen guten Schlaf in der Nacht und am Morgen gabst du mir mein Leben zurück. Du hast mich überrascht.

Dann erinnere ich mich, wie ich 1984 nach der zahnärztlichen Fehlbehandlung mit dir um meine Heilung verhandelte, indem ich 21 Tage lang so fastete, wie Daniel es tat. Am Tag vor dem Ende dieses Fastens überlegte ich, was ich am nächsten Tag essen würde. Entenleber! Auf unserem Bauernhof in Jugoslawien war das eine Spezialität. Aber wo sollte ich Entenleber auftreiben?

Am folgenden Tag brachte Paul Williscroft uns ein Paket. Als wir es öffneten, fanden wir zu unserer Verblüffung eine gerupfte Ente vor – mit der Leber oben drauf! Mit Tränen in den Augen lief ich ins Schlafzimmer und fiel auf die Knie. „Oh Gott, bitte verwechsle meinen Wunsch nach Heilung nicht mit meinem Wunsch nach Entenleber!“ Da hörte ich in meinem Herzen eine leise Stimme: „Ich habe dir die Entenleber geschickt, um dich daran zu erinnern, dass ich dein Gebet erhört habe. Vertraue mir!“ Gott, du hast wirklich Sinn für Humor!

Wie lieb ist mir die Erinnerung an jenen Frühling, als du mir Blumen in Form eines Kreuzes schicktest. Neugierig fragte ich mich, warum Leute vor unserem Haus stehen blieben, hineinschauten und miteinander sprachen, bis eine Freundin zu mir sagte: „Wie kreativ du bist, Elisabeth, Krokusse in der Form eines Kreuzes zu pflanzen.“

„Ich habe doch gar nichts gepflanzt“, sagte ich. Doch als ich aus dem Fenster sah, erblickte ich zu meiner Verwunderung lila und weiße Blumen, die ein Kreuz bildeten. Wer die bloß gepflanzt hat?, fragte ich mich.

Wir hörten uns um, doch niemand wusste etwas. Ich machte ein Foto und bin im Nachhinein so froh darüber, denn im nächsten Frühjahr blühten dort keine Krokusse, und auch in keinem anderen Jahr. Herr Jesus, hast du mich daran erinnert, welchen Preis du am Kreuz für meine Sünde und für meine Krankheit bezahlt hast? Ich werde mich immer an die Blumen erinnern, die du mir geschickt hast.

Du siehst also, Herr, du hast mich schon mehr als einmal aus dem Grab gezogen.

Die Erinnerung ist dir so wichtig, Herr. Aber für mich ist sie noch wichtiger. Wenn ich mich an deine Hilfe in der Vergangenheit erinnere, schöpfe ich neuen Mut und kann mit freudiger Zuversicht auf deine Hilfe vertrauen – heute und in der Zukunft.

Und während ich mich in der Erinnerung übte, fühlte ich mich von seiner Güte und seiner Gegenwart umgeben wie von einer warmen Decke, die mich einhüllte.

ꝏ

Zwar konnte ich meine Beine nicht benutzen, aber mein Verstand war frei, für die Zeitschrift zu arbeiten. Ich konnte von der Couch aus arbeiten und war froh, etwas zu haben, das mich von den zermürbenden Schmerzen ablenkte.

Von Zeit zu Zeit kam meine Nachbarin auf einen Besuch vorbei – und brachte mir sogar ein selbst gekochtes Gericht. Eines Tages fragte sie: „Wo sind eigentlich eure vielen christlichen Freunde geblieben? Die sehe ich gar nicht mehr kommen." Lächelnd fuhr sie fort: „Wir haben euer Haus immer ‚Hotel Mittelstädt' genannt, weil so viele Gäste hier ein und aus gingen. Doch jetzt kommt kaum noch jemand."

Andere werden müde, wenn eine Heilung so lange auf sich warten lässt, folgerte ich. Doch die eigentliche Frage dahinter war: „Wo ist Gott denn jetzt in deinem Leid?"

Also erzählte ich meiner Nachbarin, was Elie Wiesel in seinem Buch *Die Nacht* über eine Hinrichtung in einem Konzentrationslager während des Zweiten Weltkriegs erzählte. Die Gefangenen mussten zusehen, wie ein zehnjähriger Junge gehängt wurde. Als der Junge langsam und qualvoll erstickte, rief einer der Gefangenen aus: „Wo ist Gott?“

Eine Stimme aus der Menge antwortete: „Genau da, am Galgen.“

„Wo Gott ist?“, sagte ich zu meiner Nachbarin. „Er ist direkt hier an meiner Couch. Er leidet mit mir, weil er ein vollkommener Vater ist.“

Ditmar und ich hatten einige Zeit später die Gelegenheit, ihr, ihrem Mann und ihrem Vater von Gottes Vergebung, Barmherzigkeit und Gnade zu erzählen, und haben alle drei bis zur Schwelle des Himmels begleitet.

Wenn ich mich an deine Hilfe in der Vergangenheit erinnere, schöpfe ich neuen Mut und kann mit freudiger Zuversicht auf deine Hilfe vertrauen – heute und in der Zukunft.

Auf meiner Suche nach Heilung las ich viele Bücher über dieses Thema. Täglich beteten wir selbst, und wir baten auch andere, für mich zu beten. Sharon Mumper stellte ein Gebetsteam zusammen, indem sie an meine Freunde und Bekannten schrieb. Jede Woche berichtete sie ihnen, wie es mir ging.

Ich war überzeugt, dass jedes Gebet für mich einem Hammerschlag glich. Beharrlich. Unaufhörlich. Der Prophet Jeremia sagt: „Mein Wort ist … wie ein Hammer, der Felsen in Stücke schlägt!“[55] Haben Sie schon mal darüber nachgedacht, warum ein Hammer einen Stein 99-mal treffen kann, er ihn aber erst beim hundertsten Mal in Stücke zerschlägt? Es liegt daran, dass die vorherigen Schläge ihn nach und nach schwächten.

Ditmar und ich versuchten auch durch eine Ernährungsumstellung mein Immunsystem zu stärken. Ich machte tägliche Übungen, um meine Beine zu kräftigen, und konnte allmählich vom Rollstuhl zu Krücken übergehen.

Im ersten Jahr kam ich kaum nach draußen; es war einfach zu anstrengend. Die Gemeinschaft in der Gemeinde fehlte mir sehr. Einmal musste Ditmar an einem Sonntag wegfahren und Freunde holten mich zur Gemeinde ab. Während des Gottesdienstes nahm ich am Abendmahl teil und dankte Gott wieder dafür, dass er für mich gestorben war.

Erneut dachte ich über die Bibelstelle nach: „Doch wegen unserer Vergehen wurde er durchbohrt, wegen unserer Übertretungen zerschlagen. Er wurde gestraft, damit wir Frieden haben. Durch seine Wunden wurden wir geheilt."[56]

„Danke für deine Wunden, Herr Jesus", flüsterte ich hörbar.

Nach dem Abendmahlsgottesdienst nahm ich meine Krücken und ging zur Toilette, die sich eine Etage tiefer befand. Das Treppensteigen fiel mir immer schwer, und es nahm viel Zeit in Anspruch, sie zu bewältigen. Doch als ich wieder die Treppe heraufkam, fühlte ich mich nicht schwächer und wankender, sondern stärker. Ich konnte viel besser gehen und brauchte mich kaum auf die Krücken zu stützen.

ꝏ

Dieses Erlebnis war ein Wendepunkt. Ich kann nicht sagen, warum Gott mich nicht ein für alle Mal heilte und mich auch nicht von den Gesichtsschmerzen befreite, die ich seit der zahnärztlichen Fehlbehandlung habe. Vielleicht erhalte ich die Antwort auf diese Frage erst im Himmel, wenn ich von Angesicht zu Angesicht vor meinem himmlischen Vater stehe. Aber ich erlebe lange Phasen, in denen die Borreliose ruht.

In jedem Augenblick meines Lebens und unter den verschiedensten Umständen lehrt Gott mich, ihm zu vertrauen. Eines weiß ich ganz gewiss: Ich brauche täglich seine Hilfe, denn allein könnte ich das alles nicht durchstehen. Gott zeigt mir, wie ich aufhören kann, es selbst zu versuchen, und anfangen kann, zu vertrauen.

Wissen Sie, wie Gott die Entscheidung trifft, wen er heilt und wen er nicht heilt? Oder warum er bei jemandem eine Krankheit heilt und die andere nicht? Darüber habe ich oft nachgedacht.

Doch in der Zwischenzeit habe ich meine Hoffnung, mein Leben, meine Leidenschaft, meinen Lebenssinn auf den Gott gesetzt, der immer bei uns ist. Auf den Gott, der sich nie ändert.

31
Warme Stiefel für Russland

Nach dem Kommunismus unternahm ich eine Reise nach Russland.

Beim Anblick der vielen bewaffneten, uniformierten Beamten, die mich mit strenger Miene ansahen, verspannten sich meine Schultern. Ich reiste allein und es gab zu dieser Zeit nicht viele Leute im Moskauer Flughafen. Abseits der vielen Wachposten mit ihren Maschinengewehren waren die Wartehallen bis auf einige wenige Transitpassagiere fast leer.

Am Kontrollpunkt musterte mich der Beamte mit einem kalten, nüchternen Blick, dann prüfte er meinen kanadischen Pass, grinste abschätzig und stempelte den Pass dann so vehement, dass ich unwillkürlich zusammenzuckte. Die Art, wie die Beamten mich anstarrten, weckte in mir regelrecht Schuldgefühle, überhaupt in ihrem Land zu sein. Fast rechnete ich damit, dass sie mich jeden Moment ins Verhör nehmen würden, um herauszufinden, warum ich hier war.

Endlich hatte ich die Sicherheitskontrollen hinter mir und trat in den öffentlichen Bereich des Flughafens. Verblüfft schaute ich mich um. Hier gab es auf einmal Scharen von Menschen. Wie konnten so viele Personen auf so wenige Passagiere warten? Ich suchte in der Menge nach dem Herrn, der mich abholen sollte. Man hatte mich informiert, dass er ein Schild hochhalten würde.

Aber niemand war zu sehen.

Fieberhaft begann ich zu überlegen: *Ob ich hier ein Telefon auftreiben kann? Und wenn ja, kann ich überhaupt herausfinden, wie man es benutzt?*

Endlich erspähte ich ganz hinten ein Schild, das ein mir fremder junger Mann hochhielt. Ich stieß einen erleichterten Seufzer aus und ging auf ihn zu. Höflich stellte er sich vor und half mir, mein Gepäck zu tragen.

Wir stapften durch den knietiefen Schnee zu seinem verbeulten russischen Wagen. Ich war froh, dass ich warme Stiefel und Winterkleidung angezogen hatte; trotzdem drang der kalte Novemberwind durch meinen Mantel, und ich konnte es kaum erwarten, in das Auto zu steigen, um der frostigen Kälte zu entkommen.

Unmittelbar bevor wir losfahren wollten, tauchte ein Polizist auf. Er klopfte mit seinem Stock ans Fenster und winkte den Fahrer heraus. Mein Herz erstarrte wie die Eiskristalle auf der Windschutzscheibe. Lebhafte Erinnerungen an grausame Polizeibeamte kamen mir in den Sinn – ich wusste nicht, ob dieses ehemals kommunistische Land meiner jugoslawischen Heimat ähnlich sein würde. Und ich wusste nicht, wie lange ich hier festsitzen würde.

Mein Fahrer folgte der Aufforderung, und der Polizist sagte etwas, das ich nicht verstehen konnte.

Der junge Mann steckte kurz den Kopf zu mir ins Auto. „Sie bleiben hier. Ich bin gleich wieder zurück.“ Er schloss den Wagen ab und folgte dem Polizisten.

Wie lange er wegblieb, weiß ich nicht mehr; jedenfalls klapperten meine Zähne vor Kälte und meine Füße waren trotz der warmen Stiefel tiefgefroren. Schlimmer war, dass Angst mein Herz gepackt hatte.

„Was war denn los?“, erkundigte ich mich, als er endlich wieder in den Wagen stieg.

„Sprechen wir lieber nicht darüber“, entgegnete er.

Ich bemerkte eine tiefe Beunruhigung in seinem Gesichtsausdruck. Da ich selbst aus einem ehemals kommunistischen Land stammte, verstand ich: *Es gibt gewisse Dinge, über die man einfach nicht spricht.*

Eine Stunde später, nachdem wir uns durch die farblosen, grauen Häuserblocks der Stadt geschlängelt hatten, erreichten wir ein riesiges Gebäude mitten im Nirgendwo. Es hatte nur wenige Fenster und wirkte wie ein Militärstützpunkt. Wir stiegen aus. Ich wusste nicht so recht, was ich von alledem halten sollte, besonders da mein Fahrer bereits von der russischen Polizei aus seinem Wagen geholt worden war.

Dennoch trat ich in die Haupteingangshalle und starrte zu dem riesigen Flugzeug hinauf, das dort von der Decke hing. Na, das war vielleicht eine seltsame Dekoration für ein Hotel! Meine bereits angeregte Fantasie galoppierte weiter, und ich fragte mich, warum er mich wohl hierhergebracht hatte und wie ich mit dieser seltsamen Situation umgehen sollte. Später an diesem Abend erfuhr ich, dass es sich bei diesem Gebäude nicht um mein Hotel, sondern um ein russisches Raumfahrtforschungszentrum handelte.

Ich war zu einer Zeitschriftenkonferenz in Moskau eingeladen, doch angesichts der vielen Sicherheitsmaßnahmen, der Männer mit ihren Gewehren und der Vernehmung meines Fahrers war ich nervös.

Am Eingang musste ich meinen Pass vorlegen. Ich wurde einer vollständigen Sicherheitsprüfung unterzogen und erhielt dann eine Sicherheitskarte.

„Diese Karte dürfen Sie unter keinen Umständen verlieren", mahnte der Sicherheitsbeamte. „Ohne sie können Sie das Gebäude nicht wieder betreten."

Ich war auf Einladung des *Magazine Training International* (MTI) hier. Ich sollte einen Workshop leiten für Personen, die hier in der ehemaligen Sowjetunion entweder bereits bei einer christlichen Zeitschrift arbeiteten oder eine solche gründen wollten. Die Teilnehmer konnten sich in verschiedenen Bereichen des Journalismus schulen lassen: Artikel schreiben und editieren, grafisches Design und Geschäftliches. Etwa 25 Mitarbeiter von 24 verschiedenen Zeitschriften hatten sich für die dreiwöchige Konferenz angemeldet.

Endlich entdeckte ich einige vertraute Gesichter des MTI und andere Bekannte. Ich umarmte meine alten Freunde von *Christianity Today*, *NavPress* und anderen Organisationen, die ebenfalls als Referenten eingeladen worden waren. Welche Erleichterung! Welche Freude! Wir alle waren gekommen, um christlichen Journalisten Tipps für ihre Arbeit zu geben. Wir wollten sie dazu ermutigen, ihre Träume weiterzuverfolgen und ihre Fähigkeiten zu entfalten, Gottes Wahrheit in ihren Artikeln zu bezeugen und auch unter extrem schwierigen wirtschaftlichen Verhältnissen zu überleben.

Napoleon hat einmal gesagt: „Ich habe es lieber mit 100 000 Bayonetten als mit drei Zeitungen zu tun." Warum fürchtete dieser berühmte französische Kommandant eine Handvoll Journalisten mehr als Tausende wütender Soldaten? Weil er wusste, dass das geschriebene Wort die Macht hat, Menschenleben zu verändern und ganze Nationen zu beeinflussen!

Russische Journalisten spotteten jedoch, dass es keine *pravda* (Wahrheit) in den *izvestia* (Nachrichten) und keine *izvestia* in der *Pravda* gebe. Bis zum Herbst 1991 war die Auflage der russischen Zeitung *Pravda* von elf Millionen auf 700 000 gesunken. Die Menschen glaubten nicht mehr an die *Pravda*-Version der Wahrheit. Der Bestseller-Autor Philip Yancey hörte, nachdem er 1991 an einer Journalistenzusammenkunft in Moskau teilgenommen hatte, einen russischen Verleger sagen: „Zweifellos kennen Sie die Probleme in unserem Land. Aber ich sage Ihnen, dass das größte Problem nicht darin besteht, dass wir keine Wurst haben. Viel schlimmer ist, dass wir nicht genug Ideen haben. Wir wissen nicht, was wir denken sollen. Man hat uns den Boden unter den Füßen weggezogen!"

Wie gut ich mich noch erinnere!

Warum sehnte ich mich schon als Kind nach Freiheit und suchte so beharrlich danach, dass ich sogar bereit war, meine Heimat in Jugoslawien zu verlassen, um in die vermeintliche „Freiheit" Österreichs zu gelangen? Damals wusste ich nicht, was ich heute weiß: dass Gott uns als Menschen mit Entscheidungsfreiheit erschuf. Er gab uns die Fähigkeit, zwischen gut und schlecht zu wählen. Damals wusste ich nur, dass ich mich tief in meiner Seele danach sehnte, frei zu sein, selbst entscheiden zu können, was ich glaube.

In meiner Jugend konnte ich nicht erklären, warum ich mit der kommunistischen Ideologie nicht einverstanden war. Ich wusste nur innerlich, dass sie falsch war. Nun verstehe ich, dass es nicht richtig sein kann, wenn einige wenige Leiter Entscheidungen für alle Menschen treffen.

Man schrieb uns vor, wen – oder vielmehr: was – wir anbeten sollten. Es wurde erwartet, dass wir das kommunistische System verherrlichten und nicht Gott. Und wenn wir das ablehnten, hatten wir die Konsequenzen zu tragen – Ausgrenzung und Entzug von Bildungsmöglichkeiten.

Ich konnte nicht erklären, warum ich mit der kommunistischen Ideologie nicht einverstanden war. Ich wusste nur innerlich, dass sie falsch war.

Man konnte nirgendwo seine wahren Gedanken aussprechen, weil alle Wände und sogar Sträucher Ohren hatten. Jeder im Osten hatte Angst, dass ein unbedachtes Wort den Behörden gemeldet werden könnte und bald darauf die Polizei an die Tür klopfen würde.

Nun stand ich hier, 1998, und versuchte, diesen engagierten Journalisten etwas von dem verlorenen Boden wiederzugeben, den der Kommunismus ihnen entzogen hatte, damit sie ihre Hoffnung verwirklichen konnten, ihre Nation durch die gedruckte Seite mitzugestalten.

Zwar waren die meisten Seminarteilnehmer Männer, aber es gab auch eine Handvoll Frauen. Besonders freute ich mich über junge Frauen wie Oxana, die davon träumten, eine christliche Frauenzeitschrift herauszubringen. Obwohl sie schreckliches Heimweh nach ihren kleinen Kindern zu Hause hatte, war sie mehrere Hundert Kilometer aus einer anderen Region Russlands angereist, um das nötige publizistische Handwerkszeug zu erlernen, das sie für ihre Arbeit brauchen würde. Sie blieb die ganzen drei Wochen und hörte sich Kurse über Editieren, Grafik und Finanzen an, weil sie so viel wie möglich lernen wollte, um ihre Vision Wirklichkeit werden zu lassen.

Manchmal luden diese Frauen mich abends nach einem bereits langen und ausgefüllten Tag voller Seminare und Sitzungen in ihre Zimmer ein. Dort servierten sie dann guten russischen Tee mit köstlichen Keksen, die sie mitgebracht hatten. Wir lachten viel bei unseren Versuchen, uns in verschiedenen Sprachen zu verständigen, und wenn es uns an Worten fehlte, nahmen wir einfach unsere Hände und Füße zu Hilfe. Die Frauen stellten viele Fragen und erzählten von ihren Träumen. Ich war so froh, als ich hörte, dass ein Jahr später die christliche Frauenzeitschrift *Esther* auf den Markt gebracht wurde. Damals hatten wir bei einem solchen Abend in einem Hotelzimmer über diesen Traum gesprochen und überlegt, welchen Namen die Zeitschrift tragen sollte.

Am dritten Morgen war ich an der Reihe, in der Plenumssitzung zu allen Teilnehmern zu sprechen – auf Englisch. Leider hatte meine Dolmetscherin wenig Erfahrung; sie musste oft nach den richtigen Wörtern suchen und bat mich immer wieder, meine Sätze anders zu formulieren. Das machte den Vortrag so umständlich, dass ich meinen Beitrag verkürzte, um die Frustration gering zu halten. Hinzu kam aber auch, dass mich die Gesichter der Männer aus dem Konzept brachten, wenn ich ins Publikum schaute. Ihre ganze Mimik und Körpersprache drückte aus, dass es sie nicht interessierte, was ich zu sagen hatte. Ich spürte wieder die alte Spannung zwischen Männern und Frauen, die ich in Osteuropa so oft erlebt hatte. Mein Geschlecht und mein jugendlicher Anblick stießen auf die Grimassen von Zuhörern, für die das Alter eine lautere Sprache spricht als Erfahrung oder Sachkenntnis. Ich hatte das Gefühl, als würden diese Männer ihre Missbilligung selbst noch in ihrem Schweigen herausschreien, und ich hatte nur noch den Wunsch, meine Rede möglichst bald zu beenden, um ihren ablehnenden Blicken zu entfliehen.

Als ich gerade meine Notizen zusammenraffte und gehen wollte, trat die Moderatorin auf die Bühne und sagte: „Danke, Elisabeth. Wir haben noch etwas Zeit in dieser Sitzung, deshalb würde ich dir gern ein paar Fragen stellen, damit unsere Zuhörer mehr über *Lydia* und deine Arbeit dort erfahren."

Ich saß in der Falle.

„Elisabeth, wie hoch ist die Auflage von *Lydia*?"

Ihre erste Frage zielte genau auf den Punkt ab, den ich bewusst auslassen wollte. Ich hatte diese Angaben in meinem Vortrag nicht erwähnt, weil ich wusste, dass viele Herausgeber sehr zu kämpfen haben und schon froh sind, wenn ihre Auflage mehrere Hundert erreicht, von mehreren Tausend ganz zu schweigen. Ich wollte sie nicht mit den hohen Zahlen, mit denen wir gesegnet wurden, entmutigen.

„Die deutsche Ausgabe hat mittlerweile eine Auflage von etwa 80 000", sagte ich vorsichtig.

Plötzlich, als hätte ein Stromschlag sie getroffen, richteten sich die Männer auf ihren Stühlen auf. Ich konnte sehen, wie einige von ihnen sich nach vorn lehnten, um genauer zuzuhören, und mich mit einem schwachen Kopfschütteln anstarrten. Mir schien, als fragten sie ungläubig: „Was? Diese Frau hat das geschafft?"

Auf die veränderte Körperhaltung folgte ein Flüstern: „Hast du das gehört? Sie hat 80 000 gesagt. Überleg mal: 80 000. Wahnsinn!"

Beinahe hätte ich laut gelacht. Jetzt hatte ich ihre volle Aufmerksamkeit. *Es ist doch erstaunlich, dass die Antwort auf diese eine*

Frage mir bei ihnen Anerkennung verschafft hat, dachte ich. Resultate konnten diese traditionsbewussten osteuropäischen Männer nicht wegdiskutieren oder ignorieren, selbst wenn sie durch eine Frau erzielt worden waren!

Auch bei den Frauen im Publikum änderte sich etwas. Sie hatten mir während meines Vortrags aufmerksam zugehört. Doch als sie die Reaktion der Männer auf die Auflagenhöhe sahen, konnte ich beobachten, wie ihre Gesichter sich aufhellten. Auch sie setzen sich aufrechter hin und strahlten übers ganze Gesicht. Viele von ihnen erzählten mir anschließend, wie gut ihnen das getan hatte. Sie erklärten, dieser Tag habe ihnen Mut gemacht, ihren Traum in der überwiegend von Männern beherrschten Verlagswelt weiterzuverfolgen.

Später baten mich einige Frauen, noch mehr über die Geschlechterfrage zu sagen. „Was kann eine Frau tun? Was ist unsere Rolle in Gottes Plan?", wollten sie wissen. Viele kulturelle Traditionen hatten ihnen den Blick für das verstellt, was Gott mit ihrem Leben als Frauen vorhatte.

Also erklärte ich ihnen, was ich selbst herausgefunden hatte, indem ich Gottes Wort in der Bibel las. „Gott möchte, dass Mann und Frau ein Gegenüber sind", sagte ich, „sie können sich auf Augenhöhe begegnen, sind gleichwertig, beide einzigartig und verschieden, von anderem Geschlecht, aber einander ergänzend, und beide sind individuell begabt. Eva wurde geschaffen als Antwort auf Gottes Bekenntnis, dass es ‚nicht gut (ist), dass der Mensch allein sei.'[57] Die Frau wurde als ‚Gehilfin' geschaffen – im Hebräischen ein Wort, das auch auf Gott selbst bezogen wird. Die Tatsache, dass Frauen als ‚Ruhm des Mannes' beschrieben werden, schmälert oder entwertet weder ihre Rolle noch den Beitrag, den sie als Frauen leisten. Männer und Frauen sind vor Gott gleichwertig, aber aufeinander angewiesen."

Resultate konnten diese traditionsbewussten osteuropäischen Männer nicht wegdiskutieren oder ignorieren, selbst wenn sie durch eine Frau erzielt worden waren!

Ich erzählte ihnen aber auch, dass es mir nie geholfen hat, für meine Rechte als Frau zu kämpfen. Männer sind stärker leistungsorientiert, während Frauen leichter Beziehungen aufbauen können. Wir brauchen Männer nicht als unsere Feinde zu betrachten. Nein, unser Feind ist Satan, der seit dem Garten Eden immer wieder versucht, den Mann gegen die Frau und die Frau gegen den Mann aufzuhetzen. Im Laufe der Zeit habe ich gelernt, dass ich viel eher Türen öffnen kann, wenn ich meine Gaben einsetze, Männern zu helfen (indem ich sie angemessen unterstüzte und ergänze), als wenn ich „kämpfe".

Bei meiner weiteren Arbeit mit Frauen quer durch Osteuropa habe ich festgestellt, dass der Konflikt zwischen den Geschlechtern überall ein Problem war. Ich begegnete vielen jungen Frauen, die sich die Freiheit, mit der ich meine Gaben in einer für Frauen nicht gerade einladenden Umgebung einsetzte, zum Vorbild nahmen. Auch diese Rolle hatte ich nie angestrebt oder gesucht. Gott eröffnete mir einfach immer wieder Gelegenheiten, die ich nutzen konnte. Das heißt allerdings nicht, dass die Hilfe, die ich anbot, immer angenommen worden wäre. Jedenfalls versuchte ich nie, mich anderen gegenüber hervorzutun und sie dadurch einzuschüchtern ... und wenn andere sich hervortun wollten, schluckte ich den Köder nicht, mich meinerseits einschüchtern zu lassen und entsprechend zu handeln.

Aber ich wäre nicht ehrlich, wenn ich nicht zugeben würde, wie oft ich von manchen leitenden Frauen missverstanden wurde. Sie wollten, dass ich für stärkere Führungspositionen von Frauen kämpfte. Das ist jedoch nicht meine Berufung. Die Zusammenarbeit mit Männern ist für mich – und für das Reich Gottes – immer ein großer Gewinn gewesen. Einige Männer (allen vorweg Ditmar, mein Ehemann) haben mich ermutigt, die Gaben einzusetzen, die Gott mir geschenkt hat. Andere Leiter haben mich dagegen entmutigt. Doch trotz des Widerstands arbeite ich weiter darauf hin, zwischen Männern und Frauen in Führungspositionen Brücken zu bauen.

ꙮ

Am Ende der MTI-Konferenz unternahmen vier von uns Seminarleitern eine Reise zum Roten Platz in Moskau. Die Stadt glitzerte unter einer frischen Schneedecke bei minus 15 Grad. Während wir umherschlenderten und staunend die Basilius-Kathedrale, den Kreml und das Lenin-Mausoleum betrachteten, dachte ich daran, wie viele verschiedene Truppen in der Geschichte über diesen Platz marschiert waren.

Zuerst waren es die Truppen der verschiedenen Zare. Dann folgten die Scharen kommunistischer Männer mit ihrer Kriegsmaschinerie, um dann 1941 von der deutschen Armee vertrieben zu werden, die diesen Platz für die Nazis beanspruchte. Vier Jahre später hielten Amerikaner und Russen hier eine Siegesparade ab und warfen die Flagge des besiegten Hitler-Regimes am Lenin-Mausoleum nieder. Jetzt wünschte ich nur, dass mehr Füße diesen Platz für Christus betreten würden.

Nachdem wir einen Blick auf den Kreml geworfen hatten, betraten wir die berühmte Basilius-Kathedrale, die nach dem russisch-orthodoxen Heiligen Basilius benannt ist: einem sogenannten „Narren für Christus". Als ich den orthodoxen Gottesdienst besuchte, bemerkte ich einen jungen Mann, der kniend betete. Die innige Konzentration, mit der er schweigend sein Herz vor Gott ausschüttete, spiegelte sich in den angespannten Zügen seines Gesichts.

Ich will darauf hinarbeiten, zwischen Männern und Frauen in Führungspositionen Brücken zu bauen.

Nach einer Weile gab Gott meinem Herz einen leisen Impuls: *„Warum gehst du nicht zu ihm und sagst ihm, dass ich ihn liebe und für ihn sorge?"*

„Oh nein", sträubte ich mich. „Ich kenne seine Sprache doch nicht."

Während ich im Stillen mit Gott diskutierte und ihm die Gründe aufzählte, warum ich das nicht tun konnte, stand der Mann auf.

Endlich, dachte ich. *Jetzt geht er nach Hause und ich bin diesen inneren Kampf los.*

Doch der Mann ging nur zu einem anderen Winkel, wo er eine Ikone küsste und weiterbetete.

In diesem Moment erkannte ich, dass meine Einwände alle selbstsüchtig waren. Es war ganz klar, dass Gott diesem Mann seine Liebe zeigen wollte. Also bat ich unseren Fremdenführer schüchtern, für mich zu dolmetschen. Wir gingen zu dem Mann hinüber und ich stellte mich vor.

Überrascht antwortete er, dass sein Name Vladimir sei.

Ich fragte ihn: „Wie ist Ihre Beziehung zu Jesus? Wissen Sie, dass Sie eine ganz persönliche Beziehung zu ihm haben können, wenn Sie seine Vergebung für sich in Anspruch nehmen?"

Vladimirs Augen waren so ehrlich, und er lehnte sich vor wie ein Hungriger, der ein Stück Brot vor sich sieht. „Ich möchte Jesu Vergebung." Große Tränen liefen ihm über die Wangen. „Spasiba, spasiba", sagte er („Danke, danke.").

Nun fühlte ich einen weiteren Impuls in meinem Herzen: *„Gib ihm etwas Geld."*

Bevor wir gingen, griff ich in mein Portemonnaie und gab ihm etwas Geld.

Vladimir schluckte und senkte den Kopf.

„Stimmt etwas nicht?", fragte ich.

„Ich habe gerade um Hilfe gebetet. Deshalb bin ich in die Kirche gekommen. Meine Familie ist in solcher Not. Und jetzt ..." Vor Dankbarkeit und Staunen brachte er seinen Satz nicht zu Ende.

Ich legte meine Hand auf seinen schäbigen, dünnen Mantel und blickte in seine tränennassen Augen. „Vladimir, Gott ist hier, um Ihnen zu sagen, dass er für Sie sorgen wird. Ich bin nur einen kurzen Moment hier, um seine Liebe zum Ausdruck zu bringen. Aber Gott wird bei Ihnen bleiben und Sie niemals verlassen."

Da waren sie wieder, diese mächtigen Worte, die mein eigenes Leben so geprägt hatten – *Ich werde dich nie verlassen* –, und prägten nun Vladimirs Leben.

Weitere Tränen flossen – die Art von Tränen, die man weint, wenn man von Gottes bedingungsloser Liebe überwältigt ist.

Kaum hatten wir die Kirche verlassen, begannen auch bei mir Tränen zu fließen. Es lag eine gewisse Ironie darin, dass auch ich wie der heilige Basilius oft als eine Art „Närrin" für Christus betrachtet worden war! Ich fühlte mich wieder überwältigt von der Verlorenheit der Menschen, die hier an mir vorbeigingen. *Oh, Jesus, wie viele Menschen in dieser Welt suchen wie Vladimir nach Gott und brauchen nur jemanden, der ihnen von dir erzählt?*, dachte ich.

„Du genießt ein großes Privileg, Elisabeth", schien Gott mir zu sagen. *„Nicht einmal die Engel haben den Auftrag, das Evangelium zu überbringen – diese Aufgabe habe ich den Menschen vorbehalten."*

„Gott", sagte ich, „ich möchte die gute Nachricht von deiner Liebe, Vergebung und Freiheit sowohl durch das gedruckte als auch durch das gesprochene Wort weitergeben, und ich möchte es mit Gebet und Güte verbinden. Hilf mir, das immer mit klarer Zielsetzung und mit Hingabe zu tun!"

In diesem Augenblick hatte ich den Eindruck, als würde sich eine ganze Parade von Engeln auf diesem Platz mit mir über diesen einen Menschen freuen, der verloren und nun wiedergefunden worden war.

Und dazu war nichts weiter nötig als eine Närrin. Eine Närrin, die Gottes Impuls gehorsam gewesen war.

32
Fußfesseln in Kroatien

Auf dem Flug zurück nach Frankfurt gingen mir die vielfältigen Eindrücke und manche Gesprächsfetzen aus den vergangenen Wochen in Moskau durch den Sinn.

Ich konnte Gott regelrecht sagen hören: *„Meine Ernte ist reich! Kümmert euch um die Ernte."*

Es tat mir im Herzen weh, wenn ich an Osteuropa und die ehemaligen Sowjetrepubliken dachte, und ich hoffte sehr, dass weitere Zeitschriften die Gute Nachricht verbreiten würden. *Leid, Ablehnung, Armut und Krankheit sind schlimm, aber das alles ist nicht das Schlimmste, worunter sie leiden,* dachte ich. *Das Schlimmste ist, ohne Liebe zu sein, ohne Sinn, ohne Hoffnung und ohne Gott.* Immer wieder fragte ich Gott und mich selbst: *Wie kann ich wirklich etwas bewegen?*

Ich verbrachte einige sehr ruhelose Nächte, in denen ich hin und her überlegte, wie ich helfen könnte. In der Stille der Morgendämmerung, nach einer dieser schlaflosen Nächte, dachte ich an die vielen Weihnachtsgeschichten, die an *Lydia* geschickt worden waren – bei Weitem zu viele, um in der Zeitschrift veröffentlicht zu werden. *Wie wäre es, wenn wir sie zu einem Weihnachtsbuch zusammenstellen würden? Das Geld aus dem Verkauf dieser Bücher könnte zur Finanzierung von Frauenzeitschriften in Osteuropa beitragen.*

Vor Aufregung über die Möglichkeiten, die sich hier auftaten, klopfte mir das Herz ...

Gleich am nächsten Tag begannen das *Lydia*-Team und ich damit, diese unveröffentlichten Geschichten zusammenzustellen. Nachdem wir sie geordnet und zu einem Manuskript zusammengefügt hatten, legte ich dieses einem bekannten Verleger vor. Er lehnte ab mit der Begründung: „Weihnachtsbücher verkaufen sich nicht gut. Die Zeitspanne für den Verkauf ist zu kurz. Da können wir keinen Profit machen."

Das entmutigte mich zwar, aber ich war überzeugt, dass diese Idee von Gott kam. Also sprach ich weitere Verleger an. Ein Jahr später erklärte ein Verlag sich schließlich bereit, das Buch herauszubringen, und im Handumdrehen stand *Ein bisschen beim Stern sitzen* in den Verkaufsregalen.

Keiner von uns hätte voraussagen können, was dann geschah, aber es glich dem, was wir mit der ersten Ausgabe der *Lydia* erlebt hatten, die im Nu vergriffen gewesen war: Das Buch blieb monatelang ein Bestseller auf dem christlichen Buchmarkt in Deutschland. Später wurde es ins Kroatische übersetzt. Wir hörten, dass katholische Priester in Kroatien das Buch sehr schätzten und einige Geschichten daraus für ihre Predigten verwendeten. Außerdem wurden die Geschichten sogar im Radio und im Fernsehen vorgelesen und die kroatischen Leser wählten das Buch für den *Golden Heart Award* als „inspirierendstes Buch". Im nächsten Jahr erschienen die rumänische, die serbische und die ungarische Übersetzung.

Das Schlimmste ist, ohne Liebe zu sein, ohne Sinn, ohne Hoffnung und ohne Gott.

Das Weihnachtsbuch berührte nicht nur die Herzen der Menschen, darüber hinaus gebrauchte Gott es auch dazu, beträchtliche Gelder für den Druck weiterer Veröffentlichungen zur Verfügung zu stellen, um die Gute Nachricht zu verbreiten. Nach dem Weihnachtsbuch brachten wir eine besondere Bibel für Frauen heraus – ein Neues Testament mit Kurzandachten, die von Frauen für Frauen geschrieben worden waren. Es erschien zuerst auf Deutsch, dann auf Rumänisch.

Die Frauen in Rumänien waren ganz begeistert von der Bibel. Ein Verlagsvertreter sagte uns: „Ich glaube, ich habe kein anderes Buch so oft verkauft wie dieses!"

Es ist erstaunlich, was Gott tun kann, indem er das kleine Samenkorn einer Idee – verbunden mit etwas Entschlossenheit und Hingabe – aufblühen lässt.

Im Dezember 2006 wurde mir mitgeteilt, dass wir das Weihnachtsbuch in einem Frauengefängnis in Kroatien verteilen durften. Dies war eine denkwürdige Nachricht, denn ein ganzes Jahrzehnt hatten wir dafür gebetet, dass Gott nach dem Krieg den vielen leidgeprüften Frauen im ehemaligen Jugoslawien Heilung und Erlösung bringen würde. Immer wieder hatten wir die Erlaubnis beantragt, *Lydia*-Zeitschriften in den Frauengefängnissen verteilen zu dürfen, doch unser Antrag war stets abgelehnt worden.

Diesmal hatten wir unserer *Lydia*-Gebetsgruppe die Anregung gegeben, konkret für einsame Frauen im Gefängnis zu beten. Am 18. Dezember 2006 erteilte ein Gefängnis uns schließlich die Erlaubnis, vor dem Verteilen der Bücher eine halbe Stunde über das Thema „Was ist der Sinn meines Lebens auf der Erde?" zu den Insassinnen zu sprechen.

Maria, die in Vukovar in Kroatien lebt und in einer humanitären Hilfsorganisation arbeitet, hatte den Schriftverkehr erledigt, um uns Einlass in das Gefängnis zu verschaffen. Obwohl sie oft im Begriff gestanden hatte aufzugeben, hatte ich ihr immer wieder in Erinnerung gerufen: „Wenn wir etwas wirklich Bedeutendes erreichen wollen, hat das seinen Preis."

Ich bin so froh, dass sie drangeblieben ist. Nun würde sie mit einem Team den Redner begleiten, der zu den Frauen im Gefängnis sprechen würde, und würde die Bücher verteilen.

Am Morgen vor diesem Ereignis stieß ich beim Bibellesen und Beten auf die Worte: „Ich war nackt und ihr habt mir etwas anzuziehen gegeben; ich war krank und ihr habt mich versorgt; ich war im Gefängnis und ihr habt mich besucht.“[58] Ich konnte kaum fassen, dass ich ausgerechnet jetzt diese Verse las. (Ich hatte nicht nach einem „passenden“ Bibelabschnitt für den Besuch im Gefängnis gesucht, sondern war in diesen Tagen gerade dabei, abschnittweise das Matthäusevangelium durchzulesen.) Ich hatte das Gefühl, dass Jesus zu mir sagte: *„Heute, wenn ihr in das Gefängnis geht, werdet ihr mich wirken sehen.“*

Es ist erstaunlich, was Gott tun kann, indem er das kleine Samenkorn einer Idee – verbunden mit etwas Entschlossenheit und Hingabe – aufblühen lässt.

Ich war sprachlos. Als ich mich wieder gefasst hatte, griff ich zum Telefon und rief Maria an. „Du glaubst ja nicht, was ich gerade gelesen habe!“, begann ich.

„Was denn?“, fragte sie.

„Hör zu“, fuhr ich fort und las ihr den Vers vor. „Maria, nur keine Angst! Du wirst heute Jesus wirken sehen und ich werde für dich beten.“

„Danke“, sagte sie und fügte hinzu: „Weißt du, das habe ich wirklich gebraucht. Ich hatte schon längst aufgegeben, wenn du mich nicht so beharrlich ermutigt hättest. Elisabeth, heute erleben wir, wie ein Traum Wirklichkeit wird!“

An diesem Tag lief ich ständig auf und ab, während ich auf einen Anruf von Maria wartete, um zu erfahren, wie es gelaufen war. Schließlich siegte meine Ungeduld und ich rief sie an. „Wie war es?“

Maria war so überwältigt, dass es ihr schwerfiel, die richtigen Worte zu finden. Nach einem tiefen Seufzer sagte sie: „Es war atemberaubend, Elisabeth. Es war fantastischer, als wir je erträumt oder erhofft hätten. Ich weiß, dass Gott das getan hat, und ihm gebührt alle Ehre dafür. Er hat die vielen Gebete der

Lydia-Gebetsgruppe erhört. Und wir sind dankbar, dass die Unterstützer der *Lydia*-Stiftung das ermöglicht haben."

Sie holte tief Luft und fuhr dann fort: „Es kamen über 50 Insassinnen, die meisten waren junge Frauen. Als die Wächter sie in den Versammlungsraum führten, gingen sie einzeln hintereinander, und alle trugen sie Handschellen und Fußfesseln. Nie werde ich das Geräusch der Ketten vergessen, die mit lautem Klirren von ihrer Gefangenschaft zeugten. Es war eine gespenstische Szene. Auf ihren Mienen lag solche Mutlosigkeit. Aber als ich in ihre Gesichter blickte, sah ich keine Mörderinnen. Ich sah gebrochene junge Frauen, die früh in ihrem Leben schlechte Entscheidungen getroffen hatten und nun in einem Hochsicherheitsgefängnis sitzen mussten. Aber sie waren nach wie vor Geschöpfe Gottes, genau wie wir.

Als alle Platz genommen hatten, herrschte Stille – anders, als wir es erwartet hatten. Es war kein bedrohliches Schweigen, sondern eine ehrfürchtig-gedämpfte Stille. Wir konnten Gottes Nähe regelrecht spüren. Was für eine Gelegenheit, ihnen von Gottes Vergebung zu erzählen und ihnen zu sagen, wie sehr er sie liebt! Die Frauen hörten ganz aufmerksam zu und sogen jedes Wort auf. Auch die Wächter, die auf beiden Seiten des Raumes standen, hörten zu."

Dann fasste der Redner die Weihnachtsbotschaft zusammen: „Jesus will uns einen Sinn für unser Leben geben und uns unsere Sünden vergeben. Wir feiern seine Geburt, weil Jesus kam, um für Sie und mich am Kreuz zu sterben. Möchte jemand Jesus um Vergebung für seine Sünden bitten und ein neues Leben mit ihm beginnen? Wenn Sie mit mir beten wollen, senken Sie bitte den Kopf und sprechen Sie folgendes Gebet still mit."

Nach dem Gebet überreichte das Team jeder Gefangenen eine Tüte mit Schokolade, Shampoo und dem *Lydia*-Weihnachtsbuch. Einige der Frauen brachen in Tränen aus, als sie die Geschenke in Empfang nahmen. Dann führten die Wächter die Insassinnen durch eine der Türen wieder hinaus, während Maria, der Redner und das Team den Raum durch eine Tür auf der anderen Seite verließen.

Der Gefängnisleiter sagte: „Das war so gut. Danke, dass Sie gekommen sind. Diese Zeit im Jahr ist besonders schwierig, denn viele der Frauen haben zu Hause Kinder, von denen sie durch die Haft getrennt sind."

Nachdem Maria mir das alles erzählt hatte, legte ich den Hörer auf und war zutiefst bewegt. „Was für ein Privileg! Danke, Herr, dass du uns an deinem großen Plan beteiligst – dass du uns erlaubst, diesen jungen, hoffnungslosen Frauen von deiner herrlichen Gnade zu erzählen."

Dies war ein historisches Ereignis: Wir durften die Gute Nachricht in Frauengefängnisse bringen.

Dies war ein historisches Ereignis: Wir durften die Gute Nachricht in Frauengefängnisse bringen. Durch Gottes Gnade war diese Tür einen Spaltbreit aufgestoßen worden. Seitdem findet diese Aktion zweimal im Jahr statt und auch andere Gefängnisse haben ihre Türen inzwischen für ähnliche Aktionen geöffnet.

Ein Jahr später wurde Slavica, die sieben Jahre im Gefängnis gesessen hatte, aus der Haft entlassen und konnte zu ihrem Mann und ihrer Familie zurückkehren. Im Jahr darauf wurde sie schwanger. Sie rief uns an und sagte: „Wenn es ein Mädchen wird, werde ich es Elisabeth oder *Lydia* nennen."

Ich war überwältigt. Nie werde ich ein eigenes Kind haben, aber viele Kinder trugen meinen Namen, weil das Herz ihrer Mütter durch die gute Nachricht von Christus verändert wurde.

Ich will nie vergessen, dass Gott mich berufen hat. Davon bin ich jedenfalls fest überzeugt. Es ist mein leidenschaftliches Anliegen, Frauen zu ermutigen, ihrer eigenen, individuellen Berufung zu folgen, die Gott ihnen gegeben hat – und die gute Nachricht zu feiern, dass Gott sie dazu erschaffen hat, sich frei wie ein Vogel aufzuschwingen.

33
Große Schritte, große Träume

Die deutsche *Lydia* und ihre beiden „Töchter“ in Rumänien und Ungarn hatten sich gut entwickelt und konnten mittlerweile sogar jeweils im eigenen Land hergestellt werden. Finanziell allerdings brauchten und brauchen sie nach wie vor unsere Hilfe.

Wir erhielten eine Flut von Anfragen, bei der Gründung von weiteren Zeitschriften in anderen Ländern zu helfen. Eines Tages erzählte meine polnische Freundin Alina Wieja mir von ihrem Traum, *Lydia* auch in ihrer Sprache herauszubringen. Nachdem ich ihr zugehört hatte, sagte ich: „Alina, du bist so begabt. *Lydia* braucht nicht noch eine weitere Übersetzung. Wenn du mit einer Zeitschrift beginnst, nenne sie nicht *Lydia*. Ich glaube, du kannst das allein schaffen.“

Und das tat sie auch! Inzwischen veröffentlicht sie seit 17 Jahren eine Zeitschrift mit dem Titel *Inspiracje*, die über ein angesehenes Mitarbeiterteam verfügt und sich durch ein gutes Design und wertvolle Inhalte auszeichnet.

Dann kam *Leah* hinzu, eine bulgarische christliche Zeitschrift, gefolgt von *Hoffnung für dich* in Weißrussland, *Junia* in Schweden und, in jüngster Vergangenheit, von *Tapati* in Litauen. Ich staunte über dieses Feuer der Inspiration, das sich quer durch Osteuropa ausbreitete. Die Gründerinnen all dieser Zeitschriften wagten es, einen großen Traum zu träumen und auf Gottes Ruf hin zu handeln. Sie stellten sich ihren Ängsten und den zahlreichen Herausforderungen, und so wird durch das gedruckte wie durch das gesprochene Wort die Gute Nachricht weitergegeben.

Im Sommer 2004 wurde ich eingeladen, die Hauptrede bei der ersten nur für Frauen bestimmten Zeitschriftenkonferenz zu halten, die von MTI gesponsert wurde. Teams von 21 christlichen Frauenzeitschriften aus 23 Nationen reisten für eine Woche in die Slowakei, um dort an Seminaren teilzunehmen und Erfahrungen auszutauschen.

Ditmar begleitete mich auf dieser Reise und stand vielen Teams als Finanzberater zur Verfügung. Diese Woche voller Begegnungen und Gespräche mit den 55 Teilnehmerinnen und Verlegerinnen bereitete uns große Freude. Viele waren gute Freundinnen, die ich bei ihrer Arbeit begleiten und denen ich dabei helfen durfte, ihre Träume zu verwirklichen. Während der Konferenz erhielt jedes Team die Gelegenheit, zehn Minuten über die eigene Zeitschrift zu berichten. Als ich diesen Frauen zuhörte, geriet ich ins Staunen: 13 der 21 Zeitschriften, die hier vertreten waren, waren durch Inspiration oder Unterstützung der *Lydia*-Stiftung gegründet worden.

Als Ditmar und mir dieser weitreichende Einfluss von *Lydia* bewusst wurde, stiegen uns Tränen in die Augen. Ja, wir hatten im Laufe der Jahre viel Beratungsarbeit und finanzielle Hilfe geleistet, doch aus irgendeinem Grund war uns dieses enorme Ausmaß nie bewusst gewesen.

Alle diese Frauen wagten es, einen großen Traum zu träumen und auf Gottes Ruf hin zu handeln.

Mehrere russische Verlegerinnen hatten sich gegen Abtreibung ausgesprochen und konnten verwundert beobachten, wie die Abtreibungszahlen in ihrem Land zurückgingen.

Immer wieder hörten wir Geschichten darüber, wie *Lydia* Brücken zwischen verschiedenen Denominationen oder zwischen verschiedenen Ländern baute. Wieder ging mir auf: Gott hatte so viel mehr im Sinn, als ich je erbeten oder erträumt habe! Am Ende eines Treffens sagte eine befreundete Herausgeberin mit Tränen in den Augen zu mir: „Elisabeth, warum musst du gesundheitlich so leiden, wo du doch ein solches Vorbild für uns bist? Ich bin von Gott enttäuscht. Wir haben schon so lange für deine Heilung gebetet und trotzdem ..."

Oh Herr, was soll ich ihr antworten?

„Ich verstehe dich", sagte ich. „Das ist eine natürliche Reaktion. Wenn wir nur in menschlichen Begriffen denken, ergibt das keinen Sinn. Eine bessere Frage wäre: Kann ich darauf vertrauen, dass mehr dahinter steckt, als unser Auge wahrzunehmen vermag?"

Ich lächelte ihr zu und fasste ihre Hand. „Was ich jetzt mit meinen Augen sehen kann, sind die zahllosen Briefe und E-Mails von Leserinnen, die mir von ihrem Schmerz schreiben und mir sagen, dass sie sich verstanden fühlen, weil auch ich leide. Es ist weniger eine Tragödie als eine Geschichte der Hoffnung. Halten wir an der richtigen Perspektive fest. Gottes Wort sagt: ‚Was wir jetzt leiden müssen, dauert nicht lange und ist leicht zu ertragen in Anbetracht der unendlichen, unvorstellbaren Herrlichkeit, die uns erwartet. Deshalb lassen wir uns von dem, was uns zurzeit so sichtbar bedrängt, nicht ablenken, sondern wir richten unseren Blick auf Gottes neue Welt, auch wenn sie noch unsichtbar ist. Denn das Sichtbare vergeht, doch das Unsichtbare bleibt ewig.‘[59] Ich kann dir sagen, dass chronische Schmerzen mehr sind als ‚nicht lange‘ und ‚leicht zu ertragen‘. Trotzdem ist das alles vorübergehend und vergänglich. Ich möchte bis zum Ende an Gottes Verheißungen festhalten."

Ich liebe ihn nicht für das, was er tut, sondern ich liebe Gott als den, der er ist.

Meinen Sie nicht, dass unser Gott unser Vertrauen und unsere Zuversicht verdient, auch wenn wir leiden müssen? Ich liebe ihn nicht für das, was er tut, sondern ich liebe Gott als den, der er ist. Und wie dankbar bin ich, dass er mein verwundetes Herz heilte. Ich kann – und ich werde – ihm auch in Bezug auf meinen körperlichen Zustand weiter vertrauen.

Als ich noch ein kleines Mädchen war und in Jugoslawien in der ersten Klasse an einem lädierten Schreibtisch saß und Gedichte auswendig lernte oder Worte in den Staub schrieb, die der Wind rasch verwehte, wer hätte da ahnen können, dass der Wind des Heiligen Geistes das Wort Gottes in so viele Richtungen tragen würde? Ich jedenfalls hätte es mir nie träumen lassen.

Ja, irgendwie wusste ich schon, dass gedruckte Seiten die Welt verändern können. Und ja, schon in diesem zarten Alter hatte Gott ein Samenkorn in mein Herz gepflanzt, das Jahrzehnte brauchte, um Gestalt anzunehmen und Früchte zu tragen.

Ich dachte, meine kleinen Träume seien zerschlagen worden, als ich nicht weiter zur Schule gehen durfte.

Ich dachte, sie seien in eine andere Richtung gelenkt worden, als ich das Nähen erlernte und später, als ich Bibeln und Kinderliteratur in „verschlossene" Länder schmuggelte.

Ich dachte, es gäbe keine Hoffnung mehr auf Leben, geschweige denn darauf, in Gottes Reich gebraucht zu werden, als ich auf einer Brücke stand und in das aufgewühlte Wasser blickte.

Es war sein Herzenswunsch, viele Völker zu erreichen.

Aber Gott hatte die Saat nicht vergessen, die er vor so langer Zeit gepflanzt hatte. In jeder Phase meines Lebens fuhr er fort, mich vorzubereiten, und ermunterte mich, die Träume in meinem Herzen weiterzuverfolgen. Angefangen bei den 2 000 Arztpraxen und Krankenhäusern, die die Zeitschriften auslegen, bis zu unserem Team, unseren Unterstützern und unseren treuen Lesern hat jeder von uns seinen Teil zur Ernte beigetragen, und aus irgendeinem Grund hat Gott es für angebracht gehalten, diese Arbeit zu segnen.

1986 hatte Gott mir die Verheißung gegeben: „Bitte nur darum und ich will dir die Völker zum Erbe geben." Es war sein Herzenswunsch, viele Völker zu erreichen. Gott war derjenige, der mich ermutigte. Völker für Christus sind ein großartiges Geschenk: Der Geber dieses Geschenks ist Jahwe, der Empfänger ist der Erlöser der Welt und die Gabe ist die verlorene Welt. Was für ein kostbares Erbe als Gabe für meinen Herrn!

Es war also ein enormes Glaubenswagnis, um 10 000 Frauen zu bitten, die *Lydia* kaufen würden. Doch 25 Jahre später, im Jahr 2011, hatte die deutsche *Lydia* eine regelmäßige Auflage von 80 000 Exemplaren. Die Zeitschrift erreicht heute Leser in über 100 Ländern der Welt. Wenn man berücksichtigt, dass jedes Heft durchschnittlich von vier bis fünf Personen gelesen wird, entspricht das einer Leserschaft von fast einer halben Million.

Einige zusätzliche Nullen sind eine Kleinigkeit für Gott, der diesen Traum gab und dessen Herz unablässig um eine gefallene Welt ringt.

34
Wenn sich viele Wege kreuzen

„Wir brauchen eine Frau, die den Westen kennt und ein Herz für den Osten hat“, sagte Lorry. „Ich glaube, du bist die Richtige, Elisabeth!“

Lorry Lutz war die Leiterin der Bewegung *AD2000 and Beyond*, welche eng mit zwei anderen großen Frauenbewegungen zusammenarbeite: dem *Lausanner Komittee für Weltevangelisation* und der Kommission für Frauenfragen der *World Evangelical Fellowship*. Diese drei Bewegungen sind die drei großen Frauenorganisationen in der evangelikalen Welt.

Lorrys Anfrage an mich im Jahr 1991, einen Arbeitszweig der Bewegung für Frauen in Europa zu leiten, zog mir den Boden unter den Füßen weg. Oder besser gesagt: Sie ließ mich zu Boden gehen – auf die Knie unter meinem Küchentisch, um Gott anzurufen.

„Bitte, Gott, rede zu mir!“

Es war nicht das erste Mal, dass Lorry mich gefragt hatte. Sie suchte nach jemandem, der Frauen aus ost- und westeuropäischen Ländern zusammenbringen konnte, und hielt mich für die richtige Wahl. Die Aufgabe war groß, und ich hatte bisher jedes Mal abgelehnt, wenn Lorry mich gefragt hatte.

„Es gibt so viele Frauen, die besser geeignet sind als ich“, hatte ich ihr immer erklärt. „Außerdem bin ich gesundheitlich eingeschränkt ... und ... und ...“

Ich hatte eine Menge Entschuldigungen und Lorry hörte mir stets geduldig zu. Aber sie trug dennoch immer wieder dasselbe Anliegen an mich heran.

Und nun kauerte ich in meiner Küche unter dem Tisch und rang mit Gott im Gebet! Warum in aller Welt ich einen so seltsamen Ort dafür gewählt hatte? Vielleicht erinnerte er mich an meine Kindheit, in der ich oft mit meiner Katze unter dem Tisch gehockt hatte, während Großvater aus Gottes Wort vorlas.

„Zeig es mir, Herr!", bat ich immer wieder. „Soll ich diese Aufgabe und die damit verbundene Verantwortung annehmen?" Früher hatte ich mich durchringen müssen, wenn es darum ging, Nein zu sagen – weil ich zu viele „gute Dinge" auf einmal tat und mich selbst damit übernahm. Jetzt wollte ich nur noch Ja sagen, wenn ich die Gewissheit hatte, dass es der richtige Schritt war.

Plötzlich hörte ich eine Stimme ... aber es war nicht Gottes Stimme. „Hör auf, Elisabeth!", rief die Frau aus der Wohnung unter uns. Offenbar hatte ich so laut gebetet, dass die ältere Dame, die unter uns wohnte, mich durch die Decke hören konnte. „Ich will schlafen!", rief sie ärgerlich, wobei sie jedem Wort Nachdruck verlieh, indem sie kräftig mit ihrem Besenstiel gegen die Decke stieß.

Aber wie kann ich aufhören zu beten, solange ich noch keine Antwort von Gott habe?, dachte ich. Ich muss wissen, ob ich diese Aufgabe übernehmen soll. Also betete ich weiter, allerdings leiser als zuvor: „Ist das dein Wille, Gott?"

Plötzlich hüllte Gottes herrlicher Friede meine Seele ein. Nicht die Art von Frieden, die man empfindet, wenn man sich alle Fragen beantworten konnte, sondern ein Friede, der sagt: *„Hab keine Angst. Ich werde mit dir sein."*

Ich schnappte mir einen Bleistift und fing an, eine Liste zu schreiben, um festzustellen, ob diese Aufgabe meiner Berufung entsprach.

1. Frauen?
Ja, sie lagen mir immer schon am Herzen.
2. Ermutigen?
Das tue ich seit Jahren leidenschaftlich gern.
3. Das gedruckte Wort?
Ich sehe nicht, wie das zur Leitung eines Frauenzweigs passen könnte ...

Zwei Pluspunkte, ein Minuspunkt!

Leiterinnen zu motivieren, sich für die Sache des Evangeliums zusammenzutun, das war etwas, das mir immer Freude gemacht hatte. Und aus Erfahrung wusste ich, dass Freude bei einer Arbeit mich beflügelte – trotz chronischer Schmerzen.

Nach weiteren Überlegungen und Gebeten sagte ich zu.

Meine erste Aufgabe bestand darin, christliche Leiterinnen aus ganz Europa sowie aus den verschiedensten Denominationen und Organisationen zusammenzubringen. Im April 1993 lud ich etwa 40 Frauen aus Ost- und Westeuropa zu einer Begegnung in Linz in Österreich ein. Mit dabei waren die Leiterinnen der drei großen Frauenbewegungen: Lorry Lutz von *AD2000 and Beyond*, Robin Claydon vom *Lausanner Komittee für Weltevangelisation* und Ingrid Kern von der Kommission für Frauenfragen der *World Evangelical Fellowship*. Der Zusammenarbeit dieser drei großen evangelikalen Organisationen in Europa gaben wir den Namen *Hope for Europe – Women in Leadership*.

Gottes herrlicher Friede hüllte meine Seele ein. Nicht die Art von Frieden, die man empfindet, wenn man sich alle Fragen beantworten konnte, sondern ein Friede, der sagt: „Hab keine Angst. Ich werde mit dir sein."

Zum ersten Mal verbrachten Leiterinnen aus verschiedenen Ländern und Denominationen eine ganze Woche zusammen, um einander kennenzulernen, voneinander zu lernen und über die Zukunft in Europa zu sprechen. Beim Frühstück saßen rumänisch-baptistische und griechisch-orthodoxe

Frauen nebeneinander und deutsche Pfingstlerinnen reichten polnischen Evangelikalen die Butter. Eine solche Verbundenheit zwischen Fremden hatte ich noch nie erlebt.

Zu Beginn der Woche waren die Frauen aus dem Osten recht schüchtern. Sie berichteten von den Schwierigkeiten, unter denen sie als Christen zu leiden hatten; wie ihre Kinder in der Schule verspottet wurden und oft auf Privilegien verzichten mussten und wie das bei ihnen selbst Schuldgefühle weckte: „Weil unsere Familie entschieden hat, Jesus nachzufolgen, müssen sogar unsere Kinder leiden." Doch ausnahmslos jede Frau schloss ihren Bericht mit dem Hinweis: „Aber Jesus ist das alles wert!"

Wir aus dem Westen staunten ehrfürchtig darüber, welche Opfer diese Frauen für ihren Glauben auf sich nahmen, und wurden durch ihr Beispiel inspiriert.

Die Frauen aus dem Osten waren ihrerseits überrascht, wie viele kreative Ideen Frauen im Westen entwickelten, um die Kirchendistanzierten ihres Landes zu erreichen: Frauenfrühstückstreffen, Freizeiten und Publikationen.

Als ich ihnen Titelseiten der ungarischen und der rumänischen *Lydia* zeigte, die in Kürze gedruckt und verbreitet werden sollten, machten sie große Augen. Ihr aufgeregtes Plaudern ließ mich insgeheim schmunzeln: Noch vor einem Jahr war dieser Punkt das Minus auf meiner Liste gewesen.

Ja, die Zeitschriften würden Frauen im Osten helfen, ihre Nationen mit dem Evangelium zu erreichen. Hoffnungsfunken flackerten in ihren Augen auf und weitere Träume wurden geboren. Ich konnte in ihren Gesichtern die Hoffnung sehen, dass es auch in ihrem jeweiligen Heimatland bald eine solche Frauenzeitschrift geben würde.

Am ersten Abend war ich als Rednerin an der Reihe. Ich fragte Gott, worüber ich bei dieser allerersten Zusammenkunft von Frauen aus Ost und West sprechen sollte. Nach einer längeren Zeit des Gebets legte Gott mir aufs Herz, über die Berufung einer Frau zu sprechen. Zur Veranschaulichung benutzte ich Beispiele von europäischen Frauen des Glaubens, die Jesus zu großen Werken befähigt hatte, so wie Susanna Wesley, Catherine Booth, Corrie ten Boom und Mutter Teresa. „Wir können von diesen Frauen lernen, die uns vorausgegangen sind", sagte ich, „indem wir betrachten, wie sie durch Unglauben ins Stolpern gerieten, welche Schritte sie im Glauben wagten und wie sie in Demut lebten."

Ich begann mit Susanna Wesley, der Mutter des Methodismus. Sie brachte 19 Kinder zur Welt, von denen zehn überlebten, für die sie vollzeitig als Mutter da war. Trotzdem brachte sie sich selbst nebenher Hebräisch und Griechisch bei. Wenn sie beten wollte, zog sie sich die Schürze über den Kopf, und das war für die Kinder das Signal, sie nicht zu stören. Sonntagabends hielt sie eine „Stunde" für ihre Kinder, zu der manchmal aber 200 Personen erschienen. Ihre Söhne Charles und John leiteten auf zwei Kontinenten Erweckungen ein. Als Susanna alt geworden war, kehrte John aus Amerika zurück, um für sie zu sorgen.

„Nein, John", protestierte sie, „arbeite weiter in Amerika. Ich wünschte, ich hätte 20 Kinder großziehen und alle in die Mission schicken können!" Susanna hatte eine leidenschaftliche Liebe für die Kirchenfernen.

Unterschätzen wir nie die Rolle einer Mutter. Europa könnte einige weitere Susannas gut gebrauchen!

Auch Catherine Booth war eine Frau, die ihre Welt nachhaltig veränderte. Obwohl sie die meiste Zeit ihres Lebens unter Schmerzen litt und als Mutter von acht Kindern alle Hände voll zu tun hatte, fand sie die Zeit, die Slums in London aufzusuchen, wo sie alkoholkranken und ausgestoßenen Menschen diente. Zusammen mit ihrem Mann William gründete sie die Heilsarmee, die noch heute in vielen Ländern tätig ist.

Catherine war eine behutsame Leiterin, die ihren Mann achtete. Genauso ist es auch für uns außerordentlich wichtig, männliche Leiter zu achten und mit ihnen statt gegen sie zu arbeiten. Catherine verstand ihre leitende Position nicht als Freibrief, um alles zu tun, was sie wollte, und sie benutzte ihre Stellung auch nicht dazu, männliche Leiter zu kritisieren. Sie wählte ihre Worte mit Bedacht und leitete mutig und entschlossen.

Corrie ten Boom, eine ganz besondere Frau aus den Niederlanden, begann ihre „zweite Karriere" mit über 50 Jahren. Nachdem sie aus einem der Konzentrationslager Hitlers entlassen worden war, reiste sie mit einer Botschaft der Vergebung durch die Welt. Das Buch und der gleichnamige Film *Die Zuflucht* trösten noch heute Tausende Flüchtlinge. „Verbreiten wir eine Botschaft der Vergebung oder stecken wir in Meinungsverschiedenheiten und Bitterkeit fest?", fragte ich die Frauen.

Mutter Teresa, eine kleine Albanerin, die in Mazedonien (im ehemaligen Jugoslawien) geboren wurde, bleibt auch nach ihrem Tod im Jahr 1997 weltweit ein Vorbild für aufopfernde Liebe und Einfachheit. Ganz gleich, in welcher internationalen Kongresshalle sie erschien, immer trug sie ihr schlichtes, blauweißes Gewand und einfache Sandalen. Doch wenn sie einen Raum betrat, erhoben sich selbst Präsidenten und Premierminister, um sie zu ehren und zu würdigen. Mit Mut und Hingabe diente sie den ausgestoßenen und sterbenden Menschen in den Slums von Kalkutta. Mutter Teresa hinterließ uns ein Beispiel für den christlichen Dienst: In einer Welt der Selbstsucht zündete sie eine Kerze an. Nicht Menschen hatten ihr eine besondere Stellung verliehen; sie hatte eine *göttliche* Berufung. Sie hörte einfach auf Gott und gehorchte und vertraute ihm. Er gab ihr den Mut, uneingeschränkt zu dienen.

„Welche Träume hat Gott Ihnen gegeben? Gab er Ihnen eine Schreibfeder, eine helfende Hand, einen Mund zum Sprechen oder ein Instrument, das Sie spielen? Gebrauchen Sie Ihr Talent und ermutigen Sie andere, sich ebenfalls einzubringen!"

„Welchen Nöten könnten Sie in Ihrem eigenen Land begegnen?", fragte ich die Frauen.

Susanna, Catherine, Corrie und Teresa waren bedeutende christliche Leiterinnen, die der Angst nicht nachgaben. Sie setzten ihre Begabungen ein, um anderen zu dienen; sie suchten Hilfe bei Gott, wann immer sich ihnen Hindernisse in den Weg stellten. Ihr Leben zeigt klar, dass Gott Freude daran hat, alle seine Kinder zu gebrauchen – auch Frauen – und ihnen eine wesentliche Aufgabe in seinem Plan anzuvertrauen.

„Welche Träume hat Gott Ihnen gegeben?“, fragte ich die Frauen. „Gab er Ihnen eine Schreibfeder, eine helfende Hand, einen Mund zum Sprechen oder ein Instrument, das Sie spielen? Gebrauchen Sie Ihr Talent, und ermutigen Sie andere, sich ebenfalls einzubringen!“

Wir alle wussten, dass wir in dieser Woche an etwas Historischem teilgenommen hatten. 40 Frauen waren als Fremde zusammengekommen, aber bis zu ihrer Abreise zu Freundinnen geworden. Liebe, Hoffnung und Begeisterung waren in unseren Begegnungen aufgeblüht. Als ich sah, wie die Frauen am Ende der Konferenz miteinander beteten, sich umarmten und Adressen austauschten, wusste ich, dass wir uns definitiv wieder treffen würden! Wir hatten erkannt, dass wir einander brauchten.

Im April 1994 fand *Hope for Europe – Women in Leadership* erneut statt, diesmal in Polen. Unser Thema lautete: „Was geschieht, wenn Frauen beten“. Nach der Konferenz in Österreich hatte die Nachricht von diesem Treffen die Runde gemacht und viele weitere Frauen wollten teilnehmen. Wir beschlossen, den Rahmen klein zu halten, und schickten Einladungen an etwa 180 Frauen, die zu unserer Begeisterung auch fast alle zusagten. Doch wir begannen uns zu fragen, wie wir noch mehr Frauen einbeziehen könnten.

Nachdem wir darüber gebetet hatten, gab Gott uns die Idee ins Herz, für den letzten Tag der Konferenz eine offene Einladung auszusprechen. Wir mieteten ein Theater mit etwa 700 Plätzen. Ich war froh, dass meine polnische Freundin Alina Wieja mich in der Leitung unterstützte und Einladungen an polnische Frauen verschickte.

Wieder war die Konferenz ein Hit. Am letzten Tag war das Theater voll besetzt mit begeisterten Frauen aus allen Generationen. Eine junge polnische Band begleitete uns mit lebhafter Musik. Nach den herausfordernden Ansprachen verpflichteten sich Hunderte von Frauen zum Gebet. Uns war bewusst, dass unsere Arbeit ohne Gebet umsonst wäre.

Wieder fiel der Abschied schwer. Nach einer Woche, die uns miteinander verbunden hatte, waren viele Frauen Freundinnen geworden. Mit Tränen in den Augen sagten wir: „Bis 1997 in Ungarn!“

Im März 1997 trafen wir uns in Budapest, der „Perle Osteuropas“. Diesmal kamen über 180 Frauen aus 28 verschiedenen Ländern zum ersten Teil der Konferenz, der nur für geladene Teilnehmerinnen bestimmt war. Staunend hörten wir, was Gott überall auf dem Kontinent tat.

Ana aus Rumänien rührte viele zu Tränen, als sie von den Leiden ihrer Familie unter dem kommunistischen Regime erzählte. Zweimal hatten Regierungsbeamte versucht, ihren Mann, der Pastor war, zu vergiften, aber beide Male hatte er sich auf wunderbare Weise wieder erholt. Leider erlitt jedoch ihr Sohn Barnabas unheilbare Schäden, als ein Arzt ihm bei einer Routine-Impfung versehentlich ein Gift injizierte. Es kam zu einer Muskelatrophie, die ihn an den Rollstuhl fesselte. Doch Anas Haltung war erstaunlich: Schmerz und Leid hatten ihren Glauben an Gott nicht zerstört, sondern nur noch stärker werden lassen. Sie fuhr fort, anderen Frauen zu dienen, die in Not geraten waren.

Romjke aus den Niederlanden hielt, als sie vor den Frauen stand, einige Tulpen hoch und sagte: „Diese Tulpen in meiner Hand werden bis Sonntag verwelkt sein. Warum? Sie wurden von der Erde abgeschnitten. Das ist das Problem in Europa: Es gibt keine christliche Erde mehr, in der die jungen Leute Wurzeln schlagen können. Betet für uns: Wir müssen starke christliche Familien aufbauen!"

Der letzte Tag der Konferenz übertraf unsere Erwartungen. Ein Jahr zuvor hatten eine Mitarbeiterin der ungarischen *Lydia* und ich nach einem Veranstaltungsort gesucht, der groß genug war, um wieder eine offene Einladung an weitere Frauen aussprechen zu können. Schließlich fanden wir eine Halle, die 1 200 Personen fassen konnte. Zuerst zögerten wir, sie anzumieten: Sowohl die Größe als auch die Miethöhe verschlugen uns den Atem. Dennoch hatten wir das Gefühl, dass Gott uns geführt hatte, und beschlossen, das Wagnis einzugehen. Drei Wochen vor Beginn der Konferenz hatten sich bereits 3 000 Frauen angemeldet. Wir mussten also eine größere Halle suchen. Daraufhin mieteten wir die Sportarena der Stadt. Nachdem wir eine hohe Anzahlung geleistet hatten, hofften wir, dass die 3 000 angemeldeten Frauen auch tatsächlich kommen würden; es war ein enormes Risiko.

Der letzte Tag der *Hope for Europe*-Konferenz in Ungarn 1997 war gekommen, und als ich die Sport-Arena erreichte, sah ich verblüfft, wie eine Busladung voller Frauen nach der anderen in das Stadion strömte, das sich zusehends füllte. Die meisten Frauen waren aus verschiedenen Teilen Ungarns angereist, aber es gab auch ganze Busse voller Frauen aus Serbien, Rumänien und anderen Nachbarländern. Wieder benutzte Gott unsere gemeinsame Zeit dazu, Mauern zwischen Denominationen und Organisationen einzureißen.

35 Bühnenschuhe

Durch die *Hope for Europe*-Konferenzen angeregt, riefen christliche Frauen verschiedene Projekte ins Leben und begannen trotz ihrer Unterschiede, in ihren Ländern zusammenzuarbeiten.

So geschah es auch bei den Frauen in Deutschland. Während zwölf von uns ein Kernteam bildeten, gab es weitere 40 Frauen unterschiedlicher Herkunft, die das ganze Spektrum von charismatischen bis konservativ evangelikalen Gemeinden vertraten, aber nun zusammenarbeiten wollten. Bei einem Treffen in Kassel beschloss die Gruppe, dass Deutschland das Gastgeberland für die nächste *Hope for Europe*-Konferenz im Jahr 1999 sein sollte. Da ich auch zur Leiterin der deutschen Konferenz gewählt wurde (während ich nach wie vor die Leitung der europäischen innehatte), betete ich im Stillen: *Hilf mir, Herr, dass ich mehr danach trachte, anderen zu dienen, als mir dienen zu lassen; lass mich mit allem, was in mir ist, für die anderen da sein. Gib mir dein Herz und deinen Sinn. Wenn es irgendeinen charakterlichen Mangel bei mir gibt, der hinderlich wäre, lass es mich erkennen.*

Gott beantwortete mein Gebet auf der Stelle! Ich erkannte, dass ich als mittleres Geschwisterkind in meiner Familie gelernt hatte, Konflikten auszuweichen und den Frieden zu wahren, damit möglichst alle zufrieden waren. Nun stand ich vor einer der gefährlichsten Versuchungen, in die Leiter geraten können –

einer Versuchung, die unweigerlich zum Scheitern führt: Ich wollte es allen recht machen. Wir Frauen waren uns nicht immer hundertprozentig einig, wenn es um die Wahl der Referentinnen und der Themen ging. Diese Sorge hielt mich nachts wach und setzte meinem ohnehin schwachen Körper sehr zu. Natürlich wusste ich, dass Einheit nicht bedeutet, dass alles durch die Bank glatt verläuft. Eigentlich wird die Einheit durch Vielfalt sogar gestärkt, solange man sich über das *Ziel* einig ist. Wie innig betete ich für diese Art der Einheit!

Außerdem war ich auf manches nicht vorbereitet, was eine Frau in Leitungsposition erleben kann: Zu Anfang ist es oft so, dass andere Frauen mit Bewunderung reagieren. Doch dann begehren einige den Segen für sich selbst und versuchen, ihn für sich zu beanspruchen.

Wenn ich Gefahr lief, der Angst, nicht verstanden zu werden, nachzugeben, betete ich oft: „Herr, bitte vergib mir, dass ich dir nicht mehr vertraue und der Angst Raum gebe. Ich weiß, dass es in Ordnung ist, manchmal ängstlich zu sein, aber wenn ich mich von der Angst leiten lasse, wird sie mich auf Abwege führen." Ich fing an, wie David zu beten: „‚Wenn ich Angst habe, vertraue ich dir.'[60] Bitte stelle meine Zuversicht wieder her." Erschöpfung in Verbindung mit Angst ist eine gefährliche Kombination. Sie mündet oft in hoffnungslos falschen Gedanken. Man verliert die richtige Perspektive, wenn Angst vor dem Versagen sich einschleicht.

„Das Segeln wird nicht leicht, wenn man einen Sturm heraufbeschwört", sagt Ditmar gerne. Er hat recht. Es war nicht leicht. Und ich lernte mit jedem neuen Kampf, dass ich frische Anweisungen brauchte.

Nun stand ich vor einer der gefährlichsten Versuchungen, in die Leiter geraten können: Ich wollte es allen recht machen.

Es mag genügen zu sagen, dass diese Leitungsaufgabe ein enormes Vorrecht war, aber auch einen hohen Preis forderte. Ich bin traurig, sagen zu müssen, dass Verletztheit mein Herz gefangennahm.

Doch früher oder später sah ich mich mit der Tatsache konfrontiert, dass Gott für keinen von uns die Regeln zurechtbiegen wird und dass Unversöhnlichkeit ihm missfällt – ganz gleich, was vorgefallen ist.

Ja, ich trug einige Wunden in meiner Seele davon, über die ich hinwegkommen musste, und ich brauchte eine gute Freundin, die mir später half, das alles zu sortieren. Danach war ich fähig, die Schuld dahin zu bringen, wo sie hingehörte, und die Ablehnung sowie die Verletzungen abzuschütteln, an denen ich festgehalten hatte. Ich begann, diejenigen, die mir diese Verletzungen zugefügt hatten, zu segnen und für sie zu beten, und ließ diese Dinge los.

Eines Morgens, als ich in der Bibel las, stieß ich auf den Vers: „Der Herr selbst wird für euch kämpfen. Bleibt ganz ruhig!“[61]

Er schien mir zu sagen: *„Das ist nicht mein Kampf; der Kampf ist Gottes Sache. Also muss ich ihn nicht austragen. Mit anderen Worten: Das ist nicht mein Problem. Es ist Gottes Problem, und ich muss es ihm überlassen, das Problem zu lösen.“* Man sollte meinen, dass ich zu diesem Zeitpunkt in meinem Leben allmählich gelernt hätte, meine Kämpfe dem Herrn zu überlassen. Aber wie leicht neigen wir dazu, einen Kampf selbst in die Hand zu nehmen und zu versuchen, ihn ganz allein durchzufechten.

ꝏ

Bei einem Treffen mussten das Komitee und ich entscheiden, wie groß der Konferenzsaal sein sollte, den wir für den letzten Konferenztag anmieten würden. Einige schätzten, dass wir ein Gebäude mit maximal 1 200 Plätzen brauchen würden. „Wir können froh sein, wenn der voll wird“, meinten sie.

Ich ahnte, dass diese Halle nicht groß genug für uns sein würde. Aber ich konnte verstehen, dass sie zögerten, eine größere Halle anzumieten, denn unsere finanziellen Mittel waren gering. Allerdings hatte meine Erfahrung in Budapest mir gezeigt, dass es besser ist, frühzeitig ein größeres Gebäude zu mieten, als drei

Wochen vor Konferenzbeginn plötzlich etwas Passendes suchen zu müssen. Als ich dies aussprach, schlug eine Frau ein Gebäude in Frankfurt vor, das etwa 5 000 Personen fassen konnte. „Falls es nicht so viele werden, kann die Halle auch geteilt werden", erklärte sie. Wir einigten uns, dieses Gebäude zu mieten, und unterzeichneten den Vertrag.

Im Januar 1999, drei Monate vor der Konferenz, hatten sich schon 10 000 Frauen zur Abschlussfeier am letzten Tag angemeldet! Zweimal so viele, wie unser Veranstaltungsort fassen konnte. Sollten wir einem Teil der Frauen absagen? Nein, wir würden versuchen, einen größeren Ort zu finden. Wir waren dankbar, als wir eine Halle auf dem Frankfurter Messegelände fanden, die genau an diesem Wochenende frei war. Das war eindeutig ein Wunder, denn normalerweise werden die Messehallen zwei Jahre im Voraus gebucht.

Meine Hand zitterte, als Ditmar und ich die Papiere unterschrieben. Da *Hope for Europe* in Deutschland nicht als Verein eingetragen war, mussten wir als Privatpersonen durch unsere Unterschrift bestätigen, dass wir die volle Verantwortung für die Kosten übernahmen, die enorm hoch waren! Wir erhoben keinen Eintritt für die Veranstaltung, sodass es keinen Kartenverkauf gab. Wir waren also völlig auf die freiwilligen Spenden der Frauen angewiesen.

In diesem Moment wurde mir klar, dass es etwas völlig anderes ist, ob wir Angst empfinden oder ob wir uns von Angst leiten lassen. Ich *empfand* Angst, das stimmt; aber ich beschloss, dieser Angst nicht *nachzugeben*. David in der Bibel war ein gutes Beispiel für mich. Als er vor Goliat stand, ging es nicht darum, wie gut er kämpfen konnte, sondern darum, wie gut er glaubte.

Ja, unser Leitungsteam war mit Begeisterung bei der Sache. Aber es war die Art von Begeisterung, die von einem unheimlichen Gedanken begleitet wird: *Worauf haben wir uns da nur eingelassen?*

„Hoffnung für morgen" war unser Konferenzthema. Als ich die Frauen sah, die sich zu Tausenden in der schönen Konzerthalle in Frankfurt versammelt hatten, war ich überwältigt von der Tatkraft und Freude, die diesen Raum erfüllten. Ich ließ den Blick über diese bunte Menge schweifen: Frauen unterschiedlichster Herkunft, in allen Altersgruppen.

Zwar kamen die meisten Teilnehmerinnen aus deutschsprachigen Ländern, aber das Treffen begann mit einem feierlichen Fahnenmarsch von Leiterinnen aus 32 europäischen Ländern, die jeweils die Flagge ihres Landes schwenkten. Als sie ihre Flaggen durch die Gänge nach vorn trugen, hatte man auf einmal den Eindruck, auf heiligem Boden zu stehen. Die Frauen stellten die Flaggen rings um ein Holzkreuz auf, das auf der Bühne stand.

Dann knieten sie nieder und baten Gott um sein Erbarmen für unseren Kontinent. Dabei erinnerte ich mich an mein eigenes Gebet für *Lydia* vor vielen Jahren und an Gottes erstaunliche Antwort: *„Bitte nur darum, und ich will dir die Völker zum Erbe geben."* Nie hätte ich erwartet, dass er mein Gebet auf solche Weise erhören würde! Niemand in unserem Komitee hätte sich so überwältigende Besucherzahlen für die Konferenz träumen lassen. Selbst mit der besten Werbestrategie hätten wir keine vergleichbaren Resultate erzielen können.

Gigi Tchividjian Graham, Lynne Hybels und Elke Werner sowie einige andere Sprecherinnen forderten die Frauen heraus, ihre Talente einzusetzen, wie groß oder klein diese auch sein mochten. Shirinai Dosova, eine ehemalige Muslimin aus Moskau, erzählte, wie sie Christin geworden war, und bat alle Anwesenden: „Lasst uns das Evangelium weitergeben! Lasst uns die Menschen lieben, wie Christus sie liebt. Das ist die Bestimmung unseres Lebens." Als den Teilnehmerinnen die Gelegenheit geboten wurde, ihr Leben mit Jesus zu beginnen, reagierten über 300 Frauen auf diesen Aufruf. Die Konferenz verging wie im Flug, doch der Anblick der Tausenden von Frauen, die sich im Gebet versammelt hatten und gemeinsam auf Gott vertrauten, hinterließ einen bleibenden Eindruck in unserer Erinnerung.

Als wir die Spenden einsammelten, war ich ein wenig nervös. Wir hatten einige Männer gebeten, uns als Ordner zu unterstützen und das Geld einzusammeln und zu zählen. Als später die Summe bekanntgegeben wurde, erfuhren wir, dass mehr als genug zusammengekommen war, um die gesamten Konferenzkosten zu decken! Wir waren zu Tränen gerührt.

Etwas Komisches passierte den Männern, als sie zur Bank fuhren, um das Geld zu deponieren. Bei einer zufälligen Verkehrskontrolle wurde ihr Auto von der Polizei angehalten. Als die Polizisten feststellten, dass die Männer einen Haufen Geld mit sich führten, wurden sie misstrauisch. Warum hatte jemand eine so große Summe in kleinen Scheinen bei sich?

„Ich habe nichts damit zu tun", rief einer der Ordner nervös aus. „Ich habe das Geld bloß gezählt, das war alles!"

Es dauerte eine Weile, bis die Situation erklärt war, aber schließlich ließen die Polizisten die Männer gehen, sodass sie das Geld zur Bank bringen konnten.

Nachdem die Kosten für die Konferenz beglichen waren, hatten wir noch genug Geld übrig, um Frauen aus Osteuropa zu unterstützen, die an zwei weiteren Konferenzen teilnehmen wollten. Gott segnete uns in Fülle und sein Segen übertrifft bis heute unsere Vorstellungskraft.

Als die Lichter in der Frankfurter Konzerthalle erloschen waren und die Türen sich hinter uns schlossen, kehrten die Teilnehmerinnen in ihre Länder zurück und nahmen die alltäglichen Pflichten wieder auf, die dort auf sie warteten. Neu gestärkt trug jede von ihnen die gute Nachricht von Jesus mit sich. Sie waren entschlossen, ihr Licht in ihrer Heimatstadt oder in ihrem Land leuchten zu lassen. Heute haben diese Frauen überall in Europa ihren Platz gefunden und sind dabei, die Welt zu verändern – sei es dadurch, dass sie in Moskau in einem theologischen Seminar Bibelunterricht geben, in Budapest eine Frauenkonferenz leiten, in Bukarest den Armen dienen oder in Weißrussland die Abtreibungsraten senken.

Als Gott mich aufforderte, um Völker zu bitten, hätte ich so etwas nie erwartet. Gott nahm das Wenige, das ich einbrachte, indem ich ihm Ja sagte, und vervielfältigte es in einem Maß, das meine Vorstellungskraft überstieg. In den Jahren, in denen ich die *Hope for Europe*-Konferenzen leitete, gab es einen Preis zu zahlen. Doch die Freude, mit Gott unterwegs zu sein und zu erleben, wie er Wunder tut, ist von unschätzbarem Wert.

Wenn ich heute zurückschaue, wünschte ich, ich hätte Gott mehr vertraut. Hat Gott je einen Kampf verloren? Nein. Gott verliert keinen Kampf.

Ich gestehe, dass ich es nicht immer Gott überließ, die Kämpfe auszufechten. Wenn ich heute zurückschaue, wünschte ich, ich hätte ihm mehr vertraut. Hat Gott je einen Kampf verloren? Nein. Gott verliert keinen Kampf. Er rief mir in Erinnerung: *„Jeder, der sich für das Reich Gottes meldet, muss durch eine Menge Leid gehen."* Das bringt die Arbeit nun einmal mit sich.

Stephen R. Covey schrieb dazu in seinem Buch *Everyday Greatness*:

Widerstand ist zu erwarten, ganz gleich, ob wir nun unabhängig arbeiten oder in einem Team mit anderen kooperieren. Aber die Art und Weise, wie wir auf widrige Umstände reagieren, wird darüber entscheiden, ob wir unsere selbst gesteckten Ziele tatsächlich erreichen können oder nicht. Erfreulich ist jedenfalls, dass ein großer Teil des Widerstands, auf den wir in unserem Leben stoßen, letztlich für uns arbeiten wird. Er fordert uns heraus. Er lehrt uns. Er veranlasst uns, ein wenig höher zu streben und ein wenig tiefer zu graben.[62]

Dem stimme ich voll und ganz zu. Ich erkenne, dass Gebet gefragt ist, wenn ich vor Herausforderungen stehe. Ein Gebet, das ich besonders schätze, lautet: „Gott, gib mir den Mut zu verändern, was ich ändern kann, die Kraft hinzunehmen, was ich nicht ändern kann, und die Weisheit, das eine vom anderen zu unterscheiden."[63]

Ein Jahr nach der Konferenz in Frankfurt wusste ich, dass es an der Zeit war, meine Position als Leiterin abzugeben. Zur gleichen Zeit begannen Frauen in mehreren europäischen Ländern, Netzwerke für ihre jeweilige Heimat zu gründen – in Deutschland war das zum Beispiel *Filia - Christliches Forum für Frauen in Deutschland*.

Eines weiß ich ganz gewiss: Was immer ich in der restlichen Zeit meines Lebens tun werde, ich möchte vor allem danach streben, Gott immer tiefer zu erkennen, damit ich eine Frau nach seinem Herzen werde. Und genau dazu möchte ich auch andere Frauen ermutigen.

36
Tanzen auf heiligem Boden

„Ich muss dir etwas sagen, bevor ich sterbe." Mit diesen Worten leitete meine 83-jährige Mutter das Gespräch ein, das den Schleier meiner wahren Identität lüften sollte. Mein Herz begann zu klopfen. Mit 53 Jahren sollte ich nun endlich die fehlenden Puzzleteile meines Lebens erhalten.

Schon in meiner Kindheit hatte ich gespürt, dass es ein Geheimnis um meine Identität gab. Irgendwann einmal fragte ich meine Schwester Maria, wie sie meinen Platz in der Familie sah. Ohne jedes Zögern sagte sie: „Du bist wie Josef in der Bibel."

Seltsam, dass sie ausgerechnet das sagt, dachte ich. *Diese Geschichte habe ich gerade erst im Buch Genesis gelesen.*

„Israel liebte Josef mehr als seine anderen Söhne", fuhr sie fort. „Erinnerst du dich noch, wie Rosi dich immer mit der Bemerkung aufzog, dass du Mamas Liebling bist?"

Maria hatte recht. In meiner Familie hatte meine Mutter tatsächlich mir den Vorzug gegeben. Warum war ich Mutters Liebling?

„Ich weiß, dass Mutter mich bevorzugt hat", räumte ich leise ein. „Manchmal gab sie mir wegen meiner schwachen Gesundheit etwas Besonderes zu essen. Aber ich bin froh, dass ihr mich nicht an die Ägypter verkauft habt."

Maria lachte. „Wir liebten dich eben, auch wenn Mama dich bevorzugt hat."

Ich fuhr fort und erklärte Maria, dass irgendetwas in meiner Kindheit mich immer irritiert hatte, ohne dass ich genau sagen konnte, was es war. Die Leute sagten zum Beispiel: „Du siehst so ganz anders aus als deine Schwestern und du verhältst dich auch anders." Solche Kommentare konnte ich nie verstehen. In meinen Augen sahen wir *alle* unterschiedlich aus – sogar die Zwillinge Erika und Valerie waren einander nicht ähnlich. Also schob ich diese Bemerkungen einfach beiseite. Doch nach dem Tod meines Vaters begann ich mich zu fragen, worin dieser Unterschied bestehen mochte.

Ich erinnerte mich an den Augenblick, als unsere Familie 1983 am Grab meines Vaters stand. Als ich zusah, wie der Sarg in das Erdloch hinabgelassen wurde, fühlte ich mich betrogen: Die Hoffnung, seine Bestätigung zu erfahren – sein „Ich liebe dich" zu hören –, wurde zusammen mit seinem Leichnam für immer unter einer dicken Schicht Erde begraben.

Als ich meine Schwester Edith trösten wollte, die bitterlich weinte, hatte sie sich mir entzogen und schroff entgegnet: „Du weißt nicht, was es bedeutet, einen Vater zu verlieren!"

Was sollte das heißen? Damals konnte ich sie nicht fragen. Es war nicht der richtige Zeitpunkt. Doch seither hatte ich immer wieder überlegt: *Ob ich sie fragen soll, was sie damit gemeint hat?*

Ich konnte der Wahrheit über meine Identität nicht länger ausweichen. Hier und da waren Hinweise aufgetaucht, und ich fragte mich ständig, welche Geschichte dahintersteckte.

Irgendetwas in meiner Kindheit hatte mich immer irritiert, ohne dass ich es beim Namen nennen konnte.

Als eine liebe Freundin aus den USA mich 1998 besuchte, verbrachten wir den Tag damit, einander zu erzählen, was wir seit unserem letzten Treffen alles erlebt hatten. Dann kamen wir auf meine Kindheit zu sprechen, und sie fragte mich nach meinen Gefühlen für meine

Mutter und meinen Vater. Zum Schluss meinte sie: „Elisabeth, gestern Abend habe ich lange gebetet und viel nachgedacht." Sie zögerte und fuhr dann sanft fort: „Als ausgebildete Psychologin empfinde ich es als meine Verantwortung, dir zu sagen, dass alles, was du mir erzählt hast, darauf hindeutet, dass der Mann, der dich großgezogen hat, nicht dein Vater war."

„Nicht mein Vater?", stammelte ich. Ediths Bemerkung bei Papas Beerdigung kam mir wieder in den Sinn.

Dann prasselte eine Fülle von Fragen auf mich ein: *Wenn er nicht mein Vater war, wer war es dann? Warum hat meine Mutter mir nie etwas gesagt? Wer bin ich eigentlich wirklich?*

Aber damals hatte ich weder die Zeit noch die Kraft, diesen Fragen nachzugehen. Eine Frauenkonferenz stand bevor, und ich musste mit meinen Kräften haushalten, um meine Aufgaben dafür zu erfüllen.

Meine Gesundheit war schwach, mein Körper schmerzte, also drängte ich diese Gedanken in die tieferen Schichten meines Bewusstseins. Aber auch dort ließen sie sich nicht zum Schweigen bringen. Der bohrende Schmerz meiner Fragen – meine fehlende Identität – drängte sich wie ein ungebetener Gast immer wieder in mein Leben. *Meine Mutter lebt noch,* überlegte ich. *Ich könnte sie fragen.* Aber wenn ich an ihr Alter dachte, machte ich mir Sorgen, dass ein so belastendes Gespräch für ihren schwachen Gesundheitszustand zu viel sein könnte.

Ich fragte mich, ob ich von unserer *Lydia*-Kolumnistin einen Rat bekommen könnte. In der Zeitschrift führen wir eine Rubrik, in der man Fragen über das Leben oder über Beziehungen stellen kann. *Unsere Leserinnen können dort immer Rat einholen,* dachte ich. *Nun bin ich an der Reihe.*

Ich schrieb meine Frage auf und schickte sie anonym an die Kolumnistin:

Alles scheint darauf hinzudeuten, dass mein Vater nicht mein biologischer Vater war. Ich frage mich immer wieder: Wer bin ich? Wohin gehöre ich? *und:* Warum bin ich anders? *Ich glaube, wenn ich die Antwort auf diese Fragen wüsste, dann würde es den überwältigenden Schmerz lindern, meinen wahren Vater nie gekannt zu haben.*

Als die Antwort der Kolumnistin im Büro eintraf, schnappte ich mir das Blatt, eilte nach Hause und las ihren Rat:

Geheimnisse haben große Auswirkungen auf eine Familie. Das ist, was Sie in Ihrer Familie unterschwellig gespürt haben. Diese indirekten Botschaften müssen für Sie als kleines Mädchen sehr verwirrend gewesen sein. Nun ist das Geheimnis ans Licht gekommen. Das ist gut, denn jetzt können Sie Schritte zur Heilung gehen.

Ich konnte kaum fassen, wie treffend die Kolumnistin die Perplexität und Tiefe meiner Verwirrung beschrieben hatte. Ja, ich hoffte, dass die Heilung bald eintreten würde, doch wie? Ich las weiter.

Ihre Trauer ist begründet und lässt sich mit einem Tod vergleichen. Geben Sie sich selbst die Zeit, die Sie zum Trauern brauchen. Breiten Sie Ihre Trauer vor Jesus aus. Er versteht Sie. Er weint mit Ihnen. Er wird Sie durch die dunkle Nacht des Schmerzes begleiten.

Dann erinnerte sie mich an meinen himmlischen Vater, unseren Schöpfer, der über unser aller Leben wacht. „Er ist Ihr wahrer Vater“, sagte sie.

Als ich mich in diese Wahrheit hüllte wie in eine warme Decke, stellte sich Frieden ein.

Die Antwort der Kolumnistin gab mir den Mut, meine ältere Schwester Edith anzurufen. „Edith, eines Tages möchte ich vielleicht über mein Leben schreiben“, begann ich. „Deshalb würde ich gern mehr über meine Kindheit wissen. Da du neun Jahre älter bist als ich, weißt du viel mehr. Kann ich dir ein paar Fragen stellen?“

Edith war einverstanden und so fragte ich sie nach unserer Familie. Doch während sie erzählte, spürte ich, dass sie irgendetwas vor mir zurückhielt.

„Edith", unterbrach ich ihre nette kleine Geschichte, „da fehlt irgendetwas! Du erzählst mir nicht alles."

Schweigen. Alles, was ich hörte, war ein leises Rauschen in der Telefonleitung.

„Ich glaube nicht, dass ich dir das erzählen sollte", fuhr sie zögernd fort.

Bitte Gott, betete ich innerlich. *Lass nicht zu, dass sie mir irgendetwas erzählt, was gar nicht stimmt. Ich möchte die Wahrheit erfahren!*

„Bitte, Edith", sagte ich. „Erzähl mir alles."

Nach einem tiefen Seufzer erklärte sie ohne Umschweife: „Unser Vater ist nicht dein Vater."

„Woher weißt du das?", fragte ich. Nachdem meine Vermutung bestätigt war, wollte ich die Einzelheiten wissen. Ich hoffte, es würde Licht in die Geheimnisse meiner Kindheit bringen.

„Manchmal bekam ich es mit, wenn Mutter mit ihrer ältesten Schwester sprach", fuhr Edith fort. „Sie dachten, ich schlafe, aber ich war hellwach und hörte jedes Wort. Als ich 18 war, gab Mutter mir das Foto eines Mannes. ‚Bitte bewahre es für mich auf', sagte sie. ‚Eines Tages wird jemand nach diesem Foto suchen.'"

„Ist das alles, was du über meinen Vater weißt?", fragte ich.

„Nun, einige Einzelheiten weiß ich noch, aber es ist nicht besonders viel", fuhr Edith fort. „Offenbar liebte Mutter einen bestimmten jungen Mann, doch ihre Mutter, unsere Großmutter, wollte, dass sie Vater heiratete, der ein reicher Witwer war. Auf Großmutters Drängen heiratete Mutter unseren Vater schließlich. Ein Jahr später wurde ich geboren und dann folgte Rosi. Eines Tages gerieten Mama und Papa in Streit und in einem Wutanfall schickte er sie fort."

Das war unfassbar. Ich hatte ja keine Ahnung gehabt.

„Mutter marschierte tagelang zu Fuß, bis sie das Haus ihrer Eltern erreichte", fuhr Edith fort. „Und in dieser Stadt begegnete sie deinem Vater wieder. Seine Frau war gerade gestorben. Sie fingen an, sich häufiger zu sehen, und sprachen sogar von einer Heirat."

Edith unterbrach ihren Bericht, um mir Gelegenheit zu einer Reaktion zu geben. „Und warum kehrte sie zu Vater zurück, statt bei dem Mann zu bleiben, den sie liebte?"

„Nun, dein Vater wurde in den Krieg eingezogen", erklärte Edith. „In dieser Zeit zog er sich eine Verletzung zu, als er von einem Lastwagen gestoßen wurde, und landete im Krankenhaus. Er schrieb Mutter mehrere Briefe, die sie aber nie erhielt. Onkel Pista versteckte diese Briefe, weil er wollte, dass Mama zu Papa zurückkehrte, der sie inzwischen inständig bat, wieder nach Hause zurückzukommen. Zuerst wusste Mama nicht, was sie tun sollte. Aber da sie gar nichts mehr von deinem Vater gehört hatte, kehrte sie zu Papa zurück."

„Und war das die Zeit, in der sie mit mir schwanger war?"

„Ja", bestätigte meine Schwester. „Alle rieten ihr, dich abtreiben zu lassen. Als Grund nannten sie zwar die Diphterie, an der sie erkrankt war, aber ich denke, sie wollten sie zur Abtreibung veranlassen, weil du nicht Papas Kind warst."

Ich dachte daran zurück, wie Mutter sich oft mit mir zusammen hingesetzt und mir eingeschärft hatte: „Gott wachte schon über dir, ehe du geboren wurdest. Vergiss nie, dass Gott dich liebt und eine Bestimmung für dein Leben hat." Diese Worte hatte sie immer mit großem Nachdruck ausgesprochen. Nun verstand ich, dass ihre Schwangerschaft mit mir nicht nur durch eine Diphterie belastet war, sondern auch durch die Schande, die sie im Stillen ertrug.

Die Neugier, meine wahre Identität zu erfahren, war eine Sache. Eine ganz andere Sache war es, die Einzelheiten zu hören. Die Tatsachen klangen abenteuerlicher als jede Fiktion. Doch in diesem Moment hätte ich mir gewünscht, es wäre tatsächlich

Fiktion. Diese Details zu hören gab mir das Gefühl, als sei alles, was ich je über mich selbst gewusst oder gedacht hatte, reine Illusion gewesen. Ich sehnte mich zutiefst danach, all diese neuen Informationen in irgendeiner Nische meines Gehirns abzuheften, um sie zu einem geeigneteren Zeitpunkt hervorzukramen und zu verarbeiten, doch einen geeigneten Aktenordner gab es dafür nicht. Außerdem hatte ich das Gefühl, als sei ein Tornado durch meine Gedanken gefegt, der all meine adrett sortierten Ordner durcheinandergewirbelt hatte.

Ich stellte die Frage, die natürlich besonders nahe lag: „Lebt mein Vater noch?"

„Nein", antwortete Edith.

„Nein?", wiederholte ich ihre Antwort in der Hoffnung, dass sie mir noch mehr sagen würde. Aber das tat sie nicht.

Die Tränen, die ich bis dahin hatte zurückhalten können, liefen mir nun in Strömen über die Wangen. Das konnte doch unmöglich meine Geschichte sein. Vielleicht war das alles ja nur ein Missverständnis oder ein Albtraum ...

Später an diesem Abend erzählte ich Ditmar die ganze Geschichte unter vielen Tränen. „Ich weiß nicht einmal, wer ich bin!", rief ich. „Ich bin gar nicht die Person, für die ich mich all diese Jahre über gehalten habe."

Ditmar nahm mich in seine starken Arme und tröstete mich.

Ich war müde, erschöpft und verwirrt. Doch das Leben ging weiter. Die dringenden Aufgaben im *Lydia*-Verlag verlangten nach meiner Aufmerksamkeit. Sosehr ich es mir auch wünschte, die Welt blieb nicht einfach stehen. Und wie es für traumatische Verlusterfahrungen typisch ist, gab es Phasen, in denen alles in Ordnung war und ich mich völlig normal fühlte, bis dann wieder mitten in einer ganz alltäglichen Beschäftigung die blanke Emotion mich überwältigte, sodass ich mich hinsetzen musste und nur noch schluchzen konnte.

„Ich weiß nicht einmal, wer ich bin!", rief ich. „Ich bin gar nicht die Person, für die ich mich all die Jahre immer gehalten habe."

„Himmlischer Vater", betete ich, „halte mich fest und stärke mich. Ich bin so dankbar, dich als meinen Vater zu haben. Danke, dass du mich in deine Familie adoptiert hast, so wie es in der Bibel steht: ‚Ich werde euer Vater sein und ihr werdet meine Söhne und Töchter sein, spricht der Herr, der Allmächtige.'[64] Du hast dich immer um mich gekümmert. Du bist der beste Vater – kein irdischer Vater könnte je an dich heranreichen."

Am Tag nach meinem Telefonat mit Edith sagte Ditmar: „Ich habe eine Überraschung für dich." Er reichte mir ein Päckchen. „Pack es aus."

Ich entfernte das braune Umschlagpapier und hielt eine Plakette in der Hand. Darauf stand: „Hiermit wird bestätigt, dass Elisabeth Mittelstädt 1998 einen biografischen Eintrag im *Who's Who in the World* erhält."

Ich starrte verblüfft auf die Plakette. „Wie in aller Welt bin ich denn dazu gekommen? Wer weiß überhaupt, wer ich bin? Das weiß ich ja nicht einmal selbst."

Wollte Gott damit etwa zum Ausdruck bringen, dass er mich kennt? Wollte er mich das einfach wissen lassen? Wie tröstlich war es für mich, in der Bibel im Buch Jeremia zu lesen: „Ich habe dich schon gekannt, ehe ich dich im Mutterleib bildete, und ehe du geboren wurdest, habe ich dich erwählt."[65]

Gerade hatte ich das Alte Testament zu Ende gelesen. Nun begann ich mit dem Neuen Testament.

„Matthäus eins", sagte ich laut. Als ich den Blick über den Stammbaum von Jesus schweifen ließ, verdrehte ich die Augen. „Dieses Kapitel voller Namen brauche ich nicht zu lesen", murrte ich. „Es ist nicht nötig, mir den Stammbaum einer anderen Familie durchzulesen."

Aber schließlich besann ich mich anders und las das ganze Kapitel durch.

„Das ist ja erstaunlich, Herr", sagte ich. „Im Stammbaum von Jesus werden fünf Frauen erwähnt: Tamar, Rahab, Rut, Batseba und Maria. Drei davon (Tamar, Rahab und Batseba) waren von sexueller Sünde gezeichnet und zwei (Rut und Rahab) waren Heidinnen. Nur Maria war eine bescheidene, fromme junge Frau.

Dann kam das Ahaerlebnis: „Jesus! Du hattest ja auf dieser Erde auch keinen makellosen Familienstammbaum!"

Ich musste innerlich schmunzeln, als mir einfiel, dass jemand einmal gesagt hatte: „Wir stammen doch alle von dem listigen Bauern Adam ab, genau wie von dem trinkfreudigen Seemann Noah und dem Großvater Jakob, der andere meisterhaft zu täuschen verstand." Warum stellte Jesus die Schmutzwäsche seiner Familie für alle sichtbar zur Schau? *Jesus, du verstehst mich. Du hast das selbst erlebt und du hast dich nicht geschämt, die Geheimnisse deiner Familie preiszugeben.* Mir war, als würde Gott zu mir sagen, dass ich meinen Wunsch, mich an eine makellose, perfekte Herkunft zu klammern, vergessen konnte.

Während dieser Identitätskrise hatte Gott solche Geduld mit mir. Phasenweise konnte ich das alles völlig vergessen, aber dann tauchte die Erinnerung plötzlich wieder in meinen Gedanken auf. Meine Freundin Joan half mir, mich einigen schmerzhaften Erfahrungen in meinem Leben zu stellen, damit Gott mich von beschämenden Lasten befreien konnte, die ich tief in meiner Seele begraben hatte, sodass ich sie endlich losließ.

Gott warf meine Vergangenheit nicht einfach weg; und er forderte mich auch nicht auf, sie zu vergessen. Stattdessen nutzte er das Vorhandene und fügte es anders zusammen, sodass es neu wurde. Auch meinen Schmerz vergeudete er nicht, sondern verwandelte ihn in Barmherzigkeit für andere, sodass ich ihnen helfen konnte, von Schuld und Bedauern frei zu werden.

Auch wenn die Heilung Zeit brauchte, war ich dankbar, dass ich alles den heilenden Händen Gottes überlassen konnte. Und ich war dankbar, dass ich trotz dieser neuen Offenbarung über meinen leiblichen Vater eine gute Beziehung zu meiner Mutter hatte. Genau wie ich war sie dabei, im Glauben zu wachsen, was für mich ein großartiges Geschenk war.

Um zu erkennen, wer ich bin, brauchte ich Gottes Wort: „Schon vor Beginn der Welt, von allem Anfang an, hat Gott uns, die wir mit Christus verbunden sind, auserwählt. Wir sollten zu ihm gehören, befreit von aller Sünde und Schuld. Aus Liebe zu uns hat er schon damals beschlossen, dass wir durch Jesus Christus seine eigenen Kinder werden sollten. Dies war sein Plan, und so gefiel es ihm."[66] Obwohl meine Mutter mich nicht geplant hatte, war Gott nicht überrascht, als ich geboren wurde. Tatsächlich hatte er mich bereits erwartet!

König David sagt in den Psalmen: „Als ich gerade erst entstand, hast du mich schon gesehen. Alle Tage meines Lebens hast du in dein Buch geschrieben, noch bevor einer von ihnen begann!"[67] Ist das nicht erstaunlich? Gott plante sogar den Ort unserer Geburt! Wir sind kein Zufall. Ganz egal, wie meine Eltern mich gezeugt haben, Gott wusste, dass diese beiden Individuen genau die passende genetische Zusammenstellung mitbrachten, um das Unikat „mich", Elisabeth, zu erschaffen.

Alles, was ich tun konnte, war, eine CD mit dem Lied *This Is My Father's World* einzulegen, meine Schuhe auszuziehen und vor meinem Herrn zu tanzen!

37
Offene Geheimnisse

„Wenn ich noch mal von vorn beginnen könnte, würde ich bei deiner Erziehung vieles anders machen“, erklärte mir meine Mutter eines Tages, als ich sie in ihrem Haus besuchte.

„Was zum Beispiel?“, fragte ich.

„Ich bedaure, dass ich dir Gottes Werte und seine Sicht des Lebens nicht vermittelt habe.“ Sie holte tief Luft und wiederholte dann: „Ja, jetzt würde ich es anders machen.“

In diesem Augenblick wurde mir ihre innige Liebe zu mir tief bewusst.

„Mama“, versuchte ich sie zu trösten, „du hast mich so gut erzogen, wie du nur konntest. Du wusstest es damals nicht besser. Es ist, wie die Bibel sagt: ‚Mein Volk läuft ins Verderben, weil es den richtigen Weg nicht kennt.‘[68] Ich vergebe dir, also trage bitte keine solchen Gewissensbisse mit dir herum.“

Ein Jahr nach der aufschlussreichen Unterredung mit meiner Schwester lud meine Mutter, inzwischen 83 Jahre alt, mich ein, während ihres Urlaubs in Budapest einige Zeit mit ihr zu verbringen.

Eines Morgens, als wir mit einer Tasse Kaffee auf einem Sofa Platz genommen hatten, sagte sie: „Ich möchte dir sagen, wie sehr ich dich liebe, meine gute Tochter. Danke, dass du mich im Alter finanziell unterstützt hast, und danke, dass du deinen jüngeren Schwestern geholfen hast, sodass sie ihre Ausbildung abschließen konnten.“

Nach einer kurzen Pause fuhr sie fort: „Vielleicht werde ich nicht mehr lange leben, und ich möchte dir, bevor ich sterbe, noch etwas sagen.“ Sie schaute mich ernst an. „Ich habe dir schon gesagt, dass ich dich unter großen Schmerzen zur Welt gebracht habe und dass die Leute mir wegen Diphterie geraten hatten, dich abtreiben zu lassen. Ich bin so froh, dass Gott mich damals davon abgehalten hat.“

Tränen füllten ihre Augen. „Es gibt noch etwas, das du wissen musst, weil es ein Teil deines Lebens ist“, fuhr Mutter fort. „Es wäre nicht recht, wenn ich dieses Geheimnis mit mir ins Grab nehmen würde.“ Die folgenden Sekunden des Schweigens erschienen mir wie eine Ewigkeit. Ich ließ sie selbst aussprechen, was sie mir mitteilen wollte, und hörte ihr – obwohl ich einen Teil der Geschichte schon kannte – geduldig zu.

„Der Vater, der dich aufgezogen hat, war nicht dein leiblicher Vater“, sagte meine Mutter.

Als ich diese Worte aus dem Mund meiner Mutter hörte, versetzte es meinem Herzen wieder einen Stich. Wahrscheinlich hatte ich insgeheim gehofft, die Geschichte meiner Identität würde sich irgendwie doch noch als falsch erweisen. Doch nun bestätigte meine Mutter sie.

„Als dein Vater aus dem Krieg zurückkam, besuchte er mich und fragte mich, warum ich nicht auf ihn gewartet hatte“, erzählte meine Mutter. „Ich erklärte ihm, dass ich überhaupt keine Nachricht von ihm erhalten hatte. Später fanden wir heraus, dass dein Onkel Pista seine Briefe vor mir versteckt hatte. Dein Vater bat mich inständig, zu ihm zurückzukehren. Seine Frau war gestorben, und er wollte, dass wir mit seinen beiden Söhnen zusammen lebten.“

„Warum bist du nicht zu meinem leiblichen Vater zurückgekehrt?“

„Es gibt noch etwas, das du wissen musst, weil es ein Teil deines Lebens ist“, fuhr Mutter fort. „Es wäre nicht recht, wenn ich dieses Geheimnis mit mir ins Grab nehmen würde.“

„Eines Tages, als ich in der Kirche war, dachte ich bei der Kommunion darüber nach, was geschehen würde, wenn ich mich von meinem Mann scheiden ließe und deinen Vater heiraten würde. Als Katholikin hätte ich nie wieder an der Kommunion teilnehmen können."

„Hat mein leiblicher Vater mich je gesehen?", wollte ich wissen.

„Ja", antwortete Mama, „als du etwa sechs Monate alt warst, habe ich dich zu einem Besuch bei meiner Schwester mitgenommen. Als ich in den Zug stieg, um nach Hause zurückzufahren, merkte ich nicht, dass dein Vater in demselben Abteil saß. Er sah mich mit einem Baby im Arm und wusste, dass es seine kleine Tochter war. Plötzlich trafen sich unsere Blicke. Er kam herüber, nahm dich in seine Arme und drückte dich innig an seine Brust. Mit einem sanften Blick in den Augen gab er dich mir wieder und sagte: ‚Bitte pass auf die kleine Elisabeth auf. Sorge gut für sie.' Du warst seine einzige Tochter, weißt du. Er hatte zwei Söhne. Der eine davon war Beni."

Beni! Mein Spielkamerad aus der Kindheit, den ich damals so bewunderte. Als ich meiner Tante einmal mitgeteilt hatte, dass ich Beni eines Tages heiraten würde, hatte sie fast schon unwirsch entgegnet: „Du kannst jeden anderen Mann in der Welt heiraten, aber nicht Beni!" Nun verstand ich, warum. Doch damals hatte ich ihn geliebt – weil er mein Bruder war!

„Dein Vater sah dich immer, wenn du meine Schwester besucht hast", fuhr Mutter fort. „Erinnerst du dich, wie du Wasser aus dem Brunnen holtest?"

„Ja."

„Nun, dabei kamst du immer am Haus deines Vaters vorbei und er stand dann am Fenster und schaute dir zu."

Ja, ich erinnerte mich. Manchmal hatte ich mich gewundert, warum er mich so anstarrte.

Schweigend saßen Mutter und ich da und ließen die Bedeutung dieser Jahrzehnte voller Geheimnisse und Rätsel auf uns wirken. Alles, was mir einfiel, ihr zu sagen, waren dieselben Worte, die sie so oft an mich gerichtet hatte: „Es ist kein Zufall, dass ich da bin. Jede Situation in meinem Leben stand schon in Gottes Buch geschrieben, noch bevor die erste geschah. Er hat einen Plan für mein Leben! Deshalb hat er mich auf diese Erde gebracht und mir meinen Platz in unserer Familie gegeben. Ich glaube, diesen Platz hat er mit einer ganz bestimmten Absicht gewählt."

Doch nun verstand ich auch, warum ich mein Leben lang mit dem Gefühl der Ablehnung zu kämpfen hatte und mich so danach sehnte, geliebt zu sein: Ich hatte schon im Mutterleib Ablehnung erfahren.

„Nicht geliebt zu werden ist die schlimmste Krankheit", sagte Mutter Teresa einmal. Die tiefste Wunde des menschlichen Geistes ist die Erfahrung, abgelehnt zu werden. Selbst Jesus erfuhr Ablehnung: Wie froh bin ich, dass Jesus meine Ablehnung getragen hat, damit ich seine Annahme erfahren konnte. Welch ein Vorrecht, Gott zu kennen und Frieden mit ihm und miteinander zu haben!

Mit neuer Wertschätzung sah ich meine Mutter an. Trotz der Gefahren, der Angst vor den Vorwürfen und dem schmerzlichen Verlust entschied sie, mir Leben zu geben.

„Danke, dass du es mir gesagt hast." Ich lehnte mich zu ihr hinüber und sah ihr tief in die Augen. „Jetzt liebe ich dich nur noch mehr."

„Erzähle diese Geschichte, Elisabeth", sagte sie einfach. „Vielleicht wird das anderen helfen, manche Fallen im Leben zu meiden."

Ich wünschte meiner Mutter eine gute Nacht und ging in mein Schlafzimmer.

ꟹ

Als ich im Bett lag und all das Gehörte zu verarbeiten versuchte, fiel mein Blick auf ein Poster an der Wand, auf dem stand: „Ich will dich mit meinen Augen leiten."[69]

„Wie leitest du mit deinen Augen?“, fragte ich Gott.

„So wie eine blinde Frau der Person vertrauen muss, die sie an der Hand hält, und darauf vertrauen muss, dass diese sie in die richtige Richtung führen wird, so musst auch du mir vertrauen.“

„Ja, Herr, ich will dir vertrauen“, sagte ich. „Du wirst mir helfen, durch diese verworrenen Pfade hindurchzugelangen und mein Ziel zu erreichen. Bitte hilf mir, mich deiner Führung nicht zu widersetzen. Gibst du mir das Versprechen, mich zu unterstützen? In schriftlicher Form und mit deiner Unterschrift?“ Dieses Gebet schrieb ich in meine Bibel neben Psalm 32.

Auch wenn ich gern die vollständige Landkarte meines Lebens sehen würde, um im Voraus zu erkennen, wo eine Gefahr lauert und wo ich auf Abwege geraten könnte, weiß ich, dass ich, solange ich im Glauben lebe, immer nur den nächsten Schritt kennen muss.

Ja, ich machte wieder eine Zeit seelischer Traurigkeit durch. Ich weinte und trauerte, doch nicht als ein Mensch ohne Hoffnung. Eines Tages werde ich verstehen, warum Gott mein Leben auf dunkelblauen Samt gesetzt hat, wie es ein befreundeter Juwelier mit Edelsteinen tut. Könnte es sein, dass die Klarheit und Farbe des Steins auf dem dunklen Hintergrund für andere deutlicher zu erkennen ist? Sollen die Tiefe und Ausstrahlung der Gnade Gottes so besser zur Geltung kommen?

Ich kann mir nicht immer aussuchen, was mir widerfährt, aber ich habe immer die Wahl, wie ich darauf reagiere.

Ich bin so dankbar für die Beziehung zu meinem himmlischen Vater, der mir im Verborgenen beibrachte, dass er meine Nöte nicht vorherbestimmt, herbeigeführt oder geplant hat. Er ist nicht der Urheber meines Leids. Aber er ist sich dessen völlig bewusst. Wenn ich ihm auch im Blick auf meinen Schmerz vertraue, kann ich nach vorne blicken und mich auf die guten Dinge in meinem Leben konzentrieren.

Wie froh ich bin, zu leben!, dachte ich in dieser langen Nacht. *Wie sehr ich das Leben liebe. Mein ganzes bisheriges Leben ist von Got-*

tes Verheißungen geprägt, und ich hatte das Vorrecht, anderen Menschen zu dienen. Du hast beschlossen, mich aufblühen zu lassen … ja, sogar mich. Trotz all meiner Fehler, meiner Schwächen. Ich weiß nicht, wie sich der Rest meines Lebens entwickeln wird, aber ich weiß, Vater, dass du mich nie verlassen wirst.

Es war, als würde Gott mir mit dem Psalm antworten: *„Höre aufmerksam zu, Tochter, lass dein Land und dein Vaterhaus hinter dir. Sei hier, deinen König verlangt nach dir. Weil er dein Herr ist, sollst du ihn verehren."*[70]

Und ich dachte über die Worte meiner Mutter nach: „Erzähle deine Geschichte, Elisabeth. Vielleicht können andere daraus lernen, manche Fallen im Leben zu meiden."

Ich bin Gott so dankbar, dass er, selbst wenn wir versagen und vom Weg abkommen, die Bruchstücke unseres Lebens nimmt, um aus dem Schlechten etwas Gutes zu machen. Er fügt die Einzelteile wieder zusammen, sodass ein herrliches Bild entsteht; selbst die noch erkennbaren Risse erfüllen einen Zweck. Wie wahr ist doch dieses Sprichwort: Ich kann mir nicht immer aussuchen, was mir widerfährt, aber ich habe immer die Wahl, wie ich darauf reagiere.

Ich behaupte nicht, dass alles für mich einen Sinn ergibt, besonders wenn meine physischen Schmerzen mich manchmal überwältigen. Aber Gott braucht es mir nicht mehr zu erklären. Er lehrt mich, ganz auf seine Gnade zu vertrauen.

Gott hatte zwar mein Herz geheilt, aber es dauerte lange, bis ich über die Geschichte meiner wahren Identität sprechen konnte. Im Juni 2006 machten meine Nichte Elisabeth Tabitha und ich einen langen Spaziergang. Sie war gerade zwölf geworden und hatte unzählige Fragen über Freunde und Beziehungen. Ich erzählte ihr meine Geschichte und ermutigte sie, sich auf keinen Kompromiss mit der Sünde einzulassen. „Dein ganzes Leben liegt noch vor dir und Gott will dich segnen", sagte ich. Dann erinnerte ich sie daran, dass es das größte Geschenk ist, das eine junge Frau sich selbst machen kann, wenn sie sich ihre eigene Reinheit und eine gesunde Selbstachtung bewahrt. „Gott möchte, dass wir rein bleiben, weil er weiß, dass dieser Weg am wenigsten schmerzhaft ist“, sagte ich ihr.

Endlich fühlte ich mich frei, über meine Geschichte zu sprechen und auch darüber zu schreiben. Helen Keller sagte: „Die Welt ist zwar voller Leid, aber sie ist auch erfüllt von der Überwindung des Leids.“ Ich stimme ihr von ganzem Herzen zu. Ja, das Leben hat mich viele Male niedergeschlagen. Doch mit Gottes Kraft bin ich nicht liegen geblieben, sondern wieder auf die Beine gekommen. Die Gewinner sind nicht diejenigen, die nicht fallen, sondern diejenigen, die immer wieder aufstehen. Das ist es, was Paulus meinte, als er sagte: „Aber trotz alldem tragen wir einen überwältigenden Sieg davon durch Christus, der uns geliebt hat.“[71] Aus dieser biblischen Perspektive betrachtet werden Stolpersteine zu Stufen. Dieser Bibelvers bedeutet auch, dass das, was *in* Ihnen geschieht, wichtiger ist als das, was *mit* Ihnen passiert.

Jeden Tag schöpfe ich Kraft aus Gottes Wort, das mir den Mut gibt, den ich brauche, um die Schwierigkeiten des Lebens zu überwinden.

Das Leid gehört zwar zu meiner Vergangenheit dazu und die Frage nach dem Warum wird vielleicht erst beantwortet, wenn ich Gott von Angesicht zu Angesicht sehe, aber dieses Leid liegt in Gottes Hand und nicht in meiner – und ganz bestimmt nicht in der Hand derjenigen, die mir Unrecht getan haben. Wenn ich die schmerzlichen Erinnerungen loslasse, verstehe ich endlich, was wahre Freiheit bedeutet: meinen Willen dem Willen Gottes unterzuordnen und in rückhaltlosem Vertrauen seiner Führung zu folgen. Die völlige Hingabe an meinen himmlischen Vater hat mir einen Frieden gebracht, der wirklich alles Verstehen übersteigt. Denn, sehen Sie, Friede ist nicht die Abwesenheit von Problemen; Friede ist Gottes Gegenwart mitten in den Problemen. Es gibt so viele Arten, versklavt zu werden, doch es gibt nur einen Weg zur Befreiung: durch Jesus, der meine Seele wahrhaft geheilt hat. Meine wahre Identität wird also von Gott definiert, nicht von anderen Menschen.

Wie soll ich also über meine Vergangenheit denken? Mich nicht daran zu erinnern würde bedeuten, einen riesigen Teil meiner selbst zu verlieren. Wäre ich ohne diese schmerzhaften Erfahrungen noch dieselbe Person? Haben diese Erfahrungen mich nicht geprägt und zu dem Menschen gemacht, der ich heute bin? Hätte ich nicht selbst gelitten, könnte ich dann mit anderen Frauen mitfühlen, die zu leiden haben? Gott hat mein eigenes Leid dazu gebraucht, seine höheren Absichten zu verwirklichen: Zeitschriften zu verbreiten, die Frauen in vielen Nationen zu erreichen. Da Leid ein Teil meiner Vergangenheit ist, werden Narben Teil meiner Identität sein.

Ein Psalmist drückt es in der Bibel so aus: „Diejenigen, die ihr Getreide in Verzweiflung gesät haben, werden bei der Ernte laut jubeln; die schweren Herzens hinausgegangen sind, werden lachend heimkehren und reichen Segen in den Armen halten."[72] Täglich staune ich über die tiefe Freude, die Gott selbst mitten im Schmerz schenkt.

In diesem Buch konnten Sie meinen Weg von Land zu Land, von Kontinent zu Kontinent und von einer Erfahrung zur anderen verfolgen. Und ich hoffe, Sie konnten darin ohne einen Schatten des Zweifels Gottes Führung und Güte erkennen, die er mir erwiesen hat. Wann immer ich Hilfe brauchte, war er zur Stelle und griff ein.

Friede ist nicht die Abwesenheit von Problemen; Friede ist Gottes Gegenwart mitten in den Problemen.

Mein Weg ist noch nicht zu Ende. Während ich meinem himmlischen Vater weiter folge und seiner Führung vertraue, frage ich mich immer wieder, was noch kommen wird. Wie wird die Landschaft aussehen, durch die mein Weg führt? Wird sie den saftig-grünen Weiden gleichen, auf denen Kühe grasen, oder den atemberaubenden Bergen und Tälern mit ihrer Blumenpracht? Oder werde ich manchmal durch die Dürre der Wüste wandern – und nur in flüchtigen Momenten die seltene Schönheit einer Kaktusblüte erblicken?

Ganz gleich, wie der Weg aussehen mag, gehe ich ihn in der Zuversicht, dass er mich wie Christ in dem Buch *Die Pilgerreise* meiner himmlischen Heimat entgegenbringt.

Ja, im Laufe der Jahre ist die Ewigkeit für mich ein außerordentlich wichtiges Thema geworden. Was in diesem Leben so ungerecht erscheint, wird in der Ewigkeit den gerechten Ausgleich bekommen. Leiden sind also nicht ewig; was ewig Bestand hat, sind Gottes Liebe und Barmherzigkeit. Können Sie sich das vorstellen: Wenn wir im Himmel ankommen und Jesus uns begrüßt, werden wir auf seinen Händen die Narben der Nagelwunden sehen. Plötzlich werden unsere eigenen Leiden verblassen und unsere Freude wird unbeschreiblich sein ...

„Lebt Beni noch?“, fragte ich meine Schwester Edith.

„Nein, er ist vor ein paar Jahren gestorben.“

Sie ging ins Wohnzimmer, um ihre Brieftasche zu holen; dann zog sie ein kleines Foto heraus und gab es mir. Das Foto zeigte meinen Vater ... alles, was ich je von ihm sehen würde. Aber ich werde auch für immer das Bild in meinem Herzen bewahren, das meine Mutter mir schilderte: wie mein Vater mich sanft in seinen Armen hielt, als er mich mit meiner Mutter im Zug traf.

Mir ist bewusst geworden, dass ich drei Väter hatte: meinen himmlischen Vater, der mich im Leib meiner Mutter formte, meinen leiblichen Vater, der mir Leben gab, und meinen anderen irdischen Vater, der mich aufzog und mir ein Zuhause gab. Als ich darüber nachdachte, erfüllte Dankbarkeit und Liebe zu ihm mein Herz.

Wenn ich im Himmel ankomme und dich umarmt habe, Jesus, werde ich zu meinem Vater laufen und ihm danken, dass er mich die ersten 18 Jahre meines Lebens in seinem Haus bleiben ließ. Vielleicht wird er mir, nachdem er erlöst ist, die Worte sagen, nach denen ich mich so gesehnt habe: „Elisabeth, ich liebe dich.“

Aber ich möchte eines klarstellen: Ich habe zwar einen langen Blick in meine Vergangenheit geworfen und sie in diesem Buch niedergeschrieben, aber ich halte mich nicht mehr darin auf. Meine Enttäuschungen habe ich hinter mir gelassen und beschlossen, mich an die Segenserfahrungen zu erinnern. Aus meinen Erfahrungen sind Lektionen des Wachstums geworden – und herrliche Einblicke in Gottes Güte und seine erstaunliche Gnade.

Wenn ich auf all die Schuhe zurückblicke, die ich auf meinem Lebensweg getragen habe, wird mir bewusst, wie weit ich gekommen bin. Ich habe große Tiefen und Traurigkeiten erlebt ... aber noch größer sind die Höhen der Liebe und der bewahrenden Macht Gottes, die ich erfahren habe.

Jetzt ist es an der Zeit, meine Laufschuhe anzuziehen, denn ich habe nicht nur überlebt – ich habe überwunden.

Nach einer Weile lernst du, worin der Unterschied liegt,
ob man eine Hand hält oder eine Seele in Ketten legt.
Du lernst, dass wahre Liebe nicht zum passiven Anlehnen einlädt,
sondern Starthilfe gibt.
Du beginnst, Niederlagen mit der Reife eines Erwachsenen zu
akzeptieren,
nicht mit dem Kummer eines Kindes.
Du entscheidest dich, deine Straßen im Heute zu bauen,
weil das Land von morgen zu ungewiss ist.
Du hilfst jemandem, einen Garten zu pflanzen,
anstatt darauf zu warten, Blumen geschenkt zu bekommen.
Du lernst, dass Gott dir Kraft schenkt durchzuhalten
und dass du wirklich wertvoll bist.“

Autor unbekannt

Epilog
Jeder wird gebraucht!

Als ich ein Kind war, musste jeder im Dorf zur Erntezeit helfen. Mit vereinten Kräften ernteten wir die Felder ab, bevor der Regen oder ein Gewittersturm die Halme auf den Boden peitschen konnte, denn das hätte das Ernten so gut wie unmöglich gemacht.

Jeder wurde gebraucht – nicht nur ein paar starke Männer. Mein Vater schnitt die Garben mit der Sichel, meine Mutter bündelte die Halme. Meine Aufgabe als kleines Mädchen war es, die Kordel zu tragen, mit der mein Vater die Bündel zusammenknotete. Jedes Jahr während der Erntezeit sah ich, wie sich unser Dorf zu einer neuen, tatkräftigen Gemeinschaft vereinigte. Ohne die Erntezeit hätten alle sich in ihren eigenen, kleinen Dramen im Kreis gedreht, ohne die Freuden und Nöte der anderen zu bemerken.

Genauso verhält es sich auch in Gottes globaler Ernte, in der Menschen gerettet werden: Jeder wird gebraucht! Jeder Beitrag ist unverzichtbar! Bei der Gründung der rumänischen und ungarischen Ausgabe von *Lydia* gab Gott uns auch einen neuen Freundeskreis , der diesen äußerst wichtigen Dienst durch engagiertes Gebet trägt. Mehr als zwei Jahrzehnte später beten immer noch über 300 Frauen regelmäßig für unseren Dienst – Seite an Seite mit all unseren anderen Freunden und Unterstützern der *Lydia*-

Stiftung. Über die Jahre haben meine Mitarbeiter, meine Schwestern und vor allem mein Mann mich immer wieder ermutigt und angespornt. Ihre Gebete waren wie eine warme Decke, wenn Stürme von Problemen mir ins Gesicht wehten oder finanzielle und gesundheitliche Probleme mich zu Boden zu werfen drohten. Wegen dieser treuen Beter hat Gott uns gesegnet. Jede einzelne Person hat einen entscheidenden Beitrag zur Ernte geleistet, und ich bin mir sicher, dass Gott sie belohnen wird.

Ich weiß nicht, welche Rolle Sie in der Ernte des 21. Jahrhunderts spielen werden, doch es ist wichtig, Gott danach zu fragen und sich voll und ganz auf ihn zu verlassen. Eins der besten Dinge, die ich in meinem Leben getan habe, war, meine vielen Fragen immer wieder Gott anzuvertrauen – obwohl ich nicht auf alle eine Antwort erhielt. Gottes Gegenwart hat mich auf den turbulenten und schmerzvollen Strecken meiner Reise immer wieder bereichert und gestärkt.

Ich habe erlebt, wie Gott unermesslich mehr tat, als ich mir erbitten, vorstellen oder erträumen konnte. Zum einen geschah dies durch das gedruckte Wort. Zum anderen dadurch, dass er die Länder auswählte, in denen Ditmar und ich leben und arbeiten sollten. Wie wunderbar ist es, nun die Erfüllung eines Traumes zu sehen, den Gott mir gab: seine gute Nachricht in den Nationen zu verkünden und zu verbreiten. Nicht alle meine Träume sind wahr geworden. Aber ich gebe sie an den Einen zurück, der größer ist als meine Träume.

Während ich diese Worte schreibe, werde ich von Dankbarkeit überwältigt. Gesundheitlich geht es mir heute, im Jahr 2010, viel besser als in den vielen Jahren zuvor. Gott hat auch meine verwundete Seele wiederhergestellt. In Psalm 23 heißt es: „Und geht es auch durch dunkle Täler, fürchte ich mich nicht, denn du, Herr, bist bei mir. Du beschützt mich mit deinem Hirtenstab“ (Vers 4, Hfa). Das heißt nicht zwangsläufig, dass er mich vor allem Leid in diesem Leben bewahren wird und dass ich schmerzfrei leben werde. Aber ich werde nicht die Hoffnung verlieren, selbst wenn ich weiter warten muss. Bei Gott – das weiß ich genau – befinde ich mich immer in einer „Win-win-Situation“. Ich kann nicht verlieren. Der Sieg kommt. Entweder hier auf der Erde oder später im Himmel.

Im elften Kapitel des Hebräerbriefes – das oft als „Ruhmeshalle der Glaubenshelden“ bezeichnet wird – werden zwei Gruppen erwähnt. Gruppe eins ist dem Schwert entkommen. Gruppe zwei ist durch das Schwert umgekommen. Wir wären alle gern in Gruppe eins, nicht wahr? Aber in der Bibel steht, dass *beide* Gruppen Gottes Zustimmung durch ihren Glauben gewonnen haben.

Wie haben sie das geschafft? Sie haben auf das Ziel in der Ferne geblickt. Ihr Glaube half ihnen, mit dem Ziel vor Augen zu leben und sich von nichts ablenken zu lassen. Mein Glaube hat auch mir dabei geholfen. Ich habe mich entschlossen, einen Tag nach dem anderen zu leben. Ich weiß, dass Gott weder meinen Schmerz noch meine Träume vergeudet. Oft habe ich sogar erlebt, dass sie eng miteinander verbunden waren. Ich weiß auch, dass meine Beziehung zu meinem himmlischen Vater nicht auf Leistung basiert, sondern auf Liebe. Ich will ihm gefallen, indem ich ihn liebe.

Gern hätte ich meine verletzlichen Seiten und mein Versagen aus diesem Buch weggelassen. Doch dann hätte ein Teil von mir gefehlt. Vielleicht werden einige Leser gerade aus diesen Erfahrungen lernen und manche Fehltritte vermeiden. Andere Leser kommen eventuell ihrem Retter näher und erfahren die Freiheit und Vergebung, die er uns schenkt. Dann war es das alles wert! Ich habe versucht, meine Geschichte so exakt wie möglich aus der Erinnerung wiederzugeben und auf diesen wenigen Seiten das Wesentliche zu erzählen.

Eine *Lydia*-Leserin schrieb einmal: „Elisabeth, durch deine Zerbrochenheit hast du die hohe Kunst gelernt, andere zu ermutigen.“ Über die Jahre ist meine Schwachheit ein Schaufenster seiner Macht geworden. Auch der Apostel Paulus schrieb: „Diesen kostbaren Schatz tragen wir in uns, obwohl wir nur zerbrechliche Gefäße sind. So wird jeder erkennen, dass die außerordentliche Kraft, die in uns wirkt, von Gott kommt und nicht von uns selbst“ (2. Korinther 4,7, Hfa). Ein zerbrochener Krug, ja, genau das bin ich!

Es war Gottes Gnade, die aus meinem Schmerz Gutes hervorgebracht hat. Wie erstaunlich Gott doch ist! Wie der Psalmist David sagt: „Gott schrieb die Kapitel meines Lebens neu, als ich das Buch meines Herzens vor seinen Augen offenlegte“ (Psalm 18,24, übersetzt aus *The Message*).

Deshalb fragt mein Herz nicht mehr: „Was kannst du mir geben, Gott?“, sondern: „Was kann ich ihm schenken?“ Ich möchte meine tiefe Liebe zum Ausdruck bringen und meine Dankbarkeit für seine unerschütterliche Treue und Kraft. Ich möchte auf seinem Weg bleiben und mein Lebenswerk gut abschließen, damit man einmal von mir sagen kann: Sie hat mit Gottes Hilfe ihrer Generation gedient.

Wenn ich auf meine Reise zurückblicke, staune ich. Wie oft geschah es gerade in den Momenten des tiefen Versagens und der Enttäuschung – wenn ich dachte, alles sei vorbei –, dass Gott mich in tiefere Vertrautheit mit ihm führte und zu größeren Aufgaben berief. Deshalb: Verachten Sie die dunklen Täler des Todes in Ihnen und Ihren Träumen nicht, denn sie bahnen den Weg in sein überreiches Leben, ein Leben voller Glauben, Freiheit und Vergebung. Gott verschwendet nie unseren Schmerz, sondern verwandelt ihn mit den geheimnisvollen Methoden des Messias in einen Segen, der anderen Menschen Erlösung bringt – und oft dazu dient, Anbetung und Gottvertrauen zu vermehren. Denn das ist der Sinn der Ernte.

Beharrlich geht Gott verwundeten Seelen nach. Ich weiß das, weil er auch mir nachgegangen ist. Und ich weiß es, weil ich Tausende von Briefen gelesen habe, in denen Frauen beschrieben haben, wie Jesus sanft und voller Gnade zu ihnen sprach, während sie durch eine Wüste des Schmerzes irrten. Er ist der Einzige, der unsere Leidenstäler in eine Tür der Hoffnung und der wahren Freiheit verwandeln kann. Er ist größer als unsere Träume.

Elisabeth Mittelstädt

Erforschen Sie Ihre eigene Geschichte

Wenn wir unsere Geschichte erzählen, kann das große Heilung und Freiheit bewirken. Davon bin ich fest überzeugt. Denn wahre Lebensgeschichten ermutigen, fordern heraus und inspirieren. Kein Wunder also, dass auch Jesus Geschichten erzählt hat, um geistliche Wahrheiten zu erklären. Im Buch der Offenbarung schreibt Johannes, dass – außer dem Opfertod Jesu am Kreuz für uns – unsere Geschichten von der Erfahrung seiner Gnade entscheidend sind, um den „Ankläger" zu überwinden, der unseren Geist und unser Leben zerstören will:

Und sie haben ihn [den Ankläger] überwunden durch des Lammes Blut und durch das Wort ihres Zeugnisses.[73]

Die folgenden Fragen sollen Ihnen helfen, über Ihre ganz persönliche Geschichte nachzudenken oder in einer kleinen Gruppe darüber ins Gespräch zu kommen. Beim Nachdenken über diese Fragen sind Sie der Geschichte auf der Spur, die Gott mit Ihrem Leben geschrieben hat – und noch schreibt! Ich hoffe, dass Sie dabei wie ich entdecken, dass er größer ist als Ihre Träume.

Vorwort

» Welche Art von Geschichte fasziniert Sie, lässt Sie aufhorchen und weckt Ihr Interesse? Warum?

» Halten Sie Ihre Lebensgeschichte für dramatisch? Warum oder warum nicht?

» Haben Sie sich je gefragt, ob Ihr Leben wichtig ist? Ob Sie wichtig sind? Wenn ja, wann? Erzählen Sie die Geschichte.

» Wenn Sie alle Möglichkeiten der Welt hätten, etwas Bedeutendes zu tun, was wäre das?

» Wenn Sie irgendetwas in Ihrem Leben verändern könnten, was würden Sie anders machen?

Prolog: Flucht in die Freiheit

» Haben Sie es jemals riskiert, einen sicheren Ort zu verlassen, um etwas Neues auszuprobieren? Falls ja, wann und was ist passiert? Erzählen Sie die Geschichte.

» Ist Ihnen Freiheit wichtig – körperliche, geografische, emotionale etc.? Weshalb oder weshalb nicht?

» Scheint Ihr Leben klar „ausgeschildert“ und vorhersehbar zu sein? Oder kommt es Ihnen manchmal so vor, als wäre Ihr Leben eine Bergwanderung, bei der Sie zwar das Ziel kennen, aber die Wanderkarte verschwommen erscheint? Begründen Sie Ihre Antwort.

1 Barfuß auf staubigen Straßen

- » Welche Adjektive würden Sie wählen, um Ihre Mutter zu beschreiben? Ihren Vater? Ihre Geschwister?
- » Denken Sie an zwei Ihrer liebsten Kindheitserinnerungen und schildern Sie diese. Warum bedeuten Ihnen gerade diese beiden Momente so viel?
- » Welche Rolle hatten Sie als Kind in Ihrer Familie? Waren Sie die Ältere, die immer die Verantwortung übernahm? Oder das mittlere Kind, das oft übersehen wurde? Das Einzelkind, das nie Ärger bekam, aber danach hungerte, im Rampenlicht zu stehen und Aufmerksamkeit zu bekommen?
- » Wie sind Sie – gemäß dieser Rolle – mit Ihren Geschwistern umgegangen?
- » Hatten Sie als Kind Lieblingsgeschichten und -bücher? Warum mochten Sie diese Geschichten?

2 Neue Prinzessinnenschuhe

- » Was haben Sie als Kind wie einen Schatz gehütet? Weshalb bedeuteten Ihnen diese Gegenstände so viel?
- » Wie sah Ihr Kindheitstraum aus: „Wenn ich mal groß bin, dann ..." Warum und wie hat sich dieser Wunsch verändert?
- » Welche Haustiere hatten Sie als Kind? Wie sind Sie und Ihre Geschwister mit ihnen umgegangen?

» Wann kamen Sie zum ersten Mal mit dem Tod in Berührung? Wie hat dieses Erlebnis Ihre Gedanken über den Himmel beeinflusst? Und die über Gott?

3 Verknotete Schnürbänder

» Welche Bilder und Gedanken gehen Ihnen durch den Kopf, wenn Sie das Wort „Kommunismus" hören?

» Betrachten Sie Religion als einen „Tagtraum" oder als „Opium fürs Volk", wie Karl Marx es ausdrückte? Warum oder warum nicht?

» Haben Sie persönlich erlebt, dass Politiker oder Leiter etwas versprochen, aber nicht gehalten haben? Wie hat das Ihre Gedanken und Gefühle beeinflusst?

» Wie war Ihre Schulzeit? Was mochten Sie am meisten? Was am wenigsten?

» Welche Zweifel und Fragen machten Ihnen als Kind zu schaffen?

» Sind Sie in einem Elternhaus aufgewachsen, in dem der Glaube eine Rolle spielte? Falls ja, was bedeutet das genau? Wie stark haben der Glaube und die Grundsätze Ihrer Eltern Ihr Leben beeinflusst?

» In welcher Situation haben Ihre Eltern einmal Nein gesagt? Aus welchem Grund? Wie hätte ein Ja Ihr Leben verändert, vielleicht sogar bis heute?

» Wann hat sich in Ihrem Leben ein Fluch in einen Segen verwandelt? Erzählen Sie die Geschichte.

4 Hausschuhe auf der Schwelle zum Himmel

» Welche Hausarbeiten waren Ihnen als Kind besonders verhasst? Warum?

» Wer (falls überhaupt jemand) hat Ihnen geholfen, besser zu verstehen, wer Gott ist? In welcher Beziehung standen Sie zu dieser Person? Wie hat sie Ihr Leben beeinflusst?

» Neigen Sie – wie meine Großmutter und ich – dazu, das Leben zu lieben und es von ganzem Herzen zu genießen? Oder sind Sie eher eine Person, für die das Glas immer halb leer ist? Erklären Sie dies etwas genauer. Wie gehen Sie infolgedessen mit Überraschungen im Leben um?

» Haben Sie jemals das Opfer Jesu am Kreuz für sich persönlich angenommen? Falls ja, beschreiben Sie, wie es dazu kam und was sich dadurch in Ihrem Leben verändert hat.

» Was machen Sie heute mit Ihrem Glauben? Wozu bewegt er Sie im Alltag? Hat Gott Ihnen aufs Herz gelegt, etwas Bestimmtes zu tun? Falls ja, was?

5 Schuhe sind zum Laufen da

» Hatten Sie eine besondere Beziehung zu Ihren Großeltern? Falls ja, beschreiben Sie einige Ihrer Erinnerungen. Warum hat Ihnen diese Großmutter oder dieser Großvater so viel bedeutet?

» Wer (falls überhaupt jemand) hat Sie in Ihrer Kindheit geistlich begleitet? Wer hat Ihnen geholfen, mehr über Gott, über das Leben und über den Tod zu verstehen?

» Glauben Sie, dass es wahr ist, was mein Großvater gesagt hat: „Wir sind für die Ewigkeit geschaffen"? Weshalb oder weshalb nicht?

» Haben Sie oder jemand, den Sie kennen, eine „zweite Chance" im Leben bekommen? Was ist geschehen? Und was haben Sie (oder die andere Person) mit dieser Chance gemacht?

» Glauben Sie an Engel? Warum oder warum nicht?

6 Tanzschuhe und Modedesign

» Leben Sie in dem Bewusstsein, dass Gott einen Plan für Ihr Leben hat? Weshalb oder weshalb nicht? Falls Sie sich entscheiden würden, das zu glauben, was würde das an Ihrem Leben ändern?

» Was hat Ihnen als Kind Freude gemacht? Welche natürlichen Gaben besitzen Sie?

» Haben sich Ihre Werte verändert, als Sie ins Teenageralter kamen? Falls ja, inwiefern? Und warum?

» Glauben Sie, dass Gott uns kleine Warnzeichen gibt, um uns vor Problemen zu bewahren? Weshalb oder weshalb nicht?

Erklären Sie das bitte genauer, am besten anhand einer Geschichte aus Ihrem Leben.

7 Schmutzige Schuhe und falsche Freunde

» Haben Freunde Sie einmal auf falsche Wege geführt? Inwiefern? Warum waren Sie versucht, ihnen zu folgen?

» Warum ist es wichtig, Freunde weise zu wählen?

» Haben Sie etwas Ähnliches erlebt wie ich in meiner ersten Nacht in Österreich? Falls ja, wie sind Sie mit all den Gefühlen – der Scham, Wut, Bitterkeit und Selbstverurteilung – umgegangen? Wie haben Sie diese Ereignisse verarbeitet?

» Haben Sie jemals Ereignisse aus Ihrem Leben „weggewünscht"? Falls ja, welche und warum?

8 Trauerschuhe und der Tod meines Traums

» Wann haben schlechte Entscheidungen Ihr Leben beeinflusst? Was haben Sie aus diesen Erfahrungen für die Zukunft gelernt?

» Sind Sie jemals so tief in Depressionen versunken, dass Sie sich gefragt haben, ob Sie Ihrem Leben ein Ende setzen sollen? Wann? Wie sind Sie mit diesen Gefühlen und Gedanken umgegangen? Wie werden Sie mit ihnen umgehen, falls sie wiederkehren?

» Kämpfen Sie mit Verwirrung und Trauer, weil Sie als Kind sexuell missbraucht oder vergewaltigt worden sind? Inwiefern beeinflusst dies Ihre heutigen Beziehungen?

» Wären Sie an meiner Stelle nach Jugoslawien zurückgekehrt – oder wären Sie in Österreich geblieben? Erklären Sie Ihre Antwort.

» Wann hat sich etwas in Ihrem Leben, das zunächst gut aussah, als schädlich und gefährlich herausgestellt?

9 Schuhe, schwer wie Blei, und die Reise nach Hause

» Haben Sie sich jemals schmutzig oder unwürdig gefühlt? Falls ja, wann?

» Standen Sie jemals im Mittelpunkt der Gerüchteküche? Was haben Sie dabei empfunden? Wie sind Sie damit umgegangen?

» Wann haben Sie sich einmal in unnötiges Leid gestürzt? Sind Sie mittlerweile davon abgekommen? Haben Sie falsche Schuldgefühle und Scham losgelassen? Falls ja, wie haben Sie sich danach gefühlt? Falls nicht, was hält Sie zurück?

10 Riemchensandaletten und ein Schnitt in der Seele

» Haben Sie jemals geglaubt, Sie seien ein „Fehler“? Oder Sie hätten einen großen Fehler begangen? Falls ja, wann? Wieso dachten Sie das?

- Wann hat eine falsche Entscheidung zu einer weiteren geführt? Wie haben diese Entscheidungen Ihre Gegenwart und Zukunft beeinflusst?

- Haben Sie jemals den Lebensstil des verlorenen Sohnes gewählt? Oder ist jemand, den Sie lieben, diesen Weg gegangen? Was würde Sie ermutigen, zu Gott zurückzukehren? Was entmutigt Sie, diesen Schritt zu tun?

- Glauben Sie, dass es möglich ist, sich so weit von Gott zu entfernen, dass er Sie nicht mehr willkommen heißen würde? Warum oder warum nicht?

- Hätten Sie an meiner Stelle Tamas vergeben? Warum oder warum nicht? Glauben Sie, dass diese Art von Vergebung wirklich möglich ist? Falls ja, weshalb?

- Denken Sie zurück an Ihre Kindheit, Ihre Teenagerzeit und Ihr Leben als Erwachsene. Gibt es einen Menschen, dem Sie vergeben sollten (selbst wenn sich alles in Ihnen dagegen sträubt)? Oder sollten Sie sich selbst vergeben für etwas, das schon lange her ist? Warum nutzen Sie nicht diesen heutigen Tag, um die Bitterkeit loszulassen? Heute könnte der Tag sein, an dem Sie sich erlauben, aus dem Käfig der Bitterkeit, Wut und Schuld auszubrechen, in den Sie sich über all die Jahre eingesperrt haben.

- Wie können Sie Ihre Geschichte des Bedauerns in eine Geschichte der Erlösung verwandeln? Was müssen Sie dabei vielleicht loslassen?

11 Die Schuhe eines Dieners

» Glauben Sie, dass Gott fehlerhafte Menschen trotz ihrer Schwächen gebrauchen kann? Erklären Sie Ihre Antwort mit einer Geschichte oder einem Beispiel.

» Genügt Ihnen in schweren Zeiten die Gewissheit, dass Gott bei Ihnen ist? Warum oder warum nicht? Wenn Sie es wagen würden, diese fünf Worte zu glauben: „Ich werde bei dir sein" – wie würde sich Ihr Leben verändern?

» Auf welche Art dienen Sie anderen? Inwiefern ist dieser Segen zu Ihnen zurückgekehrt?

» Ich entdeckte mein Talent zum Nähen und Entwerfen sowie meine Gaben, anderen zu dienen und mit Kindern zu arbeiten. Welche Gaben hat Gott Ihnen geschenkt? Wie könnten Sie anfangen, diese Gaben zu nutzen, um persönlich Erfüllung zu finden und anderen Freude zu machen?

» Welche Träume wollen Sie weiterhin verfolgen? Welche Träume müssen Sie loslassen?

12 Spazierschuhe

» Welche Charaktereigenschaften finden Sie an Menschen attraktiv – an Freunden oder Ihrem Ehepartner? Warum sind Ihnen diese Eigenschaften wichtig?

» Denken Sie über Ihren ersten „Schwarm" nach. Was fanden Sie an der Person, in die Sie sich verliebt haben, anziehend?

Waren diese Anziehungspunkte von Dauer – oder eher nicht? Falls nicht, was hat sich an Ihrer Perspektive – oder der Ihres Schwarms – geändert?

» Wie schützen Sie Ihr Herz vor falschen Entscheidungen?

» Haben Sie schon einmal überrascht festgestellt, dass Gott hinter den Kulissen Ihres Lebens gewirkt hat? Falls ja, erzählen Sie die Geschichte.

» Befinden Sie sich auf dem richtigen Weg mit Gott? Weshalb oder weshalb nicht? Falls nicht, welche Schritte könnten Sie heute tun, um wieder im Einklang mit ihm zu leben?

13 Geschenkte Schuhe und glanzvolle Zeiten

» Haben Sie einmal ein Abenteuer an einem neuen Ort gewagt und festgestellt, dass Ihre Erwartungen enttäuscht wurden? Erzählen Sie die Geschichte. Wie sind Sie mit der Enttäuschung umgegangen?

» Wie gehen Sie üblicherweise mit Enttäuschungen um? Schildern Sie ein Beispiel aus Ihrem Leben.

» Wann hat Schmerz in Ihrem Leben zu einem guten Zweck gedient? Beschreiben Sie, was dadurch geschehen ist.

» Haben Sie je das Gefühl gehabt, nicht gut genug zu sein – vielleicht weil Sie eine Frau sind – oder aufgrund Ihrer Vergangenheit disqualifiziert zu sein? Wann war das? Wie sind Sie mit dieser Enttäuschung umgegangen?

» Stimmen Sie dem folgenden Grundsatz zu: „Ich bin nicht verantwortlich für das, was Menschen über mich sagen oder von mir fordern, sondern für das, was Gott mir aufträgt"? Warum oder warum nicht?

» Wann haben Sie sich unter Druck gefühlt, Menschen mehr gefallen zu wollen als Gott? Wofür haben Sie sich entschieden? Was war die Folge dieser Entscheidung? Bitten Sie Gott heute um den Mut, ihm allein zu folgen.

14 Kleine Schuhe, großer Glaube

» Welchen Traum/welche Träume hat Gott in Ihr Herz gelegt? Versuchen Sie, diese Träume zu verwirklichen? Falls nicht, welche Hindernisse erscheinen Ihnen wie „Steine einer unüberwindlichen Mauer"? Wie könnten Sie diese Hindernisse überwinden?

» Zuerst dachte ich, die „kleinen Lausebengel" albern herum, als ich hörte, dass sie immer noch wach waren. Doch etwas ganz anderes war im Gange. Wann hatten Sie einmal eine falsche Vermutung und waren überrascht über das, was Gott tat?

» Was können Sie tun, um Gottes Wort in Ihr Herz zu pflanzen – und in die Herzen anderer?

» Was hält Sie davon ab, es heute zu riskieren, Gott zu fragen: „Herr, was kann ich für dich tun?" Gott schenkt Ihnen immer etwas, das größer ist als Ihre Träume.

» Was ist für Sie ein „Stück Himmel auf Erden"? Inwiefern fordert diese Situation oder Beziehung Sie heraus, sich niemals mit weniger zufriedenzugeben als mit dem Besten, das Gott für Ihr Leben bereithält?

» Hätten Sie Ihr Leben riskiert, um Bibeln in kommunistische Länder zu schmuggeln? Warum oder warum nicht?

» Wann waren Sie als Frau (oder Mann) in Ihren Möglichkeiten im geistlichen Dienst eingeschränkt? Wie sind Sie mit dem Frust darüber umgegangen?

» Wann hat Gott Sie über die Maßen reich versorgt und beschenkt – und Ihre kühnsten Träume übertroffen? Erzählen Sie diese wunderbare Geschichte!

15 Bequeme Schuhe und ein erobertes Herz

» Hat jemand einmal versucht, Sie in eine Beziehung zu locken, obwohl Sie das nicht wollten? Warum zögerten Sie, Ihr Herz zu investieren? War Ihre Vorsicht berechtigt? Warum oder warum nicht?

» Ich kämpfte mit der Entscheidung zwischen Ehe und Dienst. Zwischen welchen Optionen fühlten Sie sich einmal hin- und hergerissen? Wofür haben Sie sich schließlich entschieden? Weshalb?

» Falls Sie nicht verheiratet sind, beten Sie für Ihren zukünftigen Partner? Falls ja, für welche Eigenschaften und für welche anderen Aspekte beten Sie?

16 Weiße Schuhe im Schnee

» Wann hat sich Ihre Perspektive für Ihr eigenes Leben verändert, weil Sie das Leben anderer genauer betrachteten – während einer Auslandsreise, einem Missionseinsatz, beim Dienst für Obdachlose in einem Heim oder einer Suppenküche?

» Haben Sie jemals einen Traum aufgegeben, um einen anderen Weg einzuschlagen? Was war die Folge?

» Falls Sie verheiratet sind, welche Träume und Hoffnungen haben sich an Ihrem Hochzeitstag erfüllt? Woran erinnern Sie sich besonders? Falls Sie nicht verheiratet sind, was erhoffen und erträumen Sie sich für diesen Tag?

» Blicken Sie zurück auf Ihre Kindheit und Ihre Teenagerzeit. Sind Sie wegen der Beziehung – oder mangelnden Beziehung – zu Ihrem Vater mit der Sehnsucht nach väterlicher Liebe aufgewachsen? Inwiefern ist diese Sehnsucht seitdem gestillt worden?

17 Flipflops im Sand

» Wann haben Sie einen großen Umzug gewagt? Was war daran besonders schwer? Was war leicht? Wie würden Sie Ihre allgemeine Einstellung zu Veränderungen beschreiben?

» Wie reagieren Sie auf den Satz: „Gott hat einen besseren Plan für dich“? Spielt es eine Rolle, wer dies sagt? Wieso oder wieso nicht?

» Von Gott wissen oder Gott persönlich kennen – wo liegt da der Unterschied?

» Wann sind Sie in die „Wenn-doch-nur"-Falle getappt? Haben Sie sich von diesem Denken entfernt? Warum oder warum nicht?

» Hatten Sie jemals den Eindruck, Gott hätte Sie vergessen? Oder gab er scheinbar keine Antwort auf Ihre Bitten? Was meinen Sie, warum schweigt Gott manchmal?

18 Babyschuhe und Zerrissenheit

» Hatten Sie je das Gefühl, Gott würde Ihnen etwas vorenthalten – spürten Sie eine tiefe Sehnsucht, die Sie verzweifelt gern gestillt hätten? Falls ja, wann?

» Haben Sie (oder eine Person, die Ihnen nahesteht) jemals ein Kind verloren? Wie hat diese Erfahrung Ihr Denken geprägt? Und Ihre Beziehung zu Gott und Menschen?

» Wie können Sie Gott auch in tiefer Trauer und trotz unerfüllter Sehnsüchte vertrauen?

» Wann haben Sie mit Neid gekämpft, weil jemand etwas besaß, das Sie haben wollten? Wie können Sie Neid in Mitgefühl umwandeln?

19 Sonntagsschuhe und eine offene Tür

» Wie hat Gott Ihnen auf unerwartete Weise einen Herzenswunsch erfüllt? Erzählen Sie diese Geschichte.

» Wer hört Ihnen zu, ermutigt Sie und fordert Sie heraus (wie B.T. und Ada es für mich und Ditmar getan haben)? Inwiefern ist diese Person ein Vorbild für Sie?

» Haben Sie Folgendes einmal erlebt: „Je mehr wir mit anderen teilten, desto stärker vermehrte Gott unseren Vorrat“? Erzählen Sie, was geschah und wie es Ihren Glauben stärkte.

» Was erträumen Sie sich für die Zukunft? Was möchten Sie gern tun?

20 High Heels im Mafiaviertel

» Denken Sie an die Orte zurück, an denen Sie einmal gewohnt haben. Gab es dort Überraschungen? Falls ja, welche und warum?

» Was löst der folgende Satz in Ihnen aus: „Hab keine Angst, von Gott gebraucht zu werden“? Glauben Sie, dass Gott eine Bestimmung für Sie hat? Dass er Sie dazu beruft, etwas Einzigartiges zu tun? Falls ja, zu was?

» Was motiviert Sie, von Gott gebraucht zu werden? Was hindert Sie daran und lässt Sie zögern?

» Waren Sie jemals so damit beschäftigt, Gott zu dienen, dass Sie keine Zeit mehr für ihn selbst hatten? Falls ja, wann war das? Wie können Sie Ihre Prioritäten neu überdenken, um sich in Zukunft davor zu schützen?

» Wann haben Sie sich einmal mit einem Menschen zerstritten, den Sie lieben? Wie haben Sie die Situation bereinigt? Falls das Problem noch immer besteht, welche Schritte können Sie wagen, um die Beziehung wiederherzustellen?

21 Wanderschuhe und unvergessliche Weihnachten

» Wie gehen Sie mit Veränderungen in Ihrem Leben um? Klammern Sie sich an Umstände und empfinden Sie Veränderungen als stressig? Oder leben Sie eher entspannt in den Tag hinein? Inwiefern spielt Ihre Vergangenheit womöglich eine Rolle bei Ihrer Reaktion?

» Wie reagieren Sie auf Menschen, die Ihren Träumen keine Chance geben? Erlauben Sie Ihnen, Sie aufzuhalten, oder dürfen andere höchstens Fragen stellen, über die Sie nachdenken? Erklären Sie Ihre Antwort genauer.

» „Bei Gott gibt es keinen Zufall und er macht keine Fehler." Stimmen Sie dem zu? Warum oder warum nicht?

» Was war das wertvollste Geschenk, das Sie je erhalten haben? Wodurch wurde es so besonders?

» Glauben Sie, Gott ist „verrückt" nach Ihnen? Weshalb oder weshalb nicht?

22 In den Schuhen meines Vaters

» Beschreiben Sie Ihre Beziehung zu Ihrem Vater, während Sie aufgewachsen sind. Welche Eindrücke hinterließ die Beziehung in Ihnen, die Sie bis heute beeinflussen?

» Warum steckt so viel Kraft in den Worten „Ich liebe dich", „Ich freue mich über dich", „Ich bin stolz auf dich"? Weshalb beeinflussen sie uns so stark? Schildern Sie dies anhand einer Geschichte aus Ihrem Leben.

» Inwiefern gewinnen wir eine neue Sicht auf die Fehler und die Schuld anderer Menschen, wenn wir unsere eigenen Fehler und Sünden verstehen?

» Wie gehen Sie damit um, wenn Ihnen jemand wehtut? Halten Sie an Groll und Bitterkeit fest? Oder verzeihen Sie recht schnell? Wie haben diese Reaktionen Ihr Leben – damals und heute – beeinflusst?

» Wem sollten Sie heute vergeben – um selbst frei zu werden? Wie können Sie dieser Person vergeben? (Denken Sie daran: Sie sind nicht für die Reaktion der anderen Person verantwortlich, nur für Ihr eigenes Handeln!)

23 Ohne Absätze im Tal des Schmerzes

» Haben Ihnen die schlechten Entscheidungen und Handlungen anderer Leid zugefügt? Wie sind Sie mit dem Absturz im emotionalen und körperlichen Bereich umgegangen? Auf welche Art haben Sie Ihre Frustration oder Bitterkeit bewältigt? Wie haben Sie Trauer und Wut verarbeitet? Gibt es immer noch Bereiche, in denen dieses Ereignis Ihr heutiges Leben beeinflusst?

» Wann hat eine Versuchung oder ein Beziehungsstreit an Macht verloren – in Ihrem und im Leben der anderen Person –, nachdem Sie die Situation ans Licht gebracht hatten?

» In welchen Lebensbereichen wünschen Sie sich Heilung – sei es körperlich, emotional, mental oder geistlich? Wie wäre es, wenn Sie Ihre Gedanken darüber aufschreiben würden – und Gottes Antworten dazu?!

» Wann hat Gott einen Zerbruch in Ihrem Leben gebraucht, um etwas Gutes hervorzubringen?

» Welchen Lügen über sich selbst glauben Sie oft?

» An welchen ewigen Wahrheiten der Bibel (eventuell aus diesem Kapitel) können Sie im Leid festhalten?

24 Flache Schuhe und Fragen ohne Antworten

» Haben Sie jemals gedacht: ‚Schlimmer kann's nicht kommen!', doch dann wurde es doch noch schlimmer? Erzählen Sie, was geschah.

» Wie haben Sie sich in jener Zeit verhalten? Wie haben Ihre Freunde sich verhalten?

» Wie hat sich durch diese Situation herausgestellt, wer Ihre echten Freunde und wer nur „Schönwetterbegleiter" waren?

» Warum, glauben Sie, lässt Gott zu, dass wir solche aufwühlenden Prüfungen durchmachen?

» Wie kann es Ihre Perspektive in Leidenszeiten verändern, wenn Sie schlicht darauf vertrauen, dass Gott seine Ziele erreichen wird?

25 Alte Turnschuhe und eine neue Idee

» Haben Sie jemals unter Depressionen gelitten? Wie haben Sie sich in dieser Zeit gefühlt? Wovor hatten Sie Angst? Was – wenn überhaupt etwas – hat Sie aus dem Leid herausgeholt?

» Wie würde sich Ihr Leben verändern, wenn Sie sich nicht mehr um den morgigen Tag sorgten? Was wäre, wenn Sie Gott die Sorgen um den nächsten Tag überlassen und sich einfach nur aufs Heute konzentrieren würden?

» Wann waren Ihre Tränen heilsam? Oder wann haben sie Ihnen geholfen, eine neue Richtung einzuschlagen?

» „Vertrau mir." Wenn Gott Ihnen heute diese zwei kleinen Worte zuflüstern würde, glauben Sie, es fiele Ihnen leicht – oder schwer –, darauf einzugehen? In welchen Lebensbereichen fällt es Ihnen leichter zu vertrauen? In welchen schwerer?

» Wenn Gott Sie fragen würde: „Was soll ich für dich tun?", was würden Sie sich als Erstes wünschen? Warum?

26 Überraschende Mode und ein ungewöhnlicher Geburtstag

» Welche besonderen Talente und Fähigkeiten besitzen Sie, um einen Traum zu verwirklichen? Wie wäre es, wenn Sie dazu ein paar Ideen sammeln würden?

» Welche Geschichten haben Ihr Leben beeinflusst? Welche haben Ihnen geholfen, umzudenken und anders zu handeln?

» Wann hat Gott aus Ihrem Leid „Gutes" entstehen lassen? Erzählen Sie die Geschichte.

» Haben Sie jemals einen Riesensprung im Glauben gewagt? Falls ja, was ist daraufhin geschehen?

» Welche Menschen in Ihrem Leben sind für Sie Glaubensheldinnen und -helden? Warum?

27 Beflügelte Füße

» Wann hat ein Brief oder eine E-Mail Sie ermutigt? Warum bedeutete Ihnen diese Nachricht so viel?

» Wann haben Sie jemanden ermutigt, indem Sie etwas aus Ihrer eigenen Geschichte erzählten? Wie haben Sie sich dabei gefühlt? Wie hat es die andere Person beeinflusst?

» Wie könnte Ihr Schmerz anderen Menschen helfen, ihrer Erlösung näherzukommen?

» Welcher Teil Ihres Herzens leidet heute, weil Träume unerfüllt geblieben oder traumatische Ereignisse geschehen sind? Was könnte bei all diesen Ereignissen Gottes „größerer Plan" für Sie sein?

28 Friedensschuhe und Gottes Schutz

» Wann haben Sie etwas gut gemeint, sind aber auf Ablehnung gestoßen? Wie haben Sie sich gefühlt? Warum könnte die andere Person so reagiert haben? Wie sind Sie mit den Wunden umgegangen, die dadurch zurückblieben?

» Waren andere einmal neidisch auf Sie – sei es wegen Ihrer Position, Ihren Gaben oder was auch immer? Erzählen Sie mehr von dieser Situation. Waren Sie schon mal neidisch auf jemanden, weil er oder sie etwas Besonderes darstellte oder leistete? Warum? Wie sind Sie mit den Neidgefühlen umgegangen?

» Bleiben Sie bei Gegenwind standhaft – oder neigen Sie dazu, schnell einzuknicken? Leben Sie vorsichtig oder mutig? Erklären Sie Ihre Tendenz, indem Sie sie an einer Geschichte aus Ihrem Leben veranschaulichen.

» „Gott beruft nicht die Begabten, sondern er begabt die Berufenen." Welche Hinweise in Ihrem Leben – und in dem anderer – bestätigen, dass diese Aussage stimmt?

» Wie können Sie sich und andere ermutigen, an einer Aufgabe dranzubleiben und nicht aufzugeben, selbst wenn es schwierig wird?

29 Glaubensschritte und Gottes gute Nachricht

» Haben Sie einmal etwas getan, wozu Sie sich kaum geeignet gefühlt haben? Doch Sie saßen trotzdem „im Fahrersitz"? Wie sind Sie mit dieser Herausforderung umgegangen?

» „Bete und plane. Glaube und Werke gehen Hand in Hand." Wie würde sich Ihr Leben verändern, wenn diese Sätze Ihr tägliches Motto wären? Womit würden Sie beginnen, was Sie momentan noch nicht tun? Womit würden Sie aufhören, was Sie momentan praktizieren?

» Wann hat etwas Ungewöhnliches (bei mir waren es Kühe!) dazu geführt, dass Sie eine Antwort auf einige Ihrer Lebensfragen gefunden haben? Erzählen Sie die Geschichte.

» Falls Sie eine Frau sind: Sind Sie jemals aufgrund Ihres Geschlechts diskriminiert worden? Haben Menschen geglaubt, Sie könnten nur gewisse Aufgaben übernehmen, weil Sie eine Frau sind? Wie haben Sie darauf reagiert? Für welche Sachen lohnt es sich Ihrer Meinung nach zu kämpfen und welchen Kämpfen gehen Sie aus dem Weg? Weshalb?

30 Laufschuhe zu Weihnachten

» Wurden Sie jemals von Schmerzen überrascht – und von der Tatsache, dass Gott Schmerz in Ihrem Leben zuließ? Was ist geschehen? Wie haben Sie sich in dieser Zeit gefühlt? Welches Gefühl haben Sie heute dabei?

» Wie kann sich Gottes Stärke in unserer Schwachheit offenbaren?

» Wenn Sie sehr bald sterben müssten, wie würden Sie sich darauf vorbereiten? Wie würden Sie Ihre Prioritäten ändern?

» Wie stellen Sie sich den Himmel vor?

» Haben Sie jemals Gottes heilende Berührung erlebt – an Körper, Seele oder Verstand? Wie hat sich dadurch Ihre Wahrnehmung verändert?

» Haben Sie irgendein Erinnerungsstück an Gottes Liebe – ein Souvenir aus der Vergangenheit?

31 Warme Stiefel für Russland

» Wann haben Sie sich einmal außerhalb Ihres Wohlfühlbereichs befunden – oder sogar Angst um Ihr Leben gehabt? Erzählen Sie die Geschichte.

» Glauben Sie, dass es Menschen in Schwierigkeiten bringt, wenn sie „nicht wissen, was sie denken sollen" oder „nicht genug Ideenreichtum haben"? Oder ihre Staaten? Weshalb oder weshalb nicht?

» Was ist Ihrer Ansicht nach die Rolle der Frau? Was können – und sollten – Frauen tun? Inwiefern hat Ihre Vergangenheit Ihr Denken in dieser Hinsicht geprägt?

» Wie können Sie Brücken bauen zwischen Männern und Frauen? Sammeln Sie ein paar Ideen, wie sich das umsetzen lässt.

- Haben Sie einmal mit jemandem über Jesus gesprochen, weil Gott Sie dazu innerlich „angestupst“ hat? Falls ja, was ist daraufhin passiert?

- Sehen Sie es als Vorrecht oder als Aufgabe an, die gute Nachricht von Gottes Liebe, Vergebung und Freiheit zu verbreiten? Erklären Sie dies genauer.

- Wie können Sie diese Woche ein „Narr für Christus“ sein? Wofür lohnt es sich Ihrer Meinung nach, „wie ein Depp“ dazustehen?

32 Fußfesseln in Kroatien

- „Es gibt nichts Schlimmeres, als ohne Liebe zu leben, ohne Sinn, Hoffnung und Gott.“ Stimmen Sie dieser Aussage zu? Warum oder warum nicht?

- Wie können Sie anfangen, Menschen in Not auf kreative Weise zu helfen? Wie wäre es, wenn Sie zusammen mit Freunden einige Ideen sammeln würden? Vielleicht entdecken Sie dabei schon, welche Träume Ihnen am Herzen liegen.

- „Wenn wir etwas von großer Bedeutung bewirken wollen, dann hat dies oft einen Preis.“ Stimmt das Ihrer Meinung nach? Warum oder warum nicht? Inwiefern bestätigen Ihre Erfahrungen Ihre Ansicht?

- Wenn Sie einer beliebigen Gruppe von Menschen dienen könnten, welche würden Sie wählen – und warum?

33 Große Schritte, große Träume

» Wie hat geteiltes Leid für Sie und eine andere Person eine gemeinsame Grundlage geschaffen? Wie hat das gegenseitige Mitgefühl Ihnen beiden geholfen?

» Wie kann es Ihnen im Hier und Jetzt helfen, wenn Sie sich auf den Himmel konzentrieren und sich bewusst machen, dass Probleme zeitlich begrenzt sind?

» Weshalb lieben Sie Gott? Lieben Sie ihn für das, was er ist, oder für das, was er tut? Aufgrund dessen, wer er ist oder was er tut? Was ist der Unterschied?

34 Wenn sich viele Wege kreuzen

» Beschreiben Sie eine Zeit in Ihrem Leben, in der Sie etwas tun sollten, das Ihrem Gefühl nach Ihre Fähigkeiten weit überstieg. Wie haben Sie zunächst reagiert? Haben Sie die Aufgabe schließlich angenommen oder nicht? Was ist infolgedessen geschehen?

» Wie können Sie Gottes Willen erkennen?

» Welche dieser vier Glaubensheldinnen fasziniert Sie am meisten?

Susanna Wesley
Catherine Booth
Corrie ten Boom
Mutter Teresa

» Was genau beeindruckt Sie am Dienst dieser Frau? Wie wäre es, wenn Sie sich ein Buch über sie ausleihen oder online nach mehr Information suchen?

» Welche Träume, Talente, Fähigkeiten und geistliche Gaben hat Gott Ihnen geschenkt? Vielleicht möchten Sie gleich mal eine Liste machen. Gab er Ihnen einen Stift zum Schreiben, eine Hand zum Helfen, einen Mund zum Sprechen oder ein Instrument zum Spielen? Dann nutzen Sie diese Gabe und ermutigen Sie auch andere, sich zu engagieren!

35 Bühnenschuhe

» Auf welche Weise könnten Sie versuchen, anderen zu dienen statt sich dienen zu lassen?

» Wie erlangen Sie Anerkennung bei anderen? Indem Sie leiten, Konflikte vermeiden, stillschweigen – auch wenn Sie anderer Meinung sind? Oder sind Sie oft der Vermittler, der den Frieden wahrt?

» Inwiefern bringt Ihr Beziehungsstil Sie manchmal in Schwierigkeiten?

» Wie könnte es Ihre Sicht verändern, wenn Sie ganz sicher wären, dass es „Gottes Kampf" ist? Wie kann diese Wahrheit Schmerz und Bitterkeit aus Ihrem Herzen vertreiben? Inwiefern würde dieser Gedanke es Ihnen ermöglichen, Dinge loszulassen und Gott wirken zu lassen? Wenn Sie möchten, schildern Sie ein aktuelles Beispiel aus Ihrem Leben.

» Wann haben Sie einmal in einer schweren Zeit Gottes Frieden gespürt und seinen Plan klar sehen können? Inwiefern hat Ihnen das geholfen durchzuhalten?

» Denken Sie über dieses Gebet nach: „Gott, gib mir die Gelassenheit, Dinge hinzunehmen, die ich nicht ändern kann, den Mut, Dinge zu ändern, die ich ändern kann, und die Weisheit, das eine vom anderen zu unterscheiden." Was sagt dieses Gebet aus? Wie würden sich Ihr Denken und Handeln verändern, wenn Sie sich dieses Gebet jeden Morgen gleich nach dem Aufstehen zu Eigen machen würden?

36 Tanzen auf heiligem Boden

» Welche Erinnerungen aus der Vergangenheit kommen Ihnen immer wieder überraschend ins Bewusstsein? Weshalb steckt so viel Kraft in diesen Erinnerungen?

» Hütet Ihre Familie Geheimnisse? Falls ja, in welcher Hinsicht könnte es heilsam sein, wenn diese Geheimnisse gelüftet würden – in Ihrem Leben oder im Leben Ihrer Verwandten?

» Warum ist Lob für Kinder so wichtig? Weshalb sehnen wir uns auch als Erwachsene noch nach Anerkennung? Bei wem suchen Sie momentan Anerkennung?

» Weshalb ist es so entscheidend, die eigene Identität zu kennen? Könnte dies ein Grund sein, warum so viele Adoptivkinder ihre leiblichen Eltern suchen? Ist es Ihnen wichtig, viel über Ihre Vergangenheit zu wissen? Weshalb oder weshalb nicht?

» Auf welche Weise haben Sie sich Lob von Ihren Eltern verdient? Welches Verhalten haben Ihre Eltern belohnt? Welches ignoriert? Für welches Verhalten wurden Sie bestraft?

» Fällt es Ihnen leicht oder schwer, sich Gott als Vater vorzustellen? Weshalb? Was hindert Sie daran, ihm mehr als Vater zu vertrauen?

» Ist Ihr Familienstammbaum makellos? Oder sind einige Zweige krumm? Sollten Sie einem Familienmitglied vergeben? Falls ja, wem und wofür? Oder wäre es an der Zeit, ein aktuelles Problem in der Familie anzusprechen? Falls ja, bitten Sie Gott, Ihnen zu helfen, richtig mit der Situation umzugehen.

37 Offene Geheimnisse

» Wenn Sie die Uhr zurückstellen und Ihr Leben noch einmal neu beginnen könnten, was würden Sie anders machen?

» Welche Geheimnisse sollten Sie ans Licht bringen, um Heilung zu erfahren?

» Schildern Sie die „Bruchstücke" Ihres Lebens in einem Tagebuch. Wie hat Gott Ihnen geholfen, das Zerbrochene und Kaputte wieder zu einem wunderschönen Bild zusammenzufügen (auch wenn das Bild Risse hat)?

» Wie können Sie die folgende Aussage persönlich anwenden: „Ich kann nicht immer entscheiden, was mit mir geschieht, aber ich kann entscheiden, wie ich reagiere"?

Über die Autorin

Die Welt aus Elisabeth Mittelstädts Blickwinkel zu sehen, ist einzigartig und faszinierend. Elisabeth ist kanadische Staatsbürgerin; sie spricht Ungarisch, Deutsch und Englisch.

Elisabeth ist Gründerin und Redaktionsleiterin der christlichen Frauenzeitschrift *Lydia,* die zurzeit in drei Sprachen erscheint: Deutsch, Ungarisch und Rumänisch. Seit dem Startschuss der Zeitschrift 1986 sind über 7,3 Millionen Exemplare in Umlauf gekommen – in die Hände von begeisterten Lesern in über 100 Ländern. Von den ungarischen und rumänischen Ausgaben wurden fast eine Million Exemplare gedruckt.

Außerdem war Elisabeth die Organisatorin der unvergleichlichen „Hope for Europe – Women in Leadership"-Konferenzen. Sie war sowohl mit dem Lausanner Komitee für Weltevangelisation verbunden als auch mit dem Ausschuss der „World Evangelical Fellowship Commission on Women's Concerns". Über ein Jahrzehnt lang leitete Elisabeth die bahnbrechenden Konferenzen, die Frauen aus Ost- und Westeuropa wachgerüttelt, begeistert und vereint haben. Die Treffen haben unzählige Frauen inspiriert, Leitungsverantwortung in ihren Ländern zu übernehmen.

In den letzten zehn Jahren stellte Elisabeth zahlreiche Bücher zusammen, darunter Andachtsbibeln für Frauen und inspirierende Kalender. Die amerikanische Zeitschrift „Today´s Christian Woman" brachte ihre Lebensgeschichte als Titelstory, ebenso die niederländische „Eva" und verschiedene andere Medien.

Elisabeth wurde in das Buch „Who´s Who in the World" aufgenommen und vom International Biographical Centre in Cambridge unter den „Outstanding People of the 20th Century" ausgezeichnet. Als Anerkennung ihres langjährigen Beitrags im Bereich christlicher Printmedien wurde sie 2001 zur „Woman of the Year" ernannt.

Selten besitzen Menschen eine so ausgeprägte Gabe, zwischen Frauen aus völlig verschiedenen Kulturen Brücken zu bauen. Elisabeth gelang dies, indem sie ihre eigene Lebensreise und ihre persönlichen Herausforderungen mit den Schlüsselfragen und Herzensanliegen anderer Frauen verknüpfte – egal, in welchem Land und in welcher Kultur sie sich befand. Es ist ihre Leidenschaft und ihr Lebensziel, anderen zu helfen, ihre Probleme zu überwinden. Sie möchte Frauen dazu inspirieren, ihr Leben voll auszuschöpfen – ja, sogar über ihre eigenen Träume hinauszuwachsen. Zu einem Leben voller Leidenschaft und Sinn.

Quellenverzeichnis

[1] Name geändert

[2] Römer 3,24 (NL)

[3] Johannes 1,12 (Hfa)

[4] Jesaja 43,4, übersetzt aus *The Message:* „I would sell the whole world to get you back. I would trade all of creation just for you."

[5] 1. Korinther 11,27–28 (Hfa)

[6] Matthäus 6,12 (Hfa)

[7] Apostelgeschichte 9,15 (Hfa)

[8] Psalm 9,9–10; übersetzt aus *The Message*

[9] Sprüche 4,23 (NL)

[10] Jenny Grein, „Stronger Than Before" (Stärker als zuvor), www.brokenwing.org

[11] Jesaja 64,7 (NL)

[12] Jeremia 29,11 (Hfa)

[13] nach Jesaja 52,7

[14] Hoheslied 2,10–11 (NL)

[15] Rut 1,16–17 (NL)

[16] Maleachi 3,10 (Hfa)

[17] Sprüche 19,2 (NL)

[18] John Ortberg, Das Leben, nach dem du dich sehnst, Asslar-Berghausen, 1998; S. 85

[19] International Correspondence Institut

[20] 1. Petrus 1,18–19 (NL)

[21] Jakobus 5,14–15 (NL)

[22] Hiob 7,13–14 (NL)

[23] Jeremia 30,17 (Hfa)

[24] Jesaja 43,1–3 (Hfa)

[25] 2. Chronik 20,12 (NL): „Unser Gott … wir können nichts gegen dieses riesige Heer ausrichten, das uns angreifen will. Wir wissen nicht, was wir tun sollen, aber unsere Augen sind ganz auf dich gerichtet."

[26] 1. Korinther 10,13 (NGÜ)

[27] Jesaja 49,15 (NL)

[28] Psalm 23,4 (NL): „Auch wenn ich durch das dunkle Tal des Todes gehe, fürchte ich mich nicht, denn du bist an meiner Seite …"

[29] Hiob 13,15 (Hfa)

[30] Jesaja 53,5 (NL)

[31] Psalm 139,16 (Hfa)

[32] Hiob 2,6 (ELB)

[33] Kommentar aus der Zondervan Quest Study Bible

[34] Jesaja 41,13 (Hfa)

[35] Psalm 118,24 (NL)

[36] Jesaja 30,15 (ELB)

[37] Jeremia 30,17 (Hfa)

[38] Matthäus 4

[39] Matthäus 6,34 (NL)

[40] Psalm 56,9 (NL)

[41] Hebräer 11,1 (NL)

[42] Jesaja 40,31 (Hfa)

[43] Jesaja 54,1 (Hfa)

[44] vgl. Lukas 15,9–10, übersetzt aus *The Message:* „‚Celebrate with me! I found my lost coin!' Count on it—that's the kind of party God's angels throw every time one lost soul turns to God."

[45] vgl. Epheser 6,11–17

[46] Lukas 19,26, übersetzt aus *The Message:* „Risk your life and get more than you ever dreamed of. Play it safe and end up holding the bag."

47 Apostelgeschichte 16,9 (Hfa)

48 Psalm 2,8 (NL)

49 Psalm 50,10 (Hfa)

50 Johannes 4

51 Die englische Originalausgabe erschien 1980 bei Zondervan unter dem Titel „When Someone You Love is Dying“.

52 siehe Offb. 21,3–4

53 Englisch „walk“: gehen. Auf dem Etikett stand also: „Schuhe zum Gehen“.

54 Psalm 77,2–3.12 (NL)

55 Jeremia 23,29 (Hfa)

56 Jesaja 53,5 (NL)

57 1. Mose 2,18 (ELB)

58 Matthäus 25,36 (NL)

59 2. Korinther 4,17–18 (Hfa)

60 Psalm 56,4 (NL)

61 2. Mose 14,14 (NL)

62 Stephen R. Covey, „Everyday Greatness“, Nashville, Tenn.: Rutledge Hill Press, 2006; 305.

63 Reinhold Niebuhr

64 2. Korinther 6,18 (NL)

65 Jeremia 1,5 (Hfa)

66 Epheser 1,4–5 (Hfa)

67 Psalm 139,16 (Hfa)

68 Hosea 4,6 (Hfa)

69 Psalm 32,8 (LÜ)

70 Psalm 45,10, übersetzt aus *The Message:* „Now listen daughter, don‘t miss a word: forget your country, put your home behind you. Be here – the king is wild for you. Since he is your lord, adore him.“

71 Römer 8,37 (NL)

72 Psalm 126,5–6, übersetzt aus *The Message:* „So those who planted their crops in despair will shout hurrahs at the harvest, so those who went off with heavy hearts will come home laughing with armloads of blessings.”

73 Offenbarung 12,11 (LÜ)